学生支援と大学生協

民主協同社会をめざして

庄司 興吉 [著]

[企画制作] 全国大学生活協同組合連合会

はしがき

　21世紀も15年以上，米ソ冷戦終結から四半世紀以上がすぎて，大きな歴史の流れが見えてきています．多くの紛争を抱えながらも，世界中の社会が民主化の方向に向かっています．5世紀前にその方向に踏み出したヨーロッパ出自の市民たちが，国民国家をつくって世界中を植民地化したのに対抗して，植民地化された世界中の民衆が自らを解放し，市民たちばかりでなく労働者，農民，少数民族，女性，およびあらゆる少数者を包括しつつ，人類社会の主権者となりつつあるのです．

　日本は，よく意味も分からないまま欧米列強に伍して世界の支配者になろうとし，アジアの隣人たちに絶大な犠牲を強いたばかりでなく，自らもそれに次ぐ犠牲者を出しましたが，敗戦後に新しい憲法を掲げて復興から成長に取り組み，世界第三といわれる規模の経済を築いてきました．そしてそれをふまえて，アジアの隣人たちと共存し，世界中のポストコロニアルな民衆と連携しつつ，米欧の民衆とも連携して，中途半端な市民性を超えた，日本と世界の真の主権者になる道を模索し続けてきています．

　現在の政権や事業形態はまだまだ不十分ですが，日本の民衆はしだいに目覚めて，主権者が民主的な政府をつくって運営し，民主的な事業で自らを支える民主社会に向かっていくでしょう．不完全な選挙制度を改革して主権者の意思をより正確に反映する政府――三権分立をふまえた広義の――をつくるとともに，主権者自身が民主的におこなう事業の規模を広げ，内容を充実させていくのです．そういう角度から，協同組合という事業形態ばかりでなく，労働組合なども見直されていくはずです．

　こうした視野で見ると，戦後の混乱期にその基礎を築き，学生運動やその他の社会運動に巻き込まれながらも，学生を初めとする大学全構成員の協同組合としてその自己確認（アイデンティティ）を再設定して，日本経済のバブルとその破綻をくぐり抜けて発展してきた大学生協には，事業としても，もっと広い活動としても，大きな意義があります．

本書は，21世紀になって国立大学が法人化し，公立大学や私立大学にもその影響が及んでいくなかで，全国大学生活協同組合連合会の会長理事を務めてきた著者の，苦闘——というよりは快闘——の軌跡です．前著『大学改革と大学生協』までの4年間ではまだよく分かっていなかったことが分かってきて，大学生協を「若き主権者の事業」として明確に位置づけることができるようになりました．

　日本という民主社会をできるだけ民主的な政府で運営しつつ，できるだけ民主的な事業で支えていくのが日本の主権者であるとすれば，大学生協は，大学に入ってまず民主的な事業に参加し，ついで民主的な政府を形成する主体となっていく若者たちの創造的な事業なのです．若者たちがこのことに目覚め，協同の精神を血肉化して社会に出ていけば，日本の社会は，かつての富裕市民たちの事業から出発し，法人化され，グローバル化して今日の世界をつくっている企業も含めてしだいに変革され，民主協同社会に向かっていくことになるでしょう．

　大学生協のある大学の学生，院生，留学生，および教職員の皆さんは，ぜひ本書を読んで自分たちのもっている可能性を確認し，アイデンティティを強めて，大学生協という事業と活動に参加してください．また，まだ大学生協のない大学の学生，院生，教職員の皆さんは，本書を読んでぜひ大学生協連のホームページなどにアプローチし，大学生協をつくる活動に参加してください．大学生協には，戦前の先駆史をふまえて戦後70年の歴史が鍛え上げてきた，優秀な生協職員が控えています．

　本書の基となった諸言説の創出にあたっては，いちいち名前を挙げきれない多くの学生諸君を初め，私の後を継いで大学生協連の会長理事を引き受けてくださった古田元夫前副会長，5年前から大学生協共済連の会長を務めていただいている濱田康行前々副会長，玉真之介現副会長兼教職員委員長を初めとする多くの教職員の方がた，和田寿昭前々専務，福島裕記前専務，大本隆司前々常務，毎田伸一現専務，三浦貴司現常務を初めとする多くの生協職員の方がたにさまざまな機会にさまざまな形でお世話になりました．大学生協連は会員の大学生協が肩車を組んで持ち上げてくれているような組織で，その会長は大学生

協連に関係する学生，院生，留学生，教職員，および生協職員が肩車を組んで持ち上げてくれているような役職なので，本書は事実上これらの人びとの共同労作にほかなりません．

　前会長理事としては，これらの人びとに心から感謝するとともに，ただひとつ，大学生協は事業であり組織であるとともに，それを担う人びとが自分たちのことをどうとらえていくか，つまり意識あるいはアイデンティティの活動なので，とくにその面からの指導に心血を注いできたことを記し，返礼の気持ちをわずかに表現する以外にないと思います．その気持ちを形にしたものこそが，本書なのです．

2015 年 1 月吉日

全国大学生活協同組合連合会顧問（前会長）

庄司　興吉

目　　次

はしがき

序　交流をつうじて自己確認（アイデンティティ）へ ──── 1

1　大学と協同の世紀 ……………………………………… 2
　　危機の深化と変革の広がり(2)　大学生協をめぐる動き(2)　大学理事会の攻勢(3)　情報的自立の必要(3)　アジアの大学生協との交流(4)　ドイツ学生支援協会との交流(4)　ヨーロッパ社会的協同組合のインパクト(5)　変革から協同の世紀へ(6)

2　学生支援の重要性 ……………………………………… 7
　　21世紀最初の10年(7)　国際ケインズ主義の動き(7)　市民の事業としての協同組合(8)　大学の困難と学生支援の重要性(8)　「私たちには夢がある！」(9)

3　大震災と原発事故の衝撃 ……………………………… 10
　　東日本大震災と福島原発事故の衝撃(10)　国際交流と大学生協の世界的意義(10)　学生の実態と学生支援の重要性(11)　世界の民主化と大学生協の活動(12)

4　復興・再建への決意 …………………………………… 13
　　思うように進まぬ復興(13)　クアラルンプルでのワークショップ(13)　マンチェスターでのICA臨時総会と協同組合の10年(13)　神戸での国際協同組合アジア太平洋ICA-AP総会(14)　民主化の進む世界のなかの協同組合(15)　個々の大学生協の活動の意義(15)　大震災・原発事故からの復興と再建の決意を！(16)　仲間の協同者たちに呼びかける！(17)

5　パラダイム転換：市民から主権者へ ………………… 18
　　引き続く交流(18)　ソウル・ワークショップと日本大学生協の積極的意義(18)　ICAケープタウン総会での日本の大学生協(19)　個々の大学生協の健闘(20)　供給高の減少を食い止める生協論議を！(20)　パラダイム転換：主権者の政府と事業(21)　心からの納得に基づく行動を！(22)

6 大学生協をつうじて民主協同社会を ……………………… 22
　大学生協の意義を考え続けて (22)　「灯台もと暗し」ではなかったか？ (23)　各地の会員生協訪問とアイデンティティの強化 (23)　被災地の復興・再建と大学教育改革への貢献 (23)　ICA-AP 大学キャンパス委員会の開催と DSW との交流 (24)　「2050 年の生協」論議への貢献と各地大学生協の状態 (24)　世界の民主化と主権者の事業としての協同組合 (25)　「協同組合の 10 年」ブループリントとビジョンとアクションプランの合致 (25)

I 大学と協同の世紀 ─────────────── 27

1 電子情報市場化時代の自立と協力：
　大学生協の生き残る道 ……………………………………… 28
　　自立とは？ (28)　人間が生きるとは？ (28)　だから自己とは？ (29)　だから社会的自己とは？ (29)　情報的に統括される自己 (29)　自立していなければ協力もできない (30)　組合員に依拠しないからそういうことになる (32)　組合員も目覚めなくてはならない (32)

2 外へのまなざしと内へのまなざし ………………………… 33
　　危機と変革の時代に入った世界 (33)　日本の大学生協への関心 (34)　学生の生協と教員の生協 (35)　真似をすることの意味 (35)　日本は欧米なのか：あらためて脱米欧入亜の必要性 (36)　外へのまなざしは必ず内へのまなざしにはね返る (36)

3 民の意味・民の事業 ………………………………………… 37
　　民は民間企業？ (37)　民の歴史 (38)　生協は民の事業 (39)　大学の民は構成員 (40)　大学生協は大学市民の協同組合 (42)

4 協同の世紀と大学生協の新たな役割 ……………………… 42
　　電子情報市場化 (42)　国際ケインズ主義 (43)　市民（主権の強）化 (43)　労働復権の動き (44)　協同の意義の高まり (45)　その背景：市民化の意味 (45)　シティズンの事業 (46)　大学生協のこれからの役割 (46)

5 歴史を創る！：
　『大学生協の歴史と未来』の刊行に寄せて ………………… 47
　　『大学生協の歴史と未来』の刊行 (47)　戦後の欲望自然主義 (48)　「闘う大学生協」(48)　福武所感から現行「ビジョンとアクション

プラン」へ (48)　歴史および歴史認識の変化 (50)　見えなかったことが見えてくる (51)　大学生協も市民（社会）化の一翼を担ってきた (51)

II　学生支援の重要性 ───────────── 53

1　人間の危機に対処する協同 ………………… 54
共済分離と大学生協の課題 (54)　依存症の拡大：自己喪失人間の増加 (54)　他人指向型論からアイデンティティ論をへて自己喪失人間の時代へ (55)　協同の意義 (56)　依存症からの脱却を支える協同 (58)　大学生協の役割 (59)

2　日本のシティズン社会化と大学生協の役割 …………… 60
２つの論文 (60)　帝国から市民社会へ (60)　帝国主義と社会帝国主義の対立 (61)　冷戦終結後の市民社会化 (61)　ブルジュワ社会からシティズン社会へ (62)　民主党 H 政権の矛盾：日本シティズン社会の現状 (62)　学生共済の分離独立と大学生協の役割 (63)

3　大学生協は協同組合の媒介者になれるか？ …………… 64
大学生協連会長の内外の活動 (64)　共済連創立の意味 (66)　アジアへの大学生協拡大の新段階 (66)　ヨーロッパ型との継続的連携の確認 (67)　日本における協同組合の連携 (68)　グローバルな市民社会化の意味 (69)　市民の事業としての協同組合の意義 (69)　大学生協の自覚が必要 (70)　新しい生協学の構築に向けて (71)

4　学生支援の日本的形態 ………………… 71
多忙な活動をふまえて (71)　世界の大学数と進学率 (72)　世界の主な大学の学生数 (72)　大学は何をしているのか？ (73)　学生はなぜ支援されなければならないか？ (74)　米欧の学生支援 (76)　日本の学生支援の現状 (76)　大学の使命と大学生協 (77)　学生に大学生協の意義を！(77)

5　シティズン社会化と参加 ………………… 78
簡単ではない社会理論の完成 (78)　シティズン社会化の趨勢：総会議案をめぐって (1) (78)　参加の意味：総会議案をめぐって (2) (79)　歴史を創る・再論 (80)

6 大学間国際協力と学生支援の重要性：
ドイツとの対比で ……………………………… 81
日本の大学とドイツの大学 (81)　大学拡張と大学教育の普遍化 (82)　国際協力への関心と現在の課題 (82)　交流をつうじて米欧の学生支援から学ぶ (83)　日本の学生支援を向上させていく必要性 (84)

7 ジャパン・シンドロームと大学生協の役割 ……………… 84
日本の大学のドイツへの紹介を機会に (84)　ドラッグ・ラグが提起している問題 (86)　少子高齢化は歴史の狭知でもある (86)　大企業以外の可能性 (87)　多様な非営利企業と大学生協 (87)

Ⅲ　大震災・原発事故の衝撃 ——————————————— 89

1 東日本大震災・福島原発事故と
協同組合憲章づくりのなかで ……………………………… 90
原発事故はもとより地震津波もたんなる天災ではない (90)　協同組合憲章草案第一次案への修正提案 (90)　世界の市民社会化のなかでの協同組合 (92)　1．前文 (92)　2．基本理念 (95)　協同組合についての理解を協同組合自身が深める (96)　大学生協の歴史と役割 (97)

2 全国大学生協連会長理事として ………………………… 98
社会学研究からのキー (98)　大学生協連会長理事のメッセージ (98)　大災害を克服して新社会を開いていく協同の流れに参加を！(98)　自然・社会災害の社会科学的位置づけ (100)

3 協同組合憲章草案のさらなる前進に向けて ………… 100
予期しがたい自然災害に直面して (100)　協同組合憲章草案第二次案修正の方向 (101)　人びとの協同的反応を冷静に理論化すること (104)　協同組合における経営と労働 (104)　「新しい公共」の扱い方について：自助・公助・共助のバランス (106)

4 生態系と大きな視野からみた場合の大学と大学生協：
教職員，院生学生，生協職員にわかってほしいこと … 108
二つの重要な視点 (108)　COOP（生協）だからこそ COP10 に貢献しよう！(108)　人類史展開の現段階と大学生協の大きな役割 (109)　教職員の皆さんへ (112)　院生・学生諸君へ (112)　生協職員

諸兄に (113)

5 世界の市民社会化と協同組合活動の意義 ……………… 114
予想以上の速度で進む世界の市民社会化 (114)　普通市民の事業としての協同組合 (114)　2012年は国際協同組合年 (115)　教職員・生協職員から学生に (116)

6 理念と実態との距離を埋める ……………………… 117
ICA総会での経験 (117)　コミュニティへの貢献と教育機関の生協 (117)　大学生協の意義 (118)

7 大学生協の実態をふまえて堅実な対応を！ ………… 119
他方に大学生協の実態 (119)　どんな困難があるのか？ (120)　募金活動と学生総合共済給付の概要 (122)　被災者支援ボランティア活動の概要と今後への教訓 (123)

Ⅳ 復興・再建への決意 ────────────── 125

1 日本社会の再建と大学生協の再建 ………………… 126
東日本大震災・原発事故後の日本社会 (126)　民主化とビジョンの明示 (126)　日本社会再建のなかの大学生協 (127)　意義論議から事業再建へ (128)　再建の深い意味 (130)

2 意欲の意とは？ ……………………………………… 131
活動のなかからの発言 (131)　何が欠けているのか？ (131)　欠乏からの解放？ (132)　意欲の意とは？ (133)

3 協同する意欲 ………………………………………… 134
いろいろな場で話を聞きつつ (134)　日本民主主義の現状 (135)　大学生協は？ (135)　協同する意欲 (136)　協同の意味・再考 (137)

4 一貫して考えていくべきこと ……………………… 138
国際交流のあり方 (138)　PCカンファレンス：EからOをへてCへ (139)　教職員セミナー (142)　京都コンソーシアムの協同組合論 (143)　運営委員長会議・理事長専務理事セミナー (144)　市民という言葉の意味 (145)

5 大学生協にできること ……………………………… 146
とくに知っていただきたいこと (146)　ICA臨時総会の衝撃 (146)

協同組合をめぐる討論会 (147)　中国の協同組合をめぐる報告 (148)　日本の協同組合の問題性 (149)　世界と現場 (150)

6　続・大学生協にできること ………………………… 151
さまざまな集会と聞き取り (151)　T 大生協での経験 (151)　ワーカーズコープの意味 (152)　ICA-AP 総会の衝撃 (154)　大学生協はどうすべきか？ (155)　国際交流をめぐる対談の成果 (156)　大学生協の日常の問題と復興・再建への決意 (157)

V　パラダイム転換：市民から主権者へ ─────── 159

1　日本の協同組合員（協同者）へのアピール ………… 160
「協同の声を上げましょう」(160)　「協同組合の 10 年」の 3 年目にあたって (160)　日本の協同組合員の基本的課題 (161)　協同組合の発展のために民主社会の基本枠組維持を (162)　大学生協の内外で広く討論を！ (164)

2　パラダイム転換のために：
　　自立した市民でいいのか？ ……………………………… 166
日生協の 2020 年ビジョンと大学生協のビジョンとアクションプラン (166)　日生協のアクションプランと大学生協のミッションとの対応 (166)　パラダイムとは？ (167)　市民パラダイムの限界 (168)　支配された側からの反発：農漁民・労働者・諸民族 (169)　では，民主社会の担い手を何という？ (170)　主民か自立した市民か (171)

3　大学生協の意義と役割 …………………………………… 172
基本的な考え方 (172)　主権者へのブレークスルー (172)　ICA のブループリント (174)　農協と生協のリーダーシップ (176)　大学生協のビジョンと ICA ブループリントとの対応 (177)　大学生協の大きな役割 (178)　大学生協の意義を役員と学生が語る！ (178)

4　大学生協のアイデンティティ：
　　「協同組合の 10 年」に大学生協を強化し，
　　日本の協同組合運動の前進に貢献するために ……… 180
「あいさつ」の意味 (180)　アイデンティティからパラダイム転換へ (181)　大学生協の意味（アイデンティティ）(182)　主権者の事業 (184)　国際交流の意味 (185)　他協同組合との関係 (186)　基本

　　　　は日常活動 (186)

5　ICAのブループリントと大学生協の
　　ビジョンとアクションプラン ……………………… 187
　　　「あいさつ」を「あいさつと問題提起」に (187)　ドイツ学生支援
　　協会DSWとの交流の件 (188)　国際協同組合同盟ICA総会の件
　　(188)　他協同組合との交流 (189)　ブループリントとビジョンとア
　　クションプランとの対応について (190)　協同とアイデンティテ
　　ィとの対応 (191)

6　個々の大学生協の盛況と全体としての傾向 ………… 192
　　　あいさつと問題提起の趣旨 (192)　K薬科大学20周年 (192)　D大
　　学でのシンポ (194)　M大学生協50周年 (194)　日本の大学生協の
　　規模と内容 (195)　主権者の事業としての大学生協 (195)

VI　大学生協をつうじて民主協同社会を ── 197

1　日本の大学生協について
　　理解してほしい基本的なこと ……………………… 198
　　　「灯台もと暗し」だったのか？ (198)　世界にも例がない大学生協
　　(198)　協同組合型大学生活支援は日本の誇り (198)　協同組合の
　　10年と大学生協 (199)　大学生協の内部でも意義論は困難 (199)
　　大学生協および生協が直面している問題 (200)　目標としての協
　　同社会 (200)　主権者のための政府と主権者による事業 (200)　学
　　生院生，教職員，生協職員がいっしょになって実践的な議論を！
　　(202)　ビジョンとアクションプランに戻って (202)　協同・協力・
　　自立・参加に向けて (203)

2　大学生協について議論を始められないか？ ………… 203
　　　大学生協は緩やかに衰退しつつあるのではないか？ (203)　生協
　　についての議論はできないか？ (204)　教員の役割 (205)　何を議
　　論するのだ？ (206)

3　大学生協をつうじて主権者に！ …………………… 206
　　　学生委員との懇談 (206)　会長になって見えてきたことをどう伝え
　　るか？ (206)　何をしているか？ (207)　どういう方式でしている
　　か？ (207)　国内・国際交流でもこのことが大きな問題になってき
　　ている (208)　大学生活の基礎支えを協同組合方式でやる (208)

4 大学教育改革と大学生協の役割：
　饗宴（シンポシオン）の復活への貢献 …………… 211
　　歴史の趨勢は民主化(211)　民主化の担い手は主権者(211)　民主的事業と民主的政府(211)　大学生協は民主的事業の先駆者(212)　アカデメイアからシンポシオンへ(212)　シンポシオンと大学生協(213)　教員の役割の重要性(213)

5 民主協同社会への復興を！ …………………………… 214
　　故郷としての福島(214)　故郷としての沖縄・広島・長崎(214)　エネルギー政策への責任(214)　主権者としての政治への責任(215)　世界経済を混乱させない責任(215)　主権者の事業としての協同組合(215)　主権者の事業としての大学生協(216)　日本は生協で大学を支える国の先駆者(216)　これからの社会は民主協同社会(218)　大学生協は健闘している！(218)　大学の源泉としてのアカデメイアとシンポシオン(218)　ムークスとシンポシオンのために生協を使う(219)　これからの大学と社会のための若き主権者の事業(219)　大学生協の活動で福島から民主協同社会を！(219)

6 大学教育にもっと生協利用を！：
　そのための教員の役割 ………………………………… 220
　　国際的な学会と交流(220)　饗宴（シンポシオン）と学士院（アカデメイア）(220)　大学生協は事業ベースで振りまわされているか？(222)　規模と参加は矛盾するか？(222)　教員は大学生協論を積極的に展開すべき！(223)

7 「2050年の生協」についての意見 …………………… 223
　　生協のこれからを考えるためのマクロ社会変動予測(223)　ミクロ・ビジョンをマクロ社会変動のなかに(226)

8 大学生協をつうじて民主協同社会を ………………… 228
　　葬儀委員長の役割？！(228)　粘り強さを発揮する生協(229)　目をみはる先進例も(229)　アジアのなかの大学生協(230)　欧米と競う大学生協(230)　民主化の趨勢と主権者(231)　若き主権者の事業(232)　民主協同社会を(232)

コラム きらめくキャンパスライフ
- ①もっとも基本的な消費者教育とは？　31
- ②リスクに対処し，学生生活を全うする　41
- ③食を基礎にしたコミュニケーションとしての大学　49
- ④人類史の一部としてのキャリア　57
- ⑤世界市民社会のリーダー候補としての学生に支援を！　65
- ⑥大学生協の新しい大きな役割　75
- ⑦生徒から学生，そして市民に　85
- ⑧環境問題など存在しない!?　93
- ⑨国際視野からみた市民の育成　103
- ⑩店舗や食堂の背後にある世界的意義　111
- ⑪日本社会の復興を協同組合の活性化で　121
- ⑫「歴史の狡知」としての日本の大学生協　129
- ⑬大学生活への不安と大学生協　141
- ⑭協同組合間の知的媒介者としての大学生協　153
- ⑮アジア太平洋協同組合のこれからと大学生協　163
- ⑯勉強第一を協同に結びつける　173
- ⑰消費をつうじて社会生活の生産へ　183
- ⑱素直な元気を高度な知へ　193
- ⑲学生たちの協同のエネルギーを大学改革に生かそう！　201
- ⑳大学生協をつうじて協同社会づくりを！　209
- ㉑大学院でも研究と折り合いを付けて生協活動をしよう！　217
- ㉒自然に本を読みたくなる自分をつくろう！　225
- ㉓日本の大学生協の世界史的意義　233

《参考資料》

1　21世紀を生きる大学生協のビジョンとアクションプラン
　　――協同・協力・自立・参加の大学生協をめざして――　…　235
　　2006年12月　全国大学生活協同組合連合会全国総会

2　2020年に向けた大学生協のアクションプラン
　　――協同・協力・自立・参加の大学生協をめざして――　…　248
　　2013年12月　全国大学生活協同組合連合会全国総会

3　協同組合憲章 草案 ……………………………………… 257
　　2012 年 1 月 13 日　国際協同組合年実行委員会

4　協同組合のアイデンティティに関する声明 ………… 263
　　1995 年　国際協同組合同盟

初出一覧　265

事項索引　269

人名索引　277

序

交流をつうじて自己確認（アイデンティティ）へ

1　大学と協同の世紀

　危機の深化と変革の広がり

　2008年の秋に起こった金融危機の影響が世界中に波及し，経済危機が至るところで深刻化しています．しかし，NHKの特番などでも紹介されていましたが，それを引き起こしたはずの金融センターすなわちニューヨークのウォール街は，依然として，今回のことは事故である，もっと確率の高いやり方をすれば，投機で利益を上げられる可能性はまだまだあるのだ，という動き方をしており，私たちは目を離すわけにはいきません．

　中国は危機を抜け出したという見方もありますが，日本の危機はたいへん深刻です．失業率が2009年現在5％台で高止まりしており，私たちに直接関係する問題としては，学生の就職率，ここ数年もそれほど良かったわけではありませんが，それらと比較しても格段に悪い状況となって現れています．

　他方，世界に変革の動きも広がり始め，アメリカではオバマ政権が発足しました．そして4月，プラハでの「核のない世界」を実現するという演説で世界に希望を与えました．しかし，その後のアフガニスタンにたいする兵力増派計画などを見ると，事態はそう簡単ではありません．

　日本でもアメリカの政権交代などの影響を受け，政権交代がありました．しかし，その後のいわゆる「仕分け」などは，各界にいろいろな問題を引き起こしています．また，日米関係の要（かなめ）ともいうべき，沖縄の米軍基地，とくに普天間基地の移設問題にかんしては，いまだにたいへん深刻な状況が続いています．

　大学生協をめぐる動き

　こういうなかで，大学生協をめぐる動きとしては，次のようなことがありました．

　第一に，大学の理事会が生協にたいして，施設利用料を払えという攻勢を強めてきたことです．第二に，われわれ自身の問題として，情報管理をめぐる問題が続発し，「情報的自立」の必要性を痛感させられました．

　第三に，アジアの大学生協とも交流を続けており，いろいろなことがわかっ

てきました．第四に，ドイツの学生支援協会との交流がいっそう深まり，代表団の方がたが総会にもきています．最後に，全国大学生協連として，ヨーロッパの社会的協同組合を視察し，大学生協連のこれからのあり方を考えようという動きも進みました．

大学理事会の攻勢

大学理事会の攻勢についてですが，ある大学で施設使用料を支払えという通告が一方的になされました．これにたいして，私たちとしては，大学生協の歴史的現代的性格を理解してもらう，という方向で対応してきています．大学生協は，福利厚生を学生・教職員が自発的に引き受けて，大学から場所や施設を提供してもらい，協同組合方式でやってきた組織であり，事業です．

しかも大学生協の主体は学生です．大学にとって，学生はもっとも大切な存在のはずで，学生が来なくなったら大学は成り立ちません．その学生が中心になって運営してきているのが大学生協なのです．そのことを分かってもらうことを中心に，当該の会員生協に対応してきてもらっています．生協には専任の生協職員がいて表に出ることが多いので，ともすると業者の一種のように見なされることがあります．できるだけそういうことにならないよう，生協職員は理事長や理事会と協力して努力しなくてはいけないと思います．

情報的自立の必要

つぎに「情報的自立」の問題です．ある大学で起こったものに続いて，少しずつ形は違いますが，三つもの大学生協で情報漏洩事件が起きてしまい，厚労省からも注意を受けました．あらためて言いますが，私たちは，生協としてきちんと自立していなければいけない．その自立には三つの意味があります．一つは民主的運営による「組織的自立」，つぎに健全財政による「財政的自立」，三番目が情報管理の徹底による「情報的自立」．この三番目の自立を，あらためて皆で確認し，しっかりとやっていかなくてはいけません．大学生協の組織を守る，つまり保身のためばかりではありません．私は「展身」と言っていますが，自分の身を展開していくこと，つまりグローバル情報化時代における生協の発展のためにもたいへん重要なことです．

そのためにも，私たち大学生協は，コンピュータ利用教育協議会（シーク CIEC）という学会をずっとバックアップし，PCカンファレンスを事実上主催してきました．この，情報化時代にも積極的にとりくんできたという経験を，「情報的自立」やこれからの大学生協の展開のために活かしていかなければなりません．そのために，シークにも大学生協の貢献を認めてもらわなければなりません．また，生協側でも，学生・教職員だけではなく生協職員がもっとも熱心に関わってきた学会であることを評価し，きちんと位置づけていかなくてはならないでしょう．

アジアの大学生協との交流

アジアの大学生協との交流では，タイとインドネシアで交流がありました．とくにタイでは，いくつかの大学生協を見せてもらい，生協設立以来の歴史的経緯などについてもいろいろと聞きました．タイの代表的な生協の一つに，1950年代の後半に学生たちが立ち上げたものがあります．しかしそれが，いつのまにか教職員主体の生協になってしまった，という例を聞きました．どうしてそうなってしまったのか，よく分からなかったのですが，日本では，学生が中心となって立ち上げた大学生協が，そのままの形で発展してきています．そういうことをあらためて感じさせられました．

インドネシアでは，学生主体の生協と教職員主体の生協とが別べつに動いていて，その両者を「協同の協同」ということでつなげようとする動きが続いています．それについても，日本の大学生協から何か役に立つことがあれば，といくつか発言してきました．そういうことをつうじて，学生が中心となり，大学全構成員によって運営されている，日本の大学生協の意義を，どのように理解してもらうか，それが非常に大事であることがますますはっきりしてきています．そのことを，他のアジア諸国にも共通の課題として，私たち日本の大学生協は訴えていきたいと思っています．

ドイツ学生支援協会との交流

ドイツ学生支援協会DSWという，ドイツの学生支援組織の方がたとの交流が進みました．これは，日本のような協同組合方式ではありませんが，もっと

包括的な活動をしていて，交流して学ぶところが少なくありません．食堂経営はほぼ共通しています．しかしDSWは，学生寮のことを全面的に取り仕切っています．日本のほとんどの会員生協では，学生への住宅斡旋などに留まっていますので，寮や「住」の問題についてはこれからもっと学んでいかなければならないでしょう．

　また奨学金事業については，日本では日本学生支援機構が中心になってやっていますが，ドイツではこのDSWが担っています．日本の大学生協も，頑張って剰余が出た場合には困っている学生に還元したいと思い，日本学生支援機構とも相談したのですが，今のところそう簡単にはいかないようです．会員生協でみると，学生への奨学金という形で支援をしているところがいくつかありますが，全国的にはなおこれからの課題でしょう．しかし私たちには，学生総合共済という，学生だけを対象としたユニークな共済制度を運営してきている実績もあり，これは独自性として誇りにして良いことだと思います．

ヨーロッパ社会的協同組合のインパクト

　さらに，南欧あるいはラテンヨーロッパに広がっている社会的協同組合についても，勉強が進みました．この間にイタリア，スペインなどの例を見て回り，これからの生協のあり方，進むべき道について，重要な示唆が得られたと思います．社会的協同組合とは，社会的事業を協同組合方式で行なっているものです．具体的には，子育て事業や医療・介護など，利益は上がりにくいけれども社会的に重要な事業を，市民が出資し合って，政府や家庭・企業等を巻き込んで展開している．この状態を見て，日本の大学生協はそういう方向に向けて何ができるのか，と考えさせられました．

　日本の情勢としては，現在，労働者協同組合の法制化の方向が模索されています．まずそれを実現することが最初で，そのうえで，その事業の対象として社会的な分野を視野に入れていくことでしょう．そうなっていく場合，大学で大学生協の活動をつうじて協同組合活動を経験した学生が，いろいろな社会的事業をやる協同組合を立ち上げて展開していく可能性が出てきます．そういうことも視野に入れながら，日本の大学生協は，これからの方向性・可能性を考えていかなくてはいけないでしょう．

現在でもすでに，消費生活協同組合という意味では，大学生協はいわば「協同組合の学校」の役割を果たしてきています．地域生協や日生協に多数の活動家を送り込み，世界に冠たる日本の生協を創り出すことに貢献してきました．このことを，新しい時代に合わせてもっと広げていかなくてはいけない．そういう方向に向けて，現行法の内部でもできることは，どんどんやっていかなければならないでしょう．

変革から協同の世紀へ

最後の大きなまとめです．最初に申しあげたように，地球市民社会ともいうべきものが，各国市民社会の実質化をつうじて少しずつできてきています．そのなかで，「市民の再市民化」ともいうべきことが進んでいる．制度的には，普通選挙がおこなわれるようになれば，市民は主権者です．しかし例えば，選挙で選ばれた大統領や首相が市民の意向を無視して勝手なことをやると，市民は事実上主権者ではなくなってしまう．すこし前までのアメリカや日本の状況がそうでした．そういうところで，市民がもう一回主権者になり直して，市民主権の方向に政権交代を起こすという動きが出てきている．

ブリックス BRICs（ブラジル，ロシア，インド，中国）と呼ばれる代表的な新興国にも変化が起きてきています．世界へのインパクトから見ると，中国，インド，ロシア，ブラジルと逆さまに言った方がいいと思いますが，そのなかで，インドのような巨大な民主主義国家で今年は選挙が行なわれました．そういう動きのなかで，中国もやがて，普通選挙を基礎にした明快な市民民主主義を，考えざるをえなくなるでしょう．そうなると，市民の社会のなかで市民が事業をやっていく，という可能性がますます広がります．そのために協同組合をつくる．そういうことがますます重要性を増していくはずです．

そこで，長い歴史を持ち，世界でも非常にユニークな存在である大学生協の果たすべき役割が，これからますます大きくなっていきます．皆さん個々の会員生協の段階では，当面は赤字の克服など，問題をたくさん抱えているかもしれません．もちろん目前の問題を解決していくことがまず必要ですが，同時に大きな目を失わずに，大学生協の未来，それをつうじて日本社会の未来，それから世界さらには地球の市民社会のことも考えていかなければなりません．そ

ういう方向で，これからも活発に行動していきたいと思います．

2　学生支援の重要性

21世紀最初の10年

21世紀に入って，もう10年目が終わろうとしています．皆さんの感じていらっしゃるように，大変な10年間でした．

まず，「9・11」といわれる同時多発テロから始まって，それにたいする，アメリカのいわゆる「テロとの戦争」がありました．テロに過剰に反応して，アメリカが戦争をしているあいだに不況になり，それがやがて2008年の金融危機にまでつながってしまいました．しかし，その間に中国やインド，その他の国が経済的にだけではなく，おそらく政治的・文化的にも成長してきました．そういうことが，おそらくはアメリカに跳ね返ってきて，2008年の大統領選挙では，史上初めてアフリカ系アメリカ人のオバマ氏が当選しました．

その後，不況対策にはいわゆる新興国を含んだG20が開かれるようになり，先進国や主要国だけの会議から，新興国も含んだ会議へと移行してきました．2009年には，そういう背景のもとで日本の総選挙が行なわれ，実質初めてとも言える政権交代が起こりましたが，民主党政権のその後は，「迷走」と言われるようないろいろ経過があり，日本の政治は混迷しています．その間に，日本の北と南でいわゆる領土問題をめぐるトラブルもあり，ナショナリズムのようなものが台頭したりしてきています．

国際ケインズ主義の動き

しかし，私たちは，歴史の大きな流れ，基本の趨勢を見失ってはいけないと思います．中国やインド，ASEAN諸国などの台頭による政治経済主体の対等化は，基本的には健全なことです．それに加えて，そのずっと前から，途上諸国の民主化，ソ連東欧の解体などによって，市民民主主義が普及してきています．インドはもともと普通選挙を実施している国ですし，中国もやがてそうなっていかざるをえないでしょう．北朝鮮の瀬戸際外交には，あまり振り回されな

いように注意しなければいけません．

そういう前提のもとで，市民が自らの国家をつうじて，現代的な金融資本を規制していく．G20というものも，そういう役割を果たすための機関として，機能しはじめたと思います．言わば，一時廃れたと言われてきた第二次世界大戦後のケインズ主義が，ある意味で，国際的な形で復活してきている．私はそれを「国際ケインズ主義」などと呼んでいますが，そういう事態が進んできています．そして，将来的には国連の強化などをつうじて，もっと公平公正に，社会経済の調整が行なわれていく必要があると思います．

市民の事業としての協同組合

それと並行して私たち普通の市民が，自分たちの事業を広めていくという機運が進んでいます．このことはとても大切なことだと思います．そのもっとも有力な形態が，協同組合です．協同組合の国際連合組織である，国際協同組合同盟 ICA の働きかけなどもあり，国連では 2012 年を国際協同組合年とすることを決めました．それを受けて，日本でも協同組合憲章を作ろうとするような動きも始まり，その他いろいろな行事が行なわれようとしています．

日本の大学生協は，日本における協同組合の源流の一つです．大学生協は，第二次世界大戦後，生活のために先輩たちが必死につくり，学生運動などの影響も受けてきたので，まだ十分に協同組合としての性格，歴史のなかで持つ意義が理解されていない面もあるかもしれませんが，源流の一つです．他方，日本の協同組合として活躍してきている，農協・漁協・信用組合，その他の組織も，必ずしも市民の事業という意識でやってきているとは言えないかもしれません．そこで，むしろ大学生協が自らの事業をあらためて市民の事業として位置づけ，日本における協同組合運動の発展に，指導性を発揮していかなければいけないと思います．

大学の困難と学生支援の重要性

しかし，大学は今，皆さんもご存知のように，大変な状態になっています．2010 年の学生の就職率は 6 割を切るという状態です．海外でも，例えばイギリスでは学費値上げの動きにたいして，学生が反対運動を展開し，暴動状態に

すらなっています．国際的に大学への進学率が高まってきている今，大学を21世紀市民育成の場と正式に位置づけて，その費用負担については，国際的な共通理解をつくっていかなければいけないと思います．大学生協はそういうなかで，日本の大学をきちんと位置づけて，大学と協力して，学生の負担軽減，キャンパスライフの充実などの学生支援を図っていかなければなりません．

そのためにまず，生協らしいきめ細やかな配慮に基づいた協同をしていく必要があります．貧困化や不適合，学習困難などに悩む学生たちを支援していかなくてはいけません．それから，大学と協力して，高等教育の費用を学生や父母にしわ寄せせずに，社会の責任というものを明確にしていく必要があると思います．そういうことをするためにも，生協自身は，組織的・財政的，そして情報的にもきちんと自立して，その自立度をたゆみなく高めていく必要があります．そのために，組合員の皆さんに，もっと生協を利用してもらう，生協のその他いろいろな活動に参加してもらう．そのことをつうじて，学生と教職員の力を結集して，社会にグローバル企業の規制の必要性，市民の事業の拡大の必要性を訴えていかなくてはいけないと思います．そういうことで，大学生協をつうじて，協同組合というものの意義を社会に広めていくのです．

「私たちには夢がある！」

そのうえで，私は20世紀の偉大な人権運動活動家キング牧師の言い方を借りて，「私たちには夢がある We have a Dream!」と言いたいと思います．私たちの活動は，これからどんどん広がって，いつの日か，学生たちが，大学生協の活動のなかで経験したことや学んだことに基づいて，いろいろな形の，たくさんの，いわば社会的協同組合をつくり，日本の社会を，まさに「協同・協力・自立・参加」を目標とするような，そういう社会にしていくために，私たち大学生協も貢献していかなくてはいけないと思います．そういう少し遠いところまでも見すえながら，身近にたくさんの問題がありますので，そういう問題についてこれからも議論し行動していかなくてはなりません．

3 大震災と原発事故の衝撃

東日本大震災と福島原発事故の衝撃

2011年は，東日本大震災と福島の原発事故があり，大変な1年でした．あらためて，亡くなられた方がたに，哀悼の意を表したいと思います．また，今でも，おおぜいの方がたが，直接の被害や放射能被害から逃れるため，不自由な生活，困難な生活を送っています．そういう方がたに，心からお見舞いを申し上げたいと思います．

私たち大学生協自体も，大変な被害を受けました．それに敢然と立ち向かって，復興してきた組合員たち，それに全国からいろんな形で協力してくれた学生院生たち．大学生協の組合員以外の人たちも，ボランティアなどの形でおおぜい協力してくれました．そういうすべての人びとに，あらためて心からお礼を申し上げます．

私も実際に被災地を訪問し，ボランティアをしている学生たちと話をしたり，いろいろな経験の交流をしました．そのときは被災地を十分に見られなかったので，その後もう一度，被災地の現状をつぶさに視察してきました．とにかく，大変な年でした．それにめげず，われわれは頑張ってきています．復興はまだまだこれからで，原発事故の被害はさらに広がっていく可能性もあります．来年再来年とずっと続く復興と再建に向けて，大学生協として頑張っていかなくてはなりません．

国際交流と大学生協の世界的意義

そういう困難ななかではありますが，今年も国際交流が続きました．7月にはドイツのベルリンで，ヨーロッパのボローニャ・プロセスに関連した学生支援の国際会議が行なわれ，出席して，日本の大学生協の意義を説明してきました．それから9月には，フィリピンのマニラで，フィリピン学生支援生協という新しい生協ができたことを記念して，会議が行なわれ，それに関連した国際会議がありましたので，そこでも日本の大学生協の意味，学生が主体になって大学生活の支援をしているという，そのやり方をアジアから世界に広めていこ

う，と訴えてきました．

　さらに，メキシコのカンクンで，国際協同組合同盟 ICA の，隔年で行なわれる世界総会があり，出席して青年会議および人的支援委員会などで発表し，日本の大学生協が学生主体で頑張っていること，若者の協同組合として世界的に非常に重要な意味を持っていること，などを訴えてきました．さらにその機会に，ICA 会長のイギリスのポーリン・グリーン氏にもお会いし，日本の大学生協の意義を説明してきました．

　そういう国際交流を続けてくるなかで，ますます大学生協の——私はあえて世界的意義といいますが——世界的意義が明らかになってきています．世界の大学で，学生支援がいよいよ重要となってきているわけですが，それを学生主体の協同組合方式でこれほど大きな規模で行なえている例は，日本のほかにはないのです．

　大学生協はそのことを自覚し，誇りをもってますます活動を活発化していかなければなりません．2012 年は，皆さんもすでにご存知のように，国連が指定した国際協同組合年です．それに向けての協同組合憲章づくりが進められていて，大学生協はそのなかでも大きな役割を果たしてきています．2012 年にも，さまざまな機会に大学生協の意義を訴えていかなければなりません．

学生の実態と学生支援の重要性

　こういう国際交流を続けながら，しかし他方で私は，いつも各地の大学生協が，それに見合うだけの実態をもっているかどうかを気にしてきました．国内各地もできるだけ歩いて，大学生協の実態を見聞きしてきましたが，非常に厳しい話も少なくありませんでした．学生は大学に入る時，生協があれば加入するが，たんに利用するだけで生協の意義などをあまり考えていないのではないか，という人も少なくありません．しかも，最近は学生層にまで日本社会を襲っている貧困化が及んできて，普通より安く食事を提供している生協の食堂にさえなかなか入ってこられない学生も増えている，という話なども聞きました．

　そこで私は，全国の，理事長をはじめ生協に協力的な教職員，および日々生協の運営に全力投球している生協職員に，学生への働きかけを訴えてきました．学生は，日本と世界の未来を担う若き主体です．学生のあいだに，日本の大学

生協の意義をめぐる議論の火をともせば，学生は必ずそれを大きく広げていってくれるはずです．大学の役割が教育と研究だけでなく，それらをつうじて未来社会の担い手となっていく学生の成長支援であるということを，私たちはあらためて心に刻まなければなりません．

もう一度いいますが，その学生支援を，日本では学生が自ら協同組合をつくっておこなってきているのです．そのことの意義を深く考え，世界に広めていかなければなりません．

世界の民主化と大学生協の活動

2011年の世界はたいへん大きく動きましたが，なかでも，中東諸国の民主化に象徴されるような，世界のいろいろな社会で市民が主体になるという動きが進んでいて，この動きが中国やロシアやミャンマーなどにも大きな影響を及ぼしています．世界の趨勢は，自分で自分の生き方を決め，そのことをつうじて自分たちの社会のあり方・行き方を決めていく人間，それを私は市民と呼んでいますが，そういう市民の成長であり，世界全体の市民社会化であるといって間違いありません．学生たちが自分たちで大学生活の基礎を支え，大学と協力して自分たちの成長を支えようとしてきている大学生協は，そういう市民社会へと直結しているのです．

私はそういう意味で，これからできるだけ多く各地の生協を回り——これまでも回ってきたつもりですが，まだまだたくさんの生協が残っているので——，現場で活動をしている学生，院生，留学生、教職員，および生協職員の皆さんの生の声を聞きたいと思っています．それにたいして，ある生協職員が，「会長にたいして皆が本音をいうだろうか」と，疑問をなげかけました．この疑問には，私は，「そんなことでどうするのだ」と反論したいと思います．状況が厳しければきびしいほど，お互いに遠慮などしている場合ではないでしょう．お互いに本音をぶつけ合って，大学生協のこれからを考えていこうではありませんか．

国際協同組合年もそのような形で生かしていかなければなりません．そういう意味で，経験交流も議論もその後の活動も思い切り正直に本音をぶつけ合って行なってほしいと思います．

4 復興・再建への決意

思うように進まぬ復興

　東日本大震災から時間が経っていますが，被災地の復興，日本社会の復興が思うように進んでいません．とくに，福島原発事故のその後は，ある意味では悪化しているとも言わなければならないような状態です．重要な総選挙や，日本でもっとも大きな自治体の首長の選挙などがありますが，それらの結果がどうなろうと，私たちは日本の現実，世界の現実を見つめ，大学生協の存在意義を自覚して，復興・再建への決意を固めなければなりません．

クアラルンプルでのワークショップ

　そうしたなかで，さらに国際交流が進められました．マレーシアのクアラルンプルで，大学・高校生協のワークショップが開かれ，日本の大学生協連会長理事，かつ国際協同組合同盟アジア太平洋 ICA-AP 大学キャンパス生協委員会委員長としての私が，基調講演を行なって，教育機関における生協の意義，とくに学生中心の日本の大学生協の意義について訴えました．

　マレーシアでは高校生協が非常に活発です．したがって，今回は高校生協も含めてワークショップを行ないました．しかし，大学のほうはまだ，これまでの政治的事情などがあって，大学生協の結成・活動が必ずしも進んでいません．今後が期待されます．

　同時に行なわれた大学キャンパス生協委員会の会議で，今度は韓国で大学生協の委員会を行なうことになりました．なぜかというと，韓国では，大学生協の連合会が結成されて以来，なんと 10 以上もの新しい大学生協がつくられていて，非常に大きな進展が見られるからです．そのようななかで，次のICA-AP の大学キャンパス生協委員会，ならびに韓国が主催するワークショップを開くことになったのです．

マンチェスターでの ICA 臨時総会と協同組合の 10 年

　さらに，国際協同組合年 International Year of Co-operatives を記念して，

生協の発祥地イギリスのマンチェスターで，国際協同組合同盟 ICA の臨時総会が行なわれ，日本の大学生協も参加しました．農協や生協など，ほかの協同組合の参加があまり活発でなく，同時に行なわれた協同組合博覧会 Co-op Expo にも日本の出店がなかったなかで，大学生協は熱心に参加し，多くのことを学びました．

臨時総会で，国際協同組合年を「協同組合の 10 年 Co-operative Decade」にしていく案が可決されました．これは，国際協同組合年が 2011 年から実質的に始まっている，そこからちょうど 10 年というふうに数えると 2020 年に当たるので，それを目指して国際協同組合年をさらに広げていこう，という決定です．

そのなかで，大学生協が，各種協同組合間のいわば知的媒介者として，大きな役割を果たせそうなことも明らかになってきました．臨時総会が開かれたマンチェスターの会議場には，入り口に大きく Co-operatives United（団結した協同組合）と出ていました．Co-operatives つまり世界中の協同組合が，「団結せよ」と呼びかける段階ではなく，すでに団結している．団結している状態でこれから 10 年間，もっともっと活動を活発的にしていこうというのです．

神戸での国際協同組合アジア太平洋 ICA-AP 総会

さらに神戸で，国際協同組合同盟アジア太平洋 ICA-AP の総会も開かれました．大学生協もそのなかで，青年委員会，生協委員会などのほか，総会そのものでも積極的にプレゼンテーションを行ない，教育機関における生協の役割と，先駆者としての大学生協の意義について訴えました．総会では，長年会長を務めている中国の代表にたいして日本の全国農業協同組合中央会の会長が立候補し，一貫して日本語で，民主社会における協同組合の意義，会長交代で多くの国に ICA-AP 指導のチャンスを与える意義などを訴えましたが，最初から英語が当たり前と考えて同時通訳レシーバーを持っていなかった人も多く，全中会長の意見は通りませんでした．

結果としては，中国の代表が再選され，長年つづけてきた会長職をさらに 4 年間継続することになりました．大学生協はこの場でも，果たすべき役割を痛感しました．そのためには，日ごろから各種協同組合と交流を深めていかなければなりません．

民主化の進む世界のなかの協同組合

さて，以上をつうじてあらためて痛感したのは，世界の民主化が一貫して進んでいる，ということです．そのなかで，協同組合の果たす役割がますます重要になってきています．世界のますます多くの国が，主権者である市民たちが選挙をつうじて代表を選び，市民の政府をつくって社会の在り方・行き方を決めていくようになってきている．それと同時に，そのような社会を支えるため，いわば大金持ち市民たちの事業である大企業や，中小金持ち市民たちの事業である中小企業ばかりではなく，資本力のない普通の市民が少しずつ資金を出し合って展開していく非営利の協同組合という事業が，ますます重要になってきているのです．

大学生協は，世界の動きをきちっと把握して理論化する研究者を抱えているばかりではなく，各種協同組合の研究者をも抱えています．学生・院生のなかにもそういう研究をする者が増えてきています．そのような現実をふまえれば，大学生協は各種協同組合の知的媒介者となって，日本の協同組合の全体図を描き，各種協同組合の活動の参考に供することができるだけではなく，日本の協同組合運動の実績を世界に訴えていくこともできるのです．

世界やアジアで活躍するためには言葉の問題も大きいのですが，これについても大学生協は多くのエキスパートを抱えていて，貢献できるはずです．それに，何よりも重要なのは，日本の大学生協が市民社会を支える二つの柱，つまり政府と事業のうちの，普通市民の事業としての協同組合の，日本における先駆の一つだということです．戦前の先駆例をふまえて，戦後，私たちの先輩がいろいろな思惑から必死で創りだし，発展させてきた大学生協が，民主化の進む今日の世界のなかで，あらためて極めて重要な意味を持ってきているのです．

個々の大学生協の活動の意義

このことを深く自覚するために，各大学で学生中心に議論を活発化していき，議論しながら生協活動を活性化していかなくてはなりません．

もちろん，他方には個々の生協のさまざまな，なかにはたいへん厳しい事情もあります．これまでにも私はできるかぎり各地の生協を訪問してきました．熊本と釧路，京都と三重の津，東京Y大学，盛岡と富山を訪問したほか，夏

には，京都コンソーシアムの協同組合講座でも講義しました．

　訪問したいずれの大学も，新入生受け入れに創意を発揮したり，PCカンファレンスや教職員セミナーを受け入れたり，40周年や50周年を祝って意気盛んだったりで，非常に元気でした．しかし，私はこれまで，大学の理解を得られずに，不利な場所で必死に頑張ってきている生協も見てきています．なかには，赤字をなかなか克服できなかったり，食堂や購買や旅行などで学生の利用が思うように伸びなかったりで，苦労している生協もあります．

　しかし，だからこそ私は，日々の活動のなかで日本の大学生協のもつ意味を考えてほしいと思うのです．世界に向けて，教育機関における生協，とりわけ日本の大学生協の意義を語るとき，私はいつも，小さかったり不利な条件と闘ったりしながら，必死で頑張っている会員生協のことを考えています．日々の苦労が，大学生協の世界的な意義や協同組合運動の全体の発展につながっていることを意識して，ぜひ頑張ってほしいのです．

　大震災・原発事故からの復興と再建の決意を！

　日本の大学生協の特徴は，今までもくり返して言ってきましたが，学生が組合員の大半を占め，実際に利用するだけではなく，運営にも参加している，ということです．「協同組合の10年」のなかで発展していくには，学生委員などが中心となって，大学生協の意義について議論をし，教職員もそれに加わって，議論しながら活動を活発化していく以外にありません．私はそのために必要であれば，どこにでも出かけていくつもりでいます．京都コンソーシアムの講義を聴いてくれた学生たちの意見のなかには，このような話をもっと早く聞きたかった，全国の学生に聞かせるべきだ，というのもありました．

　私は最近，「東日本大震災・福島原発事故と大学生協の役割：2012年国際協同組合年に寄せて」というペーパー（実質内容は本書Ⅲ）をまとめました．大震災と原発事故からある程度経過している現在，私たちはあらためて，あの大震災と原発事故が明らかにした，そして今でも明らかにしつつあるものは何なのかをくり返し確認しながら，被災地から日本社会総体の，そしてさらには人類社会そのものの復興と再建への決意を固めなくてはならないと思います．大震災と原発事故が明らかにしたのは，日本社会と人類社会のこれまでのつくり

方，大都市部を優先し，その繁栄を持続するために，核分裂連鎖反応の原理を応用した，きわめてリスクの高いエネルギーの比率を上げていくという，社会形成の方法にほかならなかったのですから．

　私の，国際会議や日本でのさまざまな会議での発言はすべてこの考えの延長上にあって，そのうえに本書も書かれています．それに私は，学生院生，教職員のあらゆる声を反映させたいと思っています．学生委員院生委員などが中心になって，学生院生を集め，教員や職員も参加して，大学生協の意義について考える場が設けられれば，私は，どこまででも出かけて行き，参加者の皆さんと話し合いたいと思っています．

　仲間の協同者たちに呼びかける！
　私はけっして大げさなことを言っているのではありません．世界は，そして日本はどんどん動いていて，そのなかで私たち日本の大学生協の活動の意義がいよいよ高まってきています．自分たちの日ごろの活動を大きな流れのなかで見直して，その意味について仲間と議論しながら活動を活性化していってほしいのです．

　協同組合はドイツ語ではゲノッセンシャフト Genossenschaft と言います．ゲノッセというのは仲間のことです．したがって，ゲノッセンシャフトは仲間たちの集まりが協同して行なう事業のことです．その協同のことを，英語ではコオペレーションと言い，協同して行なう事業，すなわち協同組合のことをコオペラティブと言うのです．

　アメリカが独立したとき，初代大統領ワシントンは仲間たちに向かって，「仲間の市民たち Fellow Citizens」と呼びかけました．そのため，今でもアメリカの大統領は――オバマ大統領も，注意してみているとそう言っているのが分かりますが――，必ず最初にアメリカの人びとにフェロー・シティズンズという呼びかけをして，それから話を始めます．それにならって，国際協同組合同盟 ICA 会長ポーリン・グリーン氏は，世界中の協同組合員に「仲間の協同者たち Fellow Co-operators」と呼びかけています．私も皆さんに，フェロー・コオペレータズと呼びかけたいと思います．

　たとえば，つぎのようにです．"Fellow co-operators, let's discuss on our

university co-operatives, and realize in our everyday activities what we should do in the post-Earthquake and post-Nuclear Energy era. We can be proud of Japan's university co-operatives to the world."（仲間の生協活動家の皆さん，大学生協の意義についておおいに議論し，大震災・原発事故後の時代に何をなすべきかを明らかにし，日々の活動をつうじて実現していこうではありませんか．日本の大学生協は世界に誇りうるものなのです．）

5 パラダイム転換：市民から主権者へ

引き続く交流

　大学生協の意義を考え続けながら，さまざまな会議や行事などに参加しています．とくにこの半年ほどは，大学生協や協同組合を意義づけるために，私の専門である社会理論，社会観の再検討を迫られ，理事会などに少しむずかしい話を聞いてもらい，迷惑をかけたりしました．しかし，うまく解決できて，それ以後はさまざまな場で大学生協の意義を説き続けてきています．

　国内では，全国理事会，PC カンファレンス，ブロック運営委員長会議，理事長専務理事セミナーなどがありました．

ソウル・ワークショップと日本大学生協の積極的意義

　国際的には，韓国のソウルで，国際協同組合同盟アジア太平洋 ICA-AP 大学キャンパス生協委員会とそのワークショップがありました．ICA-AP の方針で，各委員会のあり方を組織的にきちんとするようになってから，初めての委員会でした．

　主催国の韓国では，生協法ができて大学生協も活発になり，そうした実績をふまえて，韓国の大学生協連合会の，大学キャンパス生協委員会やワークショップにたいする臨み方も，非常に積極的になってきていました．ICA-AP の事務局長が参加して講演してくれたことなどもあり，アジアにおける大学生協のあり方についての認識が非常に深まったと思っています．

　国際協同組合同盟 ICA そのものは，2012 年の臨時総会で，2011 年から

2020年までを,「協同組合の10年」とする方針を発表し,2013年に入って,この10年間で世界の協同組合を強化する「ブループリント（青写真）」を発表しています．各種協同組合はすでに,世界中に10億人の組合員を擁しており,協同組合の良さを自覚してそれらしく活動すれば,つまり協同組合のアイデンティティを強めて活動していけば,この10年間で世界をもっともっと良くできる,というのがその趣旨です．

　私は,ソウル・ワークショップの冒頭講演のなかで,日本の大学生協のビジョンとアクションプランが,このブループリントの,参加,持続可能性,協同組合資本,法的枠組を,アイデンティティを要にして強化していく方針と,みごとに対応していることを示し,アジアと世界における大学生協の意義について訴えました．日本からも,多数の学生諸君や生協職員が参加して,分科会では大学生協のさまざまなあり方について積極的な討論が行なわれました．

ICAケープタウン総会での日本の大学生協

　さらにその後,南アフリカのケープタウンでICAそのものの総会がありました．アフリカでの開催は初めてなのですが,その総会に大学生協も参加し,「次の世代をインスパイア（鼓吹）する」というセッションで私が報告しました．そのときのパワーポイントで,「日本の大学には生協がある」という事実を,さまざまな写真などを用いてあらためて強調しています．

　「日本の大学には生協があって,220ほどの事業単位と150万を超える組合員がおり,総会・総代会,理事会,学生委員会などに学生が参加し,学生中心の主体な運営をしている」という報告が大きな反響を呼び,学生の参加の仕方,出資金の返還問題,学部や院などで協同組合研究をする学生院生はいるのかどうか,などといったことについてさまざまな質問が出されました．

　大学生協は,アジアやアメリカなどにも例はありますが,日本ほどの規模と内容で大学生活を支えている例は,他の国にはありません．このことに誇りを持って,全国各地の大学生協の日々の活動に生かしていってもらいたいと思います．

　ICAのブループリントについて上にふれましたが,大学生協もこの方針に賛同しており,日本の他の協同組合と協力して,日本と世界を良くしていきた

いと思います．そのためにも，地域生協や農協などとも交流を深め，ICA の総会や全体会議などの場でも積極的に発言していきたいと思っています．

個々の大学生協の健闘

日本でも，K 薬科大学生協の 20 周年に参加し，K 大学生協を見せてもらい，D 大学で行なわれた女性研究者育成のためのシンポジウムに参加し，さらに M 大学生協の 50 周年に参加しました．

K 薬科大学と K 大学では，大学側の好意的な態度もあって，新しい食堂やカフェ，購買店舗を開くなど，生協が非常に健闘しています．女性専務が県知事からワークライフバランスの賞をもらったりしながら活躍しているのも，すばらしいことです．

D 大学でのシンポジウムは，生協の理事長を務めている先生の司会で行なわれたのですが，男子ばかりのように思われていた大学では画期的な出来事ということでした．生協もこれに学んで，女性の一層の活躍を応援していきたいと思います．

M 大学での生協 50 周年は，四つの学部それぞれの創立いらいの年数を合計すると 330 年になり，来年その記念行事を行なうということで，それに向けて生協が非常に頑張っているという様子がよく分かりました．

これらは，各地の大学生協が健闘している活動に，私が参加できた本当にごく一部の例にすぎません．しかし，これらをつうじて私が感じたのは，ICA-AP や ICA のワークショップで私たちが報告して誇りにしている日本の大学生協を，各地の大学生協がそれぞれの活動でしっかりと支えてくれている，ということです．そしてこれは，大学生協の日々の事業と活動を直接担っている生協職員を，学生，院生，留学生，および理事長をはじめとする教職員がしっかりと支えているからこそ，可能になっているのです．

供給高の減少を食い止める生協論議を！

しかし他方には，組合員数は伸びているのに，総供給高は傾向として減ってきているという実態もあります．ケープタウンでも報告したのですが，大学生協の会員生協の数，それから組合員数をみると，会員生協は，大学統合などで

少し減ったりしているのですが,組合員数は着実に伸びています.しかし,21世紀に入ってから,供給高は残念ながら少しずつ落ちてきています.

このように国公立大学の法人化以後,世界の不況もあり,大学生協をめぐる情勢はしだいに深刻化しています.これを打破するためには,私たち生協に直接関わっている学生,院生,留学生,教職員,および生協職員が,生協の意義をはっきり自覚するだけでなく,その周りにたくさんいる,大多数が学生である組合員に,その意義を認識してもらい,もっと生協を使ってもらう,もっと生協を盛り立ててもらう,必要があります.その展望を開くために,大学生協についての議論を広げて,ますます多くの学生と教職員に参加を呼びかけていかなければなりません.

パラダイム転換:主権者の政府と事業

大学生協の意義をとらえるために,私が最近苦労して獲得したパラダイム,およびそれに基づく社会観あるいは社会理論は,ある意味でたいへんシンプルなものです.

歴史の趨勢は民主化です.ほとんどの社会が民主社会になってきているし,なりつつあります.そして,民主社会の担い手は,私がこれまで市民(シティズン)と呼んできた主権者です.主権者は,正当な選挙をつうじて,できるだけ良い政府をつくって,自分たちの社会を運営していかなくてはなりません.今の選挙が正当な選挙かどうか,今の政府が良い政府かどうか,私たちはつねに考えて,することをしていかなくてはなりません.

しかし,それだけでは十分でありません.それと同時に,大企業・中小企業だけに任せず,自分たちで出資しあって,社会に必要な良い事業を行なっていくことも,必要不可欠なことです.そして,それこそが協同組合なのです.

日本の大学では,多くの学生は入学後しばらくして選挙権を獲得しますが,大学生協のある大学では,学生は初めからその組合員になって,主権者の事業を行なっています.そのように考えると,就活などについても,新しい展望が開けてきます.就職するにあたって,企業だけを考える必要はない.協同組合をもっと積極的に考えることもできるし,場合によっては自分たちの力で協同組合をつくるとか,いろいろな可能性が開けてくるのです.そういうことが,

生協や協同組合だけでなく，これからの社会を変えていくのです．

心からの納得に基づく行動を！
　人は，本当に納得しなければ，責任を持った行動には出ません．大学生協についても，その意義について本当に納得しなければ，会長理事が何を言おうが行動できないでしょう．生協職員は，自分が選んだ仕事だから，さまざまな困難と闘いながら各地で頑張っています．学生・院生・留学生には，それぞれの勉学とこれからの進路選択があります．教職員には，それぞれの研究と教育の仕事があり，大学のあり方についてもいろいろな考え方があります．いろいろあると思いますので，それらを出しあって，私が提起している議論にからませながら，大学生協の意義と自分との関わりについて考えてほしいのです．
　そして，そのような議論を周りにいる組合員，大半は学生のはずですが，院生，留学生，教職員も含めて，周りの人びとに意欲的に広めていき，生協へのアイデンティティを強めて，参加の輪を広げていってほしいのです．そして，その成果を日々の活動の中に生かしていき，それをつうじて大学生協をさらにいっそう盛り立てていってほしいと思います．

6 大学生協をつうじて民主協同社会を

大学生協の意義を考え続けて
　大学生協の意義を考え続けながら，さまざまな会議，行事などに参加し続けています．
　それらをつうじて，市民から主権者へのパラダイム転換をふまえ，若き主権者の事業としての大学生協の意義について，訴え続けてきました．
　主権者は，自分たちの意思を正しく反映した政府をつくらなければならないだけでなく，自分たち自身の民主的な事業によって社会の基礎を造り直さなくてはなりません．
　協同組合は主権者の民主的事業の要(かなめ)ですが，大学生協は日本における協同組合運動の先駆けの一つとして，今もなおその先頭に立たなければなりません．

「灯台もと暗し」ではなかったか？

韓国の大学生協代表団の訪問があり，日本の大学生協の基本について説明してみて，それを，日本の大学生協自身が理解しているかどうか，不安になりました．「灯台もと暗し」ではなかったか，と思ったのです．

日本の大学生協の基礎は，第二次世界大戦後の困窮期に，私たち学生の先輩によって必死の思いでつくられたこと．高度経済成長後に，全大学構成員の生協として自らリセットし，事業連合と全国連帯を形成しつつ伸びてきたこと．それをふまえて，アジア諸国の大学キャンパス生協，欧米の学生支援団体とも交流してきたが，事業単位（会員）数220ほど，組合員総数150万以上という規模の大学生協は，世界でもほかにないこと．それらのことを自覚し，自己認識（アイデンティティ）を強めなければならないこと，などを確認しました．

各地の会員生協訪問とアイデンティティの強化

3月から4月にかけて，ブロック運営委委員長会議を行ない，福島，高知，奈良の会員生協を訪問しつつ，組合員総数は増えてきているのに，総供給高が落ちてきている理由を問い続けました．会議メンバーの多くは活動が衰退している傾向はないと言い，新学期前後の各地会員生協の活動も活発でした．

組合員数が伸びていて，大学生協の活動が堅調ならば，そのことが供給高にも反映されるような決算の仕方を考えなくてはなりません．それと同時に，組合員の基本参加，つまり生協利用を増やさなければならず，その鍵はやはり，組合員の協同意識，つまり大学生協組合員としてのアイデンティティの強化です．

被災地の復興・再建と大学教育改革への貢献

福島を訪問したさいに原発事故の被災地の北部を視察し，その後さらに南部をも視察しました．その経験をふまえて，教職員セミナーのさいに，大学生協としても福島を自らの故郷と考え，放射能からの解放と自然の回復とをふまえた復興と再建に努め，それを大震災の被災地全体の復興と再建につなげるとともに，日本，さらには世界の自然復興と社会再建につなげていくべきことを訴えました．

他方，PCカンファレンスでは，大学の原形が古代ギリシャのシンポシオン（饗宴）とアカデメイア（学士院）にあることを示し，ネット上のムークスMOOCs（大量公開オンライン授業）などに載せられていくすぐれた講義の作成と，それらをふまえた活力あるゼミなどのために，大学生協をもっと役立てていくべきことを訴えました．すぐれた講義と生きいきしたゼミのあいだに，さまざまな教材を用いたいろいろな授業があり，それらのために大学生協を役立てていくのはもちろんです．

ICA-AP 大学キャンパス委員会の開催と DSW との交流

インドネシアのバリで国際協同組合同盟アジア太平洋 ICA-AP の総会が開かれ，その一環として大学キャンパス生協委員会も開かれました．これまでの活動をふまえて大学生協の役割と活動方針が決められ，民主的な方法で役員も改選されました．しかし，それをふまえて，総会でこれまでよりも積極的な役割を果たし，アジア太平洋の協同組合に貢献していくのは，まだこれからです．

さらに，ベルリンとフランクフルトで，ドイツ学生支援協会 DSW との交流が行なわれました．両国の大学をさらに国際化するために，留学生の迎え入れと送り出しを紹介しあい，これからの課題を議論する会議でしたが，DSW と大学生協連の組織目的などの違いから，議論の進め方に不十分さが残りました．今後の課題です．

「2050 年の生協」論議への貢献と各地大学生協の状態

その後，2050 年の生協のあり方を議論している生協総研の委員会に意見を求められ，大学生協としては，地域生協が少子高齢化のなかで内向き縮小志向になりすぎず，大きな社会変化のなかで世界に開かれた日本の生協を目指すよう，訴えました．

各地の大学生協訪問も続き，H 大学生協の 50 周年や T 大学生協の健闘ぶりなどに接してきましたが，多くの会員生協の活躍は大学生協のこれからに希望をいだかせるものです．国立大学の法人化が行なわれ，その公立への波及や私立への影響が出始めてから 10 年が経過していますが，キャンパスの民間への開放が大学生協にとって致命的なほどマイナスになっているケースはほとんど

ないと思います．

世界の民主化と主権者の事業としての協同組合

　これらをふまえて，大学生協の基本的な意義を，もう一度確認しておきましょう．

　世界では，いろいろな問題を生み出しながら，基本的な民主化が進み，民衆が真の主権者となる過程が進んでいます．主権者は，できるだけ正しく自分たちの意思を反映する政府によって，自分たちの社会を管理しようと努力していますが，それと同時に，自分たち自身で民主的におこなう事業の範囲を広げるとともに，内容を充実させ，自分たちの社会の基礎を良くしていこうとしてきています．

　協同組合は主権者の事業の要（かなめ）となるものであり，大学生協は，日本における協同組合運動の先駆けの一つであったとともに，今でも先進的な役割を果たそうとするものです．大学生協連は2006年に，協同・協力・自立・参加を4つのミッションとするビジョンとアクションプランを決定しました．

「協同組合の10年」ブループリントとビジョンとアクションプランの合致

　その後，大学生協連も加盟している国際協同組合同盟ICAで2012国際協同組合年の運動が行なわれ，同年のマンチェスター臨時総会では2011～20年を「協同組合の10年」とすることを決定し，2013年初頭に，参加，持続的成長，協同組合資本，法的枠組をアイデンティティでつないで強化していこうとする，ブループリント（青写真）が出されました．

　このブループリントは，アイデンティティを協同（意識）の強化と考え，協同組合資本の強化を自立，法的枠組を大学およびその他協同組合との協力，参加と持続的成長を，大学生協への組合員の参加と，大学生協の社会参加による平和と環境回復さらには大震災・原発事故からの復興・再建への貢献，と考えると，大学生協のビジョンと改定されたアクションプランに基本的に合致するものです．

　大学生協の活動は，世界の大きな動きのなかで，ますます重要な意味を帯び

てきています．日本も世界の大きな動きのなかでその進むべき道を決めていこうとしています．私たちは，日本の主権者としてその動きに参加するとともに，若き主権者の事業としての大学生協の活動をつうじて，日本社会の基礎づくりに貢献していかなくてはなりません．

　大いに意見を述べあい，経験を交流しあって，それらをそれぞれの持ち場で生かし，大学生協の日常活動を活性化していこうではありませんか．

I

大学と協同の世紀

1 電子情報市場化時代の自立と協力：大学生協の生き残る道

自立とは？

電子情報市場化時代の自立と協力は，私たちがこれから生き残っていくためにぜひとも必要なことです．大学生協のビジョンとアクションプランとの関連で，協同・協力・自立・参加という使命に，これまでなんども言及してきました．そのなかの自立と協力です．まず自立とはなにか？ いうまでもなく，自立とは，自分の足で立つこと，そして自分の身体を確かめることです．

人間が生きるとは？

では，身体とは何か．人間は，物質代謝 metabolism と象徴操作 symbolism を同時遂行しながら生きています．物質代謝とは，酸素を取り入れて炭酸ガスを出したり，食物を取り入れて不要物を排泄して，われわれの身体を形成し維持すること．そして象徴操作とは，言語に代表されるようなシンボルを操り，この世界を意味づけると同時に，そのなかにわれわれの身体を定位させ続けていくことです．このような物質代謝と象徴操作の同時遂行をつうじて，われわれはさまざまな身体連鎖＝関係性 relationships を形成し，そのようなもの，すなわち社会として生きているのです．

かつて盛んに論じられたことですが，初期のマルクスが『ドイツ・イデオロギー』などで用いたフェアケーア Verkehr という概念があります．最近あまり言う人はいなくなったと思っていたのですが，数年前に出た『世界共和国へ』（岩波新書，2006）という本で，柄谷行人氏がもう一度ふれています．ドイツ語の辞書で Verkehr を引くと，交通，交際，通商，通信，性交という5つの意味が出てきます．その基礎に自然との交渉がある．こう考えると，これでほとんど人間のやっていることが尽くされます．

『資本論』のなかに「人間の労働は物質代謝である」という有名な定義が出てくるのですが，マルクスは当初，それだけでなくここにいう交通，交際，通商，通信，性交をすべて含めて，すなわち Verkehr として人間の行為を考えていた．それがその後，主として物質代謝を意味する労働と交換だけに限られ

ていってしまったことから，とくにコミュニケーションにかかわる行為の部分が非常に弱くなってしまったので，その面を補おうとしてドイツの社会哲学者ユルゲン・ハバマスなどが出てきた，という経緯があるのです．

これで分かるように，もともと人間は，物質代謝と象徴操作を同時並行的に行ないつつ身体連鎖つまり関係性を展開して，生きているのです．

だから自己とは？

そのなかで自己とは何か．われわれは動物ですから，四六時中呼吸をすると同時に，飲食・排泄をして，われわれの身体の基本を維持している．このために，またこれを基礎に，労働しつつ性行為を行なって，われわれの種すなわち社会を形成し維持している．われわれの生活手段を生産すると同時に，われわれの子孫を生み育てていく，二重の意味での再生産すなわちリプロダクションです．

この過程で，動物としての諸行為は不可避的に社会的な諸行為に展開していく．すなわち，労働を基礎に広範な交換が展開されていくと同時に，性行為をつうじて家族親族形成がおこなわれ，社会の基礎がつくられていく．そして，これらをつうじて一貫してコミュニケーションが展開され，外延的に人間社会が展開していくだけでなく，内包的に無限の可能性を秘めた人間文化が展開されていくのです．

だから社会的自己とは？

だから，社会的自己とは，社会的分業のなかにあり，家族親族形成をおこないながら社会組織を展開していく，その過程でさまざまなコミュニケーションを展開しつつ，さまざまな人びとと関係性を取り結びながら，それらの結び目 nod の一つとして，自己を維持していくことです．だからこそ社会的自己は，物質的かつ組織的であるだけでなく，高度に情報的であり，そうでなければならないのです．

情報的に統括される自己

私がこれをあえて言うのは，これが自立の意味の要(かなめ)にかかわるからです．私

はくり返し，自立とは基本的には，財政的自立すなわち赤字は出さないということと，組織的自立すなわち生協の原則に則って民主的運営をすることだと言ってきました．

それに加えて，これが不十分だったということで今言っているわけですが，情報的な自己管理，すなわち生協にかかわる諸個人の自己管理と，組織としての生協の自己管理が厳しく要求されるのです．

数年来，情報管理のずさんさから，大学生協が危機にさらされる事態が起こっています．あらためてこの面を全国の大学生協に厳しく反省してもらわなければなりません．自立ということが情報的な自己管理を含むのだということ，ここまで含まないと徹底した自立にならないのだということを，自覚してもらう必要があるのです．

われわれの社会的自己は，述べてきたようなコミュニケーション関係のなかで，これが自分だという意識，つまりアイデンティティです．私は，グローバル化の基礎は電子情報市場化であること，グローバル化はほとんど電子情報市場化そのものであることを強調してきました．情報的な要素が加速度的に重要性を増している時代において，自己のアイデンティティを維持していくことの意味，電子情報的に自己を統括していくことの意味，つまりこういう時代において，自分が何であるか，どういう仕事をしている，かということをしっかりと把握していく必要があるのです．外部に不手際を露出して，つけ込まれるようなことのないようにしなければなりません．

自立していなければ協力もできない

そのうえで協力ですが，自立がきちんとできていないと，協力つまり大学との関係もうまくいきません．協力すなわちコラボレーションとは，自立した主体間の動的な関係性だからです．主人と奴隷の関係とか，優位に立つものと劣位に置かれたものの関係性では，コラボレーションは生まれようもありません．われわれは協同組合つまりコオペラティブですから，協同つまりコオペレーションを基礎にして，大学と協力すなわちコラボレートしていくと言ってきているのです．

ある大学の学長が，ある人びとが使用料徴収ということを考える大きな理由

きらめくキャンパス・ライフ①

もっとも基本的な消費者教育とは？

　人は，消費することをつうじて自己をつくり，社会をつくる．何を食べ，何を着，どこに住むかはもちろん，何を見，何を聞き，何を読むかによって，自分が何であるかを決め，自分が生きる社会のあり方を決めていく．コーラを飲みながらハンバーガーを食べ，Ｔシャツとジーンズを着て電車や車で移動しながら，テレビを見て，イアホンでロックを聴き，スポーツやファッションにかんする多様な雑誌を読む若者たちが，今日のグローバルな消費社会をつくってきた．

　大学はそのなかで，少なくないキャンパスがそうであるように，昔から続いてきた世界があることを見，講義を聴き，本を読み，人間と自然と社会について考えることを教えようとしてきた．何という古ぼけた消費だろう．多くの大学が誇りにする図書館は賞味期限切れの本でいっぱいだし，自然科学系の実験室や研究室は昔ながらに雑然としている．教員たちの講義ですら大半はどこかで聴いたようなことばかりだ．

　しかしそのなかに時折，とてつもない深さを感じさせるものがある．この宇宙はそもそもどうしてできたのか．人にはなぜ体重があるのか．人の口をついて出るある種のアイデアが，なぜ論理と実証の力で宇宙の生成発展から人類史の展開の要までを説明するのか．人は人類の知的遺産を消費しながら，いつのまにかとてつもない生産を，画期的といえるような創造をおこなっていることすらある．

　消費社会の消費の極で，それを巨大な生産に展開する，賭を孕んだ知的営みをくり返しているのが大学である．大学生協はそれを，もっとも基礎的な消費生活の協同をつうじて支えている．そのことを学生に理解させることこそが，もっとも基本的な消費者教育なのではないであろうか．

の一つとして，大学と生協との関係が業務委託契約になっている，ということに言及しました．全国の多くの大学で，大学生協が業務委託契約という形で，大学との関係を取り結んでいることが少なくないかもしれません．このため少なくない大学は，大学生協との関係を，外部から入ってきた企業に業務を委託するのと同じような感覚でとらえているのです．それでよいのかどうか．そもそも業務とは，何のことを言っているのか．

組合員に依拠しないからそういうことになる

　大学生協は，大学の構成員である学生・教職員が，協同をつうじて自分たちの生活の基礎を支えていくためにやっているわけで，それをたんに業務として捉え方にたいしては，大学生協の考え方をきちんと出していかなければなりません．大学がそういう捉え方になってしまう原因の一つには，大学生協も日常的には生協職員の手で運営していかざるをえないので，生協職員に組合員に雇われているのだという意識が弱いと，どうしても業者のような振る舞い方をしてしまうということがあると思います．

　そうするとそれが，大学から見ると，外部の業者と生協とを比較して，どちらが良いかと比べてしまう根拠にもなってしまう．そうさせないために，生協職員は，あくまでも組合員に依拠し，自分は生協に雇われている職員であるということを忘れずに，組合員に生協とはなにかを思い出させ，そのことをつうじて組合員の積極性を引き出していくということを，くり返しやっていかなければなりません．

組合員も目覚めなくてはならない

　組合員のほうも反省して，こういう時代における生協の意義を思い出し，目覚めなければなりません．2008年秋からの経済状況の悪化で，学生のなかに授業料が払えないなどの理由で，勉学が続けられない者が出てきています．全国的にかなり深刻な状態であることが，新聞などでも報道されていますから皆さんもよくご存知でしょう．さらには，2009年の入試の過程を見ていると，親がリストラされたなどの理由で，そもそも大学受験自体をあきらめざるをえない高校生も出てきています．

そういう事態のなかにある大学生協の意味をよく考えなくてはならないでしょう．かつては食料すら十分でない時代に大学生協ができたわけですが，今それとは状況も次元も違った危機が広がってきているのです．そのなかでの大学生協の新しいあり方を考えていかなくてはならないでしょう．

くり返しますが，自立の意味を十全にとらえ，財政的自立，組織的自立に加えて，情報的自立をきちんとしなければなりません．そのうえでわれわれは大学と協力していくのですが，自立がうまくいって多少の剰余が出た場合にはどうするか．大学生協を業者のように見る大学はそれを狙ってくるわけですが，それにたいしては，大学生協はそれ自身の考え方を積極的に打ち出していく構えでなくてはいけないでしょう．

つまり，大学生協のあり方行き方を積極的に打ち出していく．剰余が出た場合には，それをどう使うかを示す形で，大学に大学生協のあり方行き方をはっきりと示していくのです．その前提として，大学との契約関係も，一度結んだから良いのだというふうにせずに，生協と大学の関係をできるだけ生協本来のあり方に沿う関係に変えていく方向で，できるだけ柔軟に考えていかなくてはならないでしょう．

2 外へのまなざしと内へのまなざし

危機と変革の時代に入った世界

2008年以降，世界が危機と変革の時代に入りました．危機と変革の時代に入った世界のなかの大学生協を考えなければなりません．この年の前半にはまだ予想できなかったのですが，秋のアメリカ大統領選挙でアフリカ系のオバマ候補が選ばれました．

私はかつて，1960年代のアメリカの大変動はどうなるのかということで，70年代半ばにアメリカに行き，アメリカ中を走り回っていろいろな人に会い，インタビュー調査をしたことがあります．その頃からずっと気にしていたことが，40～50年かけてようやく実現し，大きな流れで見ると明らかに世界は変革期に入りました．

そういう流れのなかで大学生協をどう見るかを考えなければなりません．生協の活動も一市民の活動です．いろいろな分野で活躍している市民たちに，もっと大学生協のことを知ってもらわなければなりません．

日本の大学生協への関心

最近，タイとインドネシアの大学生協の会議に出席してきました．その結果をふまえて，大きく3つのことを指摘したいと思います．

一つは，アジアの，大学に関係する生協のなかで，日本の大学生協への関心がますます高まってきている，ということです．

タイでは，最初にスコータイ・タマティラット公開大学 Sukohthai Thammathirat Open University で，タイの大学関係生協の全国セミナーがあり，私たちが，日本の大学生協の概況と事業内容と学生参加のあり方を報告しました．それについてつぎつぎに質問があり，そのあとのタイの人たちの会議の時間もそのために使われるという事態になりました．

彼らも自分たちの国の議論はいつでもできるので，せっかく日本から来てくれた大学生協の人たちの話を聞こうという雰囲気になり，いろいろな質問にわれわれが応答するという時間になりました．日本語と現地語との通訳に少し不安は残りましたが，日本の大学生協の様子はだいぶ伝えられたのではないかと思います．

翌日の国際協同組合同盟アジア太平洋ICA-AP大学キャンパス生協委員会主催の国際シンポジウム（バンコク・ワークショップ）では，タイの協同組合関係の次官クラスも出席するなか，私が委員長として挨拶したうえで，日本の大学生協についても報告しました．これらはすべて英語で行なったのですが，それについてもいろいろな人に質問され，日本の大学生協への関心が高まっていることを感じました．

その後，生協委員会の第1回会議があり，ICA-APからの役員も交代して雰囲気も変わりましたので，リーダーシップを発揮するため私が直接議長を務めたのですが，不慣れもあってうまくいかない面もありました．しかし，だいたいの様子は分かったので，これからはこういう機会を生かして，アジア地域に日本の大学生協の影響を広めていけないかと思っています．

学生の生協と教員の生協

　第二に，その次の日にいくつかの大学生協の見学会がありました．
　まず農業大学 Kasetsart University で，生協の店舗を見せてもらい，話を聞きました．タイではいちばん古くて歴史のある生協のようで，購買生協とクレジットコープの二つがあり，1950年代の終わりにもともとは学生がつくったということでした．しかしその後，実質的に教員が運営するようになり，悪く言うと教職員が乗っ取ったような形になっています．
　「そういう経過をどう見ていたのか」「学生の反対運動はなかったのか」などいろいろ聞いたのですが，その場にいた人たちの話では真相はつかめませんでした．その辺のことを詳しく調べれば，非常に面白いのではないかと思います．
　日本の大学生協は学生中心できているわけですが，アジアにはそうはいかないケースが多いようです．とくいわゆるクレジットコープ Credit Coop——日本で言えば農林中金とか労金のようなものでしょうか——は，実質的には教職員主体で，いろいろなところに投資してかなりの利益を上げたりしているようで，生協が金儲けの手段になっている面もあるようです．
　そういうあり方でよいのか，いろいろ考えさせられました．そういうことも含めて，今回のタイの例ではいろいろな問題を感じさせられました．

真似をすることの意味

　第三に，強行軍だったのですが，その後インドネシアに回り，インドネシア青年協同組合連合会 KOPINDO 主催の大学キャンパス生協セミナーに参加してきました．ジャカルタで行なわれたこの会議の出席者は，大半が学生たちとのことでしたが，日本語で挨拶したあと，彼らの議論を聞いてきました．日本語と現地語との通訳が不十分で，全容がつかめているかどうか心もとないのですが，一つだけ聞き捨てならないと思い，発言したことがあります．
　現地の学生から「なんでマネをする必要があるのか」という意見が出たので，悪い例を真似るのは良いことではないが，良い例ならば真似をするべきなのではないか，という発言をしました．そのために，フランスのタルドという社会学者が，「誰かが新しいことを発明すると皆がそれを真似て，良い場合には社会のレベルが上がっていく，社会はそういうふうに変わっていくものなのだ」

と言っているという例などを出したのですが,通訳が十分でなく,思うようにいきませんでした.

言語の問題ですが,日本語と現地語との通訳だと,多少なりとも専門的なことのわかる良い人がいないことが多いので,不安や不満が残ります.その点,英語との通訳のプロは一般にかなり鍛えられていることが多いし,われわれも英語ならかなり使えるので,英語でやり取りできる場合には,なるべくそうしたほうが良いように思いました.

このように,コミュニュケーションの問題はありますが,お互いに相手の状況を知り合い,日本の大学生協の成果について知らせていく,彼らからも学べることは学んでいくことが大切で,今後とも積極的に交流を進めていかなくてはならないと思いました.

日本は欧米なのか:あらためて脱米欧入亜の必要性

帰ってきてたまたまテレビを見ていたら,NHK特集「JAPANデビュー」の関連で国際世論調査の特集をやっていました.そのなかに「日本はアジアなのか欧米なのか?」という質問があり,私はそういう質問じたい考えたことがなかったのでびっくりしました.しかし,この質問を実際にしてみると,世界の各地で「日本は欧米だ」と思っている人がけっこう多く,しかももっとも多いのは日本なのです.

つまり,地理的なアジアではなくて,先進国と途上国という分類をした場合の途上国とアジアが結びついてしまっていて,日本は先進国だから欧米なのだという認識を持っている人がすごく多いのです.福澤諭吉の「脱亜入欧」を逆転させなければならないと言われてからだいぶ経つはずなのですが,本当の意味での「脱米欧入亜」をどうするのか.大学生協にかぎらない大きな課題ですが,われわれも考えていかなければなりません.大学生協としても,そういう視野をつねにもって活動していかなければならないということでしょう.

外へのまなざしは必ず内へのまなざしにはね返る

そういうことを言いながら,しかし同時に私は,いつも日本の各地で小さいながらも頑張っている生協のことを思い浮かべます.そういう大学生協の立場

から見たばあい，日本の大学生協とは何なのか．アジアの大学生協との連帯とは何なのか．そういう視点もつねに持ち続けなければならないと思います．

そういう意味で，外へのまなざしがそれだけになってしまわないように，つねに内へのまなざしにはね返ってくるように，しなくてはなりません．これも生協だけにかぎらないとは思いますが，具体的に生協活動の実践のさいには，外に視野を広げていけばいくほど，同時にわれわれの内側，困難を抱えながら小さくても頑張っている生協や，それらを含めた全体の連帯の問題があるわけですから，そういう面にもまなざしを注ぎながらこれからの活動を展開していかなくてはなりません．

外へのまなざしはつねに内へのまなざしをともない，内へのまなざしはまたつねに，外へのまなざしに展開していかなければならないのです．きれい事としてではなく，じっさいに汗まみれになりながら．

3 民の意味・民の事業

民は民間企業？

PCカンファランスのスローガンに「産官学民際連携」とあったので，この順番はおかしいのではないか，民学官産連携というべきなのではないか，と言いました．それについてまず，「際」とは何か，と聞かれました．際は国際とか民際とかいう時に使う際で，インターの意味です．産官学民に際が入って「産官学民際連携」になったのでしょう．産官学民のあいだ相互の連携ということを言いたかったのだと思います．

日本人は「産」を最初に出すのが好きで，「産学連携」「産官学連携」というような言い方をよくします．産学協同が発端ですが，これは産業界がもともと言い出したもので，産業界が「産学連携」というのは当然です．しかし，学のほうが受け止める時には，主体的に受け止めなければいけないので，学産連携と言うべきです．

たとえば外交関係でも，日本は日中関係というけれど，中国は中日関係というのと同じです．どちらが主体であるかということなので，学の立場であれば

「学」が最初に，民の立場であれば「民」が最初に，来なくてはいけません．そこで，この場合には「民」を最初に出して「民学官産連携」が正しいのではないかと言ったのです．なぜなら，「民」は大学を構成する人びと，つまり学生院生教職員のことですから．その意味で，生協は大学構成員によってつくられているので，「生協は大学における民だ」と言ったのです．

これにたいして，「生協は民だ」というと「誤解を受けるのでは」という指摘をいただきました．「産官学民際連携」でも「民学官産際連携」でも産が冒頭に来ているか，あるいは間に入っているので，この場合の民が民間企業と理解される可能性はないと思ったのですが，「生協は民」という言い方が一人歩きすれば，たしかに生協は民間企業と同じような立場にあると誤解される可能性はあります．その点では，少し注意が足りなかったと思います．

あらためて言いますが，私の言う民は民間 private の意味ではなく人びと people の意味の民なので，漢語を使えば民衆ということになります．

民の歴史

そこで，民の歴史を振り返ると，最初，民のほとんどは農民で，その支配のうえに王国が生まれ，帝国が生まれました．王国や帝国は支配の拠点として都市をつくり，そこに住む民が市民となりました．市民は商人や職人であったわけですが，帝国の膝元の都市は支配が厳しく，市民は自立できませんでした．

歴史的事情で帝国の支配がゆるんだ都市に自治する市民が生まれ始めるのです．古代ギリシアの例はその先駆ですが，市民たちが，社会の基底にあった奴隷制に依存して好きなことをやっていただけだったので，あとが続きませんでした．ようやく 11 世紀以降の西欧の都市で自治する市民が生まれ，市民たちは自治を都市から社会全体へと広げていって，先に立った者から国民国家をつくって，競い合いながら世界全体を植民地化していったのです．

周知のようにこの過程は，商業や工業で巨富を積んだ市民すなわちブルジュワの主導で行なわれました．この意味で市民革命は，最初はブルジュワ革命であったわけです．しかし，市民の理念は普遍的であったので，労働者をも刺激し，労働者農民その他市民一般の政治参加の流れをつくりだしていきました．そしてその流れは，植民地の民衆をも刺激し，独立と市民社会化の流れをつく

りだしていったのです．

　こうして現代の世界は，まだはなはだ不完全ながら，基本的には市民社会となってきました．この世界が市民社会になってきたというときの市民は普遍的市民すなわちシティズンです．ブルジュワではなくシティズンという意味の市民によって，地球市民社会と言えるようなものが，非常に緩やかにではあれ，できてきつつあるのです．

　生協は民の事業

　そういう文脈で生協のことを考えてみると，生協は発端となったロッチデールからして民の事業でした．民間の事業といえばそうなのですが，私的 private ではなくて，広い意味での共同 common の一環としての協同 co-operative の事業であったわけです．キョウドウに共働，共同，協同，協働の4つの意味があるということと，それらの相互連関にかんしては，私の前著『大学改革と大学生協』(p.150)で述べています．

　このこととの関連でいうと，今，社会学や政治学などの世界で，公共性の議論，つまり公と私とのあいだに共を挟む発想が必要なのだという議論が，しきりに行なわれています．この文脈で言うと，近代の市民社会になって公私分裂が起こる以前の共と，公私分裂のあとでそれらを止揚した共があると言っていいでしょう．

　まえのものを通常ゲマインシャフト（共同体）といい，あとのもの，つまり資本主義社会の公私分裂を止揚した共をゲノッセンシャフト（協同社会）ということがあります．ゲノッセンシャフトはドイツの社会学者テンニースが使った言葉ですが，同時に協同組合という意味にもなります．

　生協は，まだ市民になりえなかった労働者が自己防衛のために起こした運動で，そのようなものとして世界に広まってきました．この過程で同時に，世界中の多くの労働者が参政権を獲得して，だんだん市民になってきました．中国の労働者すなわち「工民」は，中国がまだ普通選挙の制度を持っていませんので，残念ながらそういう意味での市民とは言えないかもしれませんが，彼らも遠からずそうなるであろうと私は思っています．

　そのような展望のもとで，協同組合を民の事業として考える．ブルジュワで

はなくてシティズンの事業として考える．つまり，かつては労働力以外に何ももたず，参政権も有しなかった労働者が，今やそれなりの生活基盤を持ち，参政権も有しているので，シティズンすなわち市民として協同して事業を行なう．それが私的企業ではなくて協同組合の意味なのです．

しかもそれを，消費生活協同組合から，より積極的に事業を行なう協同組合に変えていく．そういう意味で，今，そのための法律がつくられようとしていますが，労働者協同組合の意味は非常に大きいのです．

大学の民は構成員

大学の民は，学生，院生，留学生，教職員です．今は国立も法人化されていますので，大学は理事会が教職員を雇って，学生を募集し，研究と教育をやっていく事業ということになっています．私的企業の面もないとは言えませんが，利潤を上げることが目的ではなく，公益性の高い事業になっています．

そこで公益性を守っていくために，あらためて教授会の役割が非常に大事になっていると思います．大学の自治の要(かなめ)は教授会の自治であると言ってもいい．教授会がしっかりしているかどうかが，大学のあり方を決めていくといわれてきましたが，今こそますますそうであると言えるでしょう．しかし，それが今，非常にあいまいになっています．

そこで，この面を補強するために，教職員組合の役割，学生・院生自治会の役割，および留学生の処遇などを考え直すことが，きわめて大切になってきています．教職員組合が教授会における教員の言動をバックアップする．学生・院生自治会が教授会と向き合い，学生・院生の立場から大学の問題を指摘し，教授会のまともな対応を要求していく．留学生は，もっとも弱い立場におかれているので，教職員組合や学生・院生自治会が彼らの立場を代弁し，グローバル化の流れに遅れないようにしていく．そういうことが必要なのです．

しかし，こうしたことに，今の大学の先生たちも，かつては敏感だった学生や院生も非常に弱くなってきているのではないでしょうか．そういう意味では，今の大学は非常に危ない状態にあるのではないかとも思います．

きらめくキャンパス・ライフ②

リスクに対処し，学生生活を全うする

　危機（クライシス）とリスクは違う．また，リスクは危険（デンジャー）とも違う．しかし，日本語にはリスクにぴったり対応する言葉がないので，しばしば危機と訳されたり，危険と訳されたりしている．漢字熟語ではないので収まりが悪い場合が少なくないが，○○する恐れとか○○の恐れとかいう場合の「恐れ」がもっとも近い言葉かもしれない．

　金融危機から深化し拡大した経済危機が世界中を覆い，日本でも失業率が5％台後半にはいるなど深刻な影響を及ぼしている．親が職を失い，学生が学業を続けられなくなるような事態も増えている．また，顕在化しにくいだけにもっと深刻なのだが，家計の状態が悪く，大学への進学を断念せざるをえない高校生も増えている．

　経済危機は明らかに，市場経済を放置し，貨幣操作で景気変動を乗り越えられるとしてきた新自由主義の破綻であり，それを容認してきた主要国政府の責任である．この危機ははっきりと構造的なものなので，新自由主義を推進したり容認したりしてきた資本や政府に責任を取ってもらわねばならない．

　大学は，このままでは学業を断念せざるをえない学生に，授業料免除の措置を講じたり，臨時の奨学資金を提供したり，などのことができるだけである．大学生協も，そういう大学に協力して，少しでも余裕があるかぎり，学生たちが学業を断念しなくてもすむようにしていきたいと思っている．

　他方，赤信号なのに道路を渡るのは明らかに危険であるが，青信号で渡っても信号無視の車にはねられる恐れはある．その意味では，深刻な経済危機が克服されても，学生生活にさまざまなリスクはつきまとっている．大学生協は，それらのリスクを，学生たちがお互いの助け合いをつうじて乗り越え，学生生活を全うすることができるよう，非営利の共済で支えていきたいと思っている．

大学生協は大学市民の協同組合

　そういう状況のなかでの大学生協の役割をあらためて考えていかなくてはなりません。そのさい，大学生協は大学構成員の協同組合なわけですが，これからはもっと，大学市民の協同組合なのだという意識を強めていかなくてはならないでしょう．

　大学はもともと，市民社会のなかにあって，その委託を受けてそのための研究を行ない，それに基づく教育を展開して，さまざまな専門性をもった市民を養成していく機関です．その意味では，大学構成員とくに学生・院生は，大学社会の市民であることをつうじて市民であることを学び，これからの社会の市民になっていくということになるでしょう．いかなる専門性すなわちプロフェッション，あるいは一般的に仕事を遂行する場合でも，その基礎は市民としての生活です．生活の協同を学ぶことがすべての基礎になります．

　大学生協をつうじてまず消費生活の協同を学び，それをつうじて社会一般における生活の協同を学ぶだけでなく，もっと積極的に協同で事業を起こしていく．とくに，大きな資本が利益にならないので見過ごしてきたが，これからますます必要になる社会的な事業を起こしていく．そういうことにも組合員の眼を向けていく．そのようなことを展望しながら，私はあえて，大学における民は学生・院生・教職員であり，大学生協は民の事業なのだ，と言ったのです．

4　協同の世紀と大学生協の新たな役割

　「協同の世紀と大学生協の新たな役割」について話します．生協総合研究所が，「生協学」をつくりたいということで今までに2冊の本を出していますが，それらにつぐ3冊目の本を出すことになり，それに私が，大学生協の立場から書いたものの主要な内容です．

　電子情報市場化

　この数年，とくにこの1，2年を見ていて，社会発展の方向がみえてきているように思います．グローバル化の流れのなかから新しい方向が見えてきたと

いうことです．グローバル化の主たる内容を私は電子情報市場化と考えてきました．1970年代くらいから20世紀社会主義の行き詰まりが見えはじめ，それを見越して先進資本主義諸国が新自由主義を取り始めた．その影響もあって，その後社会主義が崩壊し，世界が文字どおり単一の市場になり始めます．そのなかで，新自由主義がやりたい放題をやってきたために金融危機が起こり，それが世界中で経済危機へと深まってきたというのが，1988年以降の経過です．それを見ていて，各国政府が介入せざるをえなくなってきた．そのことを，私は国際ケインズ主義と呼んできました．

国際ケインズ主義

ケインズ主義が実施されたのは1930年代からですが，30年代から40年代にかけて，主要国はケインズ主義でブロック化してしまい，結果的に第二次世界大戦に突入してしまった．第二次世界大戦後は，各国が経済復興のためにアメリカの援助のもとにケインズ主義をとります．主要資本主義国がそれぞれのやり方で対応し，それぞれの形で経済成長をしました．その結果，資本主義が盛り返し，社会主義が行き詰まるということにつながっていったのです．

その後，新自由主義が行き詰まり，どうするかというときに，各国政府が独自に経済に介入するというのはなくて，国際的な連携をとりながら介入するというふうにせざるをえなくなってきている．しかもそのなかに，先進大国だけでなく，この20年くらいのあいだに途上国から急速に発展した大きな国，すなわち新興諸国が加わって，G20のようなものになってきているのです．

この背景に，グローバル情報化が進んできているので，どの政府も金融危機が経済危機に深まっていくのを黙視できない，ということがある．逆にいうと，そのためにどの国でも，情報が不完全なために銀行に人が押し寄せ，取り付け騒ぎがおこるというようなことにはなっていないのです．

市民（主権の強）化

こういうふうに，各国が連携して経済に介入するという，私の言葉でいう国際ケインズ主義の背景には，市民〔主権〕化という現象があります．各国の社会が市民化してきている．市民化とは，普通選挙による市民主権の具体化，多

くの国で普通選挙の制度ができてきて，国によって選挙制度の違いがあり，小選挙区制，中選挙区制，比例代表制，それらの混合などいろいろあって，それぞれに不備はありますが，曲がりなりにも市民が政府の政策の基本を決めていく，というふうになってきていることです．

なかでも大きいのは，2008年11月におこなわれたアメリカの大統領選挙でしょう．アメリカの大統領選挙は長いこと，二大政党制のもと，画期的な変化は起こりにくい状況にありました．それがこの選挙では，ついに民主党側にアフリカ系アメリカ人の候補が誕生し，その候補が最終的に当選するという事態になりました．それから新興国の一つインド，もっとも人口の多い巨大な民主主義国家といわれていますが，そこでも2009年に選挙が行なわれ，第三勢力と呼ばれているアウトカーストの政党が伸びるのではないかといわれていたのですが，それほど伸びませんでした．定員545のうち会議派連合261，インド人民連合159，第三勢力は80で，注目の社会大衆党Bahujan Samaj Partyは21にとどまりました．

その後ドイツでも選挙が行なわれ，社会民主党と保守系の政党が拮抗していたのが，均衡が破れて保守のほうに傾きました．市民化といってもいつも革新的な方向に傾くとは限りませんが，選挙をくり返していけば必ずどこかで政権交代はおこります．その象徴的な例が，2009年8月におこなわれた日本の総選挙でしょう．こういう形で世界に市民化の波が確実に広がっているので，チベットや内モンゴルなどで強硬姿勢を貫いている中国も，やがてどこかで変わらざるをえなくなるはずです．

労働復権の動き

そのなかで，労働復権の動きも起こっています．新自由主義を背景に，それがうまくいかなくなったからといって，巨大企業が労働者の首を切るなどの一方的な攻勢が続いてきているわけですが，それにたいして，規制緩和によってずたずたにされてきた労働法制をもう一度つくり直すとか，労働組合を新しくつくるなどの動きが活発化してきています．この背景には，世界の労働が，ケインズ主義が何であったか，「社会主義」が何であったか，新自由主義が何であったか，を思い知らされてきたことがあるというべきでしょう．

そのうえでの労働復権の動きです．日本でも，周辺部を中心に産業別組合的なものが広がっていますが，これはかつての日本では弱かったものです．日本の組合の基本は企業別組合あるいは企業内組合で，いまでも基本的にはそうであるわけですが，それとは違ったタイプの組合が生まれてきているのです．そういう新しい動きと新政権とのあいだに立って，連合のような組織に何ができるかが，これからの方向を決めていくことになるでしょう．

協同の意義の高まり

これと並行して，協同の意義が高まってきています．歴史的には，19世紀半ばのロッチデール先駆者協同組合から始まったわけですが，その方式が農業，漁業，弱小企業，信用組合など，資本主義のなかでも弱いところに広がってきました．それが今や，先進社会の高齢化および少子高齢化とともに，介護や保育などを含めた社会的福祉的な企業に広がってきています．そういう動きが，ヨーロッパ，とくにラテン系ヨーロッパなどで顕著になってきているのです．

その背景：市民化の意味

その背景は，上に述べた市民化の意味と関わっています．市民とは都市の民のことで，ブルジュワはフランス語のブールすなわち都市の民の意味でした．英語でいうシティズンもシティすなわち都市の民ということで，同じ意味です．しかし，資本主義の発展の過程で，この2つの言葉の意味がだんだん分かれてきました．結果として，ブルジュワは金持ちで大企業を展開し，儲ける市民の意味になり，彼らが世界を制覇していったのです．

しかしそれと同時に，労働者の普通選挙運動などをつうじて，シティズンが，社会の主権者としての市民の意味で，世界に普及してきました．今日の多くの社会，先進国や古くからの独立国ばかりでなく，戦後植民地から独立した多くの社会にも，今や普通選挙制度が広く普及して，シティズンが広まっています．このシティズンの社会統治こそ市民民主主義と呼ばれるものですが，これには代替案というか，それ以上に良い方式はありません．自由・平等・友愛の原則にたっているかぎり，金持ちと貧乏人がいるとか，利口と馬鹿がいるとかいう理由で，人間を差別することは原則できないからです．

もっとも，このやり方で，というか厳密にはブルジュワのやり方で，主要国が世界の産業化を進め，地球環境をめちゃくちゃに破壊してきた結果，私たちは，自由・平等・友愛と自然と人間との調和のあいだに折り合いをつけなければならなくなってきました．だから私は，市民社会の基本価値あるいはシンボルは，自由・平等・友愛・調和の四つになったのだと言ってきています．それをふまえてのことですが，世界中にシティズンを広めてきた市民化ということが，協同の意味の高まりの背後にあるのです．

シティズンの事業

協同というのはシティズンが力を合わせて事業をすることです．シティズンが，市民化をふまえて，協同して事業を行なおうとすることの意味が高まってきたのです．ブルジュワだけが金を蓄積することができ，資本主義をリードする時代が長く続きましたが，シティズンが普及し，彼らの生活も向上して，蓄積もある程度できるようになり，協同方式でなら投資することも，そしてさらに投資するだけでなく事業活動に参加することも，できるようになってきました．ここにこそ私たちは，ロッチデール以来の協同組合の歴史を活かしていかなければならないのです．

大学生協のこれからの役割

そういう文脈で見て，大学生協は日本が世界に誇ってよいものの一つだ，ということを何度も言ってきました．大学生協が誇りにしていいものの一つに，地域生協，市民生協に多くの人材を送り出してきた，ということがあります．そのために，日本の生活協同組合は世界に誇りうる規模のものにまでなってきたのです．

これからはそれに加えて「協同の協同」にも貢献しなければならないでしょう．協同の協同とは，インドネシアで学生の生協と教職員の生協が分かれたままになっているので，その間の連絡をつけたいという意味で使われていた言葉を拝借したものです．日本では，いろいろな協同組合のあいだにつながりをつけ，これからの社会における協同や協同組合の意味を明らかにしながら，いろいろな協同組合間の連携を推進していかなければなりません．そのさい，大学

はもともと頭脳集団であるはずですから，そういう場にできている協同組合が媒介者的な役割を果たさなくてはならないでしょう．

　それから，先ほども言ったように，ヨーロッパ，とくに南欧あるいはラテン系ヨーロッパでは，社会的事業への協同組合の進出が非常に目立ってきています．社会が高齢化したり，少子化したりして，いろいろな問題を抱えてきているなかで，新しい事業の必要性が生じているのに，今までのブルジュワ企業は儲からないからというので進出しようとしない．そういうところに，協同組合方式を広げていく必要があるのです．大学生協では学生たちが頑張っているわけですから，こういう人たちが生活協同組合およびいろいろな協同組合の意義を理解して，自ら協同組合をつくっていくようにならなければならない．

　イタリアでそういう例をいくつか聞いてきました．学生の頃から協同組合で事業を立ち上げて，その後行政やその他の関連企業を巻き込みながら，十数年あるいは数十年もやってきている．そういう方向を目指すために，日本ではまず，労働者協同組合を法的に保障していかなければならないでしょう．そのうえで，労働者コープが社会的事業に取り組める条件を整備していくことです．私たち大学生協は，これからは，そういう可能性まで見据えて頑張っていかなければなりません．

5　歴史を創る！:『大学生協の歴史と未来』の刊行に寄せて

『大学生協の歴史と未来』の刊行

　「歴史を創る」というテーマで話を展開したいと思います．2008 年は大学生協連法人化 50 周年ということで，『大学生協の歴史と未来』という本が刊行されました．一読すれば，とくに戦後大学生協草創期の先人たちの苦労がよく分かるので，私たちはこれを義務として読まなければならないと思います．

　戦後，大学に戻ってきた，および新しく入ってきた学生たちは，とにかくまず食べなくてはならなかった．そこから始めて，ノートすら思うように手に入らない，本も手に入れるのが大変，という状況が続いた．そうしたなかで，人間の，生きて，学ぶ欲求をふまえて，大学生協づくりが行なわれ始めた．同時

に，当時の学生たちには，新しい時代に新しい社会を創っていこうとする理想がみなぎっていて，彼らはそういう理念の力でも引っ張られていた．

　人は欲求によって下から突き動かされながら，理念によって上から引っぱられつつ，行動していくものです．ドイツの社会学者マックス・ウェーバーの用語でいうと，利害 Interesse と理念 Idee，アメリカの社会学者パーソンズの言葉でいうと，動機志向 motivational orientation と価値志向 value orientation に基づいて，人間の行動は行なわれていく．学生たちもまさにそうだったのです．

戦後の欲望自然主義

　食欲，物欲，性欲などはいつの時代も基本的には変わらないものですが，戦後日本では，凄惨な旧体制の崩壊のあと，自然状態に近い状況が現れ，さまざまな逸脱はあったものの，基本的には健康な欲求が沸騰していました．藤田省三氏の言葉を使うと「欲望自然主義」です．そういう状況のなかで，大学に戻ってきた，および新たに入ってきた若者たちの欲求を基礎に，大学生協づくりが進められていったのです．

「闘う大学生協」

　それに形を与えたのが理念でした．まず新憲法によって，平和，人権，民主主義という理念が与えられた．けれども，それを上回って強く働いたのは，戦前に一度はほぼ完全に弾圧され，戦後新たに復活した社会主義です．とくに，マルクス主義的社会主義の理念が強烈でした．

　学生運動が強くマルクス主義に影響されていたため，生協運動もそれに強く引っぱられます．『思い出集』にも何人かの人が書いていますが，その影響のため「闘う大学生協」という理念・イメージが強かった．とくに学生運動のなかに反既成政党，反共産党，反社会党という勢力の影響が強まったため，生協運動も同じ影響をかなり受けました．

福武所感から現行「ビジョンとアクションプラン」へ

　しかし，1960年安保前後から70年安保前後にかけて，学生運動主流はセク

―― きらめくキャンパス・ライフ③ ――

食を基礎にしたコミュニケーションとしての大学

　食は，いうまでもなく私たちの生存の基礎である．私たちは生態系のなかで，動物や植物を食しつつ，みずからの生存を更新し続けている．食はこの意味で，呼吸とならんで，自然における人間の物質代謝（メタボリズム）の基本形態である．

　食を基礎に広い意味でのコミュニケーションが成り立ち，家族や村や町が成立する．コミュニケーションの直接的な形態は身体と身体との交わりであり，それをつうじて世代更新もなされていくが，その過程で言語その他のシンボルが用いられ，コミュニケーションはしだいに高度な象徴操作（シンボリズム）に展開していく．食卓を準備し，ともに食事をしながら，生活に必要なことばかりでなく夢を語り合い，これからの家族ばかりでなく村や町のあり方を更新していくのが，人間の社会生活の基礎である．

　その家族が多様化し，未婚や非婚が増えたり，離婚が増えたり，親がいても一人で食事する子どもが多くなってきた．大学生ともなると，朝食を取らないだけでなく，食生活に規則性のない者が増えているともいわれている．

　個人の自由度が増してきているわけだから，家族のあり方が多様化し，女も男も，子どもも大人も高齢者も，いろいろ自由な生き方が可能になっていくこと自体は悪いことではない．しかし，メタボリズムを基礎にしたシンボリズムで，自然のなか，とくに生態系のなかに生きていくのが人間であることを意識し，新しい共同性をいかに創り出していくかを自覚的に考えないと，これからの社会は分解してしまいかねない．

　食堂から出発し，購買や書籍や旅行やその他の教育研究補助に展開して，大学生活のメタボリズムを基礎にしたコミュニケーションを支えてきている大学生協は，そうした危機意識を学生と教職員の元気に変換しつつ，これからの社会のあり方を考えていきたいと思っている．

ト間抗争をくり返し，しだいに力を弱めていきました．さらに高度成長による日本社会の「豊かな社会」化の結果，共産党系も社会党系もしだいに影響力を弱め，学生運動そのものも弱まっていきました．

しかし，大学生協の事業はますます必要とされるようになっていったため，70年代以降も学生運動の余波による影響をこうむりながら伸び続けました．そういうときに出されたのが，1978年の「福武所感」です．これは『歴史と未来』の最後に福武直元会長の本から転載されています．

その骨子は，周知のように，それまでの学生中心の生協は大学構成員全体の生協に変わっていかなければいけない．そういう前提のもとに，大学とも協力して大学生協の発展をはかっていかなければいけない，というものでした．言葉は必ずしも同じではないのですが，大学生協の自立とか組合員の参加とかも実質的には盛り込まれています．

その後，1980年代から90年代にかけて全国にそういう趣旨の生協が広げられてゆき，2006年の「ビジョンとアクションプラン」につながってきたのです．

歴史および歴史認識の変化

この間に，大きな歴史および歴史認識の変化がありました．マルクス主義，とくにマルクス・レーニン主義の影響力が薄れて，その影響がマルクス主義の評価そのものにまで及んで，それを生み出してその基礎にあった市民社会化の流れが，はっきりと見えるようになってきました．

ソ連東欧システムが崩壊し，中国が経済成長を始め，旧植民地諸国，旧従属諸国も経済成長の軌道に乗り始めます．中南米諸国は19世紀の前半から後半にかけて多くは独立していたのですが，従属の構造のもとで発展ができない状況が続いていたので，そういう諸国のことを旧従属諸国と言います．旧植民地諸国ばかりでなく，旧従属諸国も発展し始めました．

こうしたなかで，旧ソ連東欧諸国が市民民主主義の体制をとるようになりましたし，インドを初めとして旧植民地諸国・旧従属諸国の多くは，もっと早くから市民民主主義の体制を取っています．中国やヴェトナムは，いわゆる「人民民主主義」に執着していて事実上自由な選挙を行なっていませんが，これら諸国の市民化もしだいに時間の問題となってきていると言っていいでしょう．

見えなかったことが見えてくる

そのなかで,大学生協が,戦後草創期から「福武所感」をへて今日の「ビジョンとアクションプラン」へと発展してきた道が,あらためて見えてきているように思います.その時どきの当事者に,必ずしも大きな流れが見えていたわけではありません.とくに「福武所感」を残された福武元会長は,大言壮語することの嫌いな方でした.口先だけで大きなことを言うのを嫌っていました.

それに比べると,教え子の庄司現会長は,逆に大言壮語ばかりしたがると見られがちですが,つねにその根拠を明らかにしようと努めてきています.庄司現会長は,今になって,自分がやろうとしてきたことが何であったか,ようやくわかってきたようにも思っています.

それは言うなれば,20世紀から21世紀にかけての世界の巨大な社会変動を,千年から数千年のスパンで理解する視座を見出そうとしてきたということであり,それがだいたい分かってきたということです.私が述べてきていることはすべて,基本的にはその線に沿うことなのです.

大学生協も市民(社会)化の一翼を担ってきた

『思い出集』を読んでいると,大学生協にかかわってきた人たちの多くが,この視座の転換を体で感じていることが分かります.何人かの人たちが「闘う大学生協」から「福武所感」をへて,現行の「ビジョンとアクションプラン」に至る過程で,「協同・協力・自立・参加」という路線が出て来たことに非常なショックを受けた,と語っています.

私たちはこのショックの意味を,前向きに,深く,理解しなければならないと思います.大学生協は,欲求に突き動かされ,理念に引っぱられながら,今日,地球的規模で可視化しつつある市民社会化の流れの一翼を担ってきたのです.

協同組合は労働組合とは違って,市民たちが選挙権をもって主権者たりはじめて以降に合う組織形態であり,市民たちが自主的に事業を行なうという意味では,ある意味で労働組合よりも進んだものです.日本の大学生協は,それにつながることを,戦後のさまざまな混乱を含んだ歴史をつうじてやってきている.

そういう認識を新たにして,これからの大学生協のあり方と発展の道を考え

ていかなければなりません．21世紀はいわば協同の世紀なのであり，そのなかで大学は改革を迫られており，大学生協も自らを変革しながら，大学の改革に協力していかなければならないのです．

II

学生支援の重要性

1 人間の危機に対処する協同

共済分離と大学生協の課題

　共済の分離と全国連帯のあり方の改善が課題になっています．共済分離は，時代の転換に応じてやむをえずやるので，いわばマイナスの改革なのですが，全国連帯をめぐるこれまでのいろいろなマイナス面の克服とうまく掛け合わせて，いわばマイナスとマイナスを乗じてプラスの方向にしていけないか，と私はかねてから言ってきています．

　他方，生協総研で研究奨励賞の報告会・授賞式があり，面白い報告や議論がありました．そのうち，二人の方の報告でとくに考えさせられることがありました．

　一つは，北海道大学の眞崎睦子氏の「日本の大学におけるアルコール飲料の取り扱いと適正飲酒教育：酒販売および提供に関する生協の役割を探る」という報告です．生協は前から酒類も扱っており，提供していますが，各大学で毎年，飲酒を強要したりして，急性アルコール中毒で犠牲者が出るような事件が起こっています．そういうことを生協としてどう考えるべきなのか，という話でした．

　それからもう一つは，日本大学の江上哲氏の「生協と大学の協同ネット動画制作の意義」という報告です．江上氏は，若者たちのブランド依存症にたいして，ケータイに映像を発信してもっと良い方向に向けさせることができないかという研究をしていて，そのために生協と大学の協同ネット動画製作を考えているという話でした．

　二人の報告をつうじて，依存症について考えさせられました．

依存症の拡大：自己喪失人間の増加

　最近は，依存症を研究する依存学というものができているようです．依存症がもっとも一般的に広がっているのはタバコだと思います．それから酒，ブランド．江上氏が取り上げた事例によると，中学3年生くらいの女生徒が80歳前後のおばあさんから現金80万円ほどをいきなり強奪して，タクシーに乗り，

ブランドを買う店に連れて行けといった．タクシーの運転手は，ブランドなら偽物だけれども安いところがあるよといって，なだめようとしたそうです．笑えない笑い話です．

　要するに，そういった子供のレベルにまでブランド依存が広がっているということのようです．そういう意味の依存症もある．それから，パソコン依存症やケータイ依存症も前から問題にされていることです．こういうものに依存しなければ生きていけないような人間が増えてきているようです．その背景として，人間の自己形成，自己維持がますます困難になってきている，という事情があるのでしょう．とくにグローバル情報化時代のなかで，そういう傾向がますます強まってきているようです．

他人指向型論からアイデンティティ論をへて自己喪失人間の時代へ
　振り返ってみると，第二次世界大戦後まもなくアメリカの有名な社会学者リースマンが『孤独な群衆』という本を書いて，今までアメリカで理想とされてきた内面指向型，つまり固い信念を持って毅然と生きていくというタイプの人間から，大衆消費社会化とともに，周りの他人たちの動向を観察しながら自分の生き方を決めていく人間，つまり他人指向型の人間が増えてきている，それをふまえた人間のあり方を考えなければならないという問題提起を行ないました．非常に先駆的な，先を読んだ問題提起でした．

　その後E・H・エリクソンという歴史心理学者が，マルティン・ルターとかマハトマ・ガンディーとかを取り上げ，危機と変革の時代におけるアイデンティティ形成の意義，大きな変革の時代に直面した人間が自らのアイデンティティを確立することをつうじて，自分を変えていくと同時に世界を変えていく，そういう人間の問題を提起して，アイデンティティ論が非常にはやりました．これは他人指向型が広がってくるなかで，もっとアイデンティティの問題を考え直さなければいけない，という問題提起につながっていましたが，やがて情報化時代になり電子情報化時代になって，他人指向型化が急速に進むという状況になりました．それとともに，いわゆるヴァーチャル・リアリティのなかに自己を見失う人間が増えてきた．「コンピュータ・オタク」とか「ケータイを持ったサル」とかいうのは，その延長線上での問題提起でした．

それにたいして，開き直って，メディア時代の人間はカメレオン型でよいのだ，状況によって自分を変えていく人間でよいのだ，という議論も出てきました．しかし，人間は所詮カメレオンではすみません．自分のあり方を考えていかなければいけない．そもそも自己を取り戻すということはどういうことなのか，そもそも自己とは何か，という問題が出てきます．それが協同の意義につながっていくのではないかというのが，ここでのポイントです．

協同の意義

市民がブルジュワとして現れて世界を変えていくなかで，雇われて働く労働者は最初，選挙権もなかったので労働組合をつくって対抗するしかなかった．しかし彼らは，同時に選挙権獲得運動を進めて，世界の多くの社会で普通選挙制度を実現してきました．労働者がプロレタリアからシティズンになり，一人一票制のもとで社会のあり方を決めていく，そういう権利をもつ人間になってきたのです．

そういう労働者たちが，事業を自分たちで起こしていくのが協同組合です．ロッチデールの先駆者協同組合は，イギリスでも選挙制度が確立されていない時期に始まりました．しかし，選挙権の普及とともに，協同組合的な事業のあり方が世界に広まってきた．そういう意味での，シティズンの事業として協同組合を位置づけて，もう一度考え直していかなければいけない，という問題提起を私はしてきました．そのシティズンが今，情報の洪水のなかで自己を見失いそうになっている．そういう問題が起こってきているのです．

自己とはなにか，考え出すと非常に厄介な問題ですが，ヨーロッパの伝統では，それが個人という形で考えられてきた．しかし，厳密に考えれば，個人はありえない．われわれのなかに自分の力で生まれてきた人間は誰もいないので，誰もが社会のなかで育ち，社会のなかで働いて，一人前になっていくのです．個人というなら，それを社会的個人として考えなければならない．そういう人間は，内面指向だけではすまないので，リースマンの提起した他人指向を含めながらバランスを取っていく人間，自己主張をしながら他者との関係性のなかで自己を形成し維持していく人間でなければならない．

そのような社会的個人を可能にするような，心と力を合わせておこなう事業

きらめくキャンパス・ライフ④

人類史の一部としてのキャリア

　この世にヒトという動物が現れてから，どのくらいの数が生まれ，死んでいったのだろうか．進化のどの段階から数えるかにもよるが，天文学的数字になるようにも思える．けれどもウィキペディアによると，2010年現在の世界人口はほぼ68億人で，過去6,000年間に存在したすべてのヒトの5分の1ほどだそうであるから，そう大した数でもないようだ．人口爆発とも呼ばれるような急増が始まったのは第二次世界大戦後，20世紀の後半以降である．

　いずれにしろ，私たちは皆，ヒトの集合としての人類の一員だ．人類はこの数千年のあいだ，まず農耕あるいは農業を基礎にして文明を創り，わずか250年ほど前からその基礎を工業あるいは産業に変えて，急速に数を増やすとともに地球上をほとんどくまなく踏破してきた．私たちは，たがいに争いあい，殺し合いもくり返しながらとはいえ，長い歴史をつうじてつくりあげられてきた，地球的規模の人類ネットワークの一員だ．

　キャリアとは，私たちの一人ひとりが，このネットワークに自覚的に入り直すことではないかと思う．老い先短い私は，これまでに何をしてきたのかを反省し，これからなお何ができるかを考える．私は社会学者として生きることを選び，いろいろなことを試みたあげく，これからのヒトは地球市民として生きねばならないと思うようになり，そのために役立つような社会学を考えるようになった．その延長上で，なお貢献できることがあるのではないかと考えている．

　学生諸君，とくにこれから就活に入る学生諸君には，目前の困難に悲観的にならず，ぜひ大きな眼でこれからのことを考えてほしい．日本もアメリカも中国もその他どの国も変革を続けるのはたやすくはないが，人類史の潮目は明らかに市民〔主権〕化の方向に変わりつつあるからである．大学生協は市民の時代を支える協同組合の一つとして，学生諸君のキャリア形成を強力に支援していきたいと思っている．

が協同なのではないか．そういう意味からも，単なるシティズンの事業としてだけでなく，大衆消費社会化が進み，さらにグローバル情報化が進む社会での人間のあり方を支えていく協同，そういう方向への協同組合というのを，もう一度考えなくてはならないのではないでしょうか．

依存症からの脱却を支える協同

これに関連して，今までいろいろなことがありました．たとえば，2007年の関西の教職員会議で私と一緒に基調講演をしてくれた人が禁煙について話し，これは生協関係者の多くにとっても耳の痛い話であったと思いますが，禁煙の大切さを強調した．しかし，その彼が最後に，自分が言いたいことはたんに禁煙をしろということではない，自分が禁煙をして良かったと思ったら，それを他人にも勧めていくのが大事なのだと言いました．それこそが人にたいする愛だということで，そういう意味での禁煙の大切さを言ってくれたのです．

今回の生協総研の研究発表会で適正飲酒の話をした眞崎氏は，飲酒ということについてお互いに節度を守りあう，ルールを守りあう，流行の言葉でいうと「友愛」につながるような話を，生協のなかに取り入れていかなければならないのではないか，という話をしてくれました．

他方，江上氏の話との関連でいうと，ブランドというものが極端に戯画化されてしまっている．ほんらいブランドというのは，良いものをつくって，それは誰それがつくったものだから本当に良いのだ，ということを示すシンボルだったはず．それが，ブランドだけ先走りして，そのマークがついていればいくら高くても買うとか，良いに違いないとか，そのために，前述した中学生の女の子のように強盗までやってしまうという事態が生じているのです．

21世紀の生協のあり方を答申した委員会が，かつて生協ブランドの意義を強調したことがありました．安全・安心のブランド，そういうものを生協が打ち出していく，そのことをつうじて，ブランドの意味を学生諸君にも，あるいは若い人たちだけでなく一般の人たちにも，理解してもらう．それがブランドの本来の機能です．

日生協も餃子問題でいまだに苦労していて，研究会で会長から聞いたところによると，会長が北京で行なわれるICA-APの会議に行こうか行くまいか迷っ

ている．会長が中国に行くと，日生協が餃子問題について決着をつけてしまったという印象を中国に与えてしまう．中国もそういう報道をするだろうという推測があるので，内部に賛否両論があっていまだに考えている，と話していました．ブランドというのはまさに，大きな組織の運命まで決めていくシンボルなのでしょう．

　パソコン・オタク，つまりパソコン依存症という問題も深刻です．本当のコミュニケーションが，パソコンにのめり込みすぎてできなくなってしまう．ケータイ依存症になると，ちょっとした計算をする場合にも，人と相談する場合でも，まずケータイを取りだして使わないと何もできない．だから「ケータイを持ったサル」などと揶揄されているわけですが，そんなふうに人間がなってきてしまっている．これらにたいしてわれわれとしては考えていかなければならないので，大学生協の場でも，そういうことを積極的に取り上げていかなければならないのではないでしょうか．

大学生協の役割

　そういう意味で，大学生協の役割として，生協活動をつうじて，私のいう意味でのシティズン，ブルジュワではなくシティズン，自分の社会のあり方は自分で決めていくという主権を持った人間，を育てていくことがあらためて大切です．大学生協はじっさい，今までそういう人間をたくさん育て，例えば日生協に多くの人材を送り出してきた．しかし他方には，まだ大学生協を自分たちの事業だと思っていない組合員がおおぜいいます．

　そういう人たちにたいして，生協の意義を分からせていく活動をしていかなければならない．生協活動をつうじて自己形成・自己維持を助け合う．このあいだの『キャンパスライフ』が，キャリア形成という問題を取り上げて私もそれに書きましたが，生協はキャリア形成を重視してきています．学生のキャリア形成を支援する．キャリアとは自己の歴史です．自己をつくり，自己の歴史を創っていくのがキャリア形成です．それを大学生協としてはサポートしていかなければならない．

　そういう背景としても，依存的人間が多くなりすぎている事態にたいして，協同の意味をもう一度提起し強調していく活動が今必要でしょう．そういう意

味で，人間の危機に対処する協同という問題提起をしているのです．惰性におちいらず，つねに生協の意味を考えながら活動していかなくてはなりません．

2　日本のシティズン社会化と大学生協の役割

2つの論文

日本のシティズン社会化と大学生協の役割について考えたいと思います．最近，大学生協についての2つの論文をまとめました．「シティズンの事業としての協同組合：大学生協からみた生協学への貢献」という論文（『現代生協論の探求』）と，「大学生協と学生の身体形成：大学教育と学生支援の改善のために」（『清泉女子大学人文科学研究所紀要』31）という論文です．前者がマクロで包括的なことを言っていて，それをふまえて後者は，具体的に，いま大学はどうなっていて，大学生協はどういうことをやってきていて，どういうことをやるべきなのか，ということを論じたものです．ですから，前者をぜひ読んでいただき，そのうえで後者を理解してください．それらをふまえて，いま大学生協を取り巻いている情勢あるいは社会の大きな動きと，そのなかで大学生協が抱えている問題について考えます．

帝国から市民社会へ

私は社会学者として，社会とは何か，どういうふうに展開していき，どうなっていくのか，ということを考えてきていますが，社会をシステムとしてみる時，その形態は基本的には2つしかないと思うようになってきています．

一つは，人間が，まだ認識能力に限界があるために，神のような超越的な存在に支えられざるをえず，神の化身としての王とか皇帝とかを祭り上げて，それにたいして人びとの崇拝を集めて動かしていく形態で，これが帝国です．人間が文明をつくりだして以降にできた最初の社会システムです．それにたいしてもう一つは，そういう超越者を否定して，自分自身の理性で，お互いに理性を働かせあいながら社会をまとめていく形態で，それが市民社会です．大きく言うと，帝国から市民社会へと歴史は続いてきているのです．

帝国というと多くの人びとは，大昔の話，二千年も三千年も前の話だと思うかもしれません．しかし，こういう形態の社会システムは，少なくとも20世紀前半までは続いていたのです．ご存知のように，中華帝国の最後の王朝であった清朝の滅亡は1912年，西のオスマントルコの滅亡は1922年ですから，最後の帝国の滅亡からまだ100年も経っていません．

帝国主義と社会帝国主義の対立

こういう帝国の類を世界から滅亡させたのが市民社会なのですが，市民社会のなかでもとくにブルジュワという大金持ち市民たちが力を持っていた時期の社会，すなわちブルジュワ社会が，資本主義の力で帝国の真似をしようとして，戦争し，対立しあったのが，19世紀から20世紀にかけての帝国主義でした．

こういう帝国主義に，20世紀になってソ連という国が出てきて，「社会主義」を基礎に対抗しようとした．しかし，古い社会のうえにむりやりに社会主義を築こうとしたため，結果としては社会帝国主義ができあがってしまった．アメリカに集約された帝国主義とソ連に代表される社会帝国主義が，お互いに核兵器を増やしながら対立したのが，20世紀後半の冷戦でした．今，核兵器を減らそうとするNPT再検討会議がおこなわれており，ようやく案をまとめる段階に来ていて，5年前よりは良い結果が出ると思いますが，まだ予断を許しません．

冷戦終結後の市民社会化

冷戦が終結し，それ以後どうなったかというと，ブルジュワの支配する市民社会，すなわちブルジュワ社会がふたたびおおっぴらに世界制覇を始めました．それが，グローバル化と私たちが言ってきているものです．そのなかでいろいろなことが起こってきていて，大学生協もその影響でさまざまな対応を迫られています．

しかし同時にこの過程で，先進社会だけでなく，多くの新興・途上社会，一部の旧「社会主義」社会にも普通選挙が定着し始め，ブルジュワ社会からシティズン社会への移行も本格化してきました．これは，周知のことですが，ブルジュワが一部の大金持ち市民なのにたいして，シティズンは普通選挙の施行により

一人一票制で社会の主権者になった市民たちなので，そういう市民たちが支配するシティズン社会がしだいに広がってきているということです．

ブルジュワ社会からシティズン社会へ

ブルジュワは一貫して，カネで社会と世界を支配しようとしてきました．それにたいしてシティズンは，一人一票制の原則にもとづき，議員の数で社会を運営しようとしてきています．しかし，選挙制度の不備のために，多くの社会で，市民の意思が正確に票にならず，票の数が正確に議員の数に反映されていません．そうした制度の不備も十二分に利用しながら，ブルジュワはいくらでもカネをばらまき，票を買ってきているのです．このため一人一票制の原則が，まだまだ大きくゆがめられた状態のままになっています．

しかし同時に，普通選挙の定着とともに，広い意味での買収への監視も厳しくなってきています．イギリスでもアメリカでもそういう歴史があるし，日本でも，いろいろといまだに非常に不十分ではありますが，そういう制度がつくられてきています．その結果，長い眼で見ると，市民社会は，ブルジュワ社会からシティズン社会へじわじわと移行していかざるをえないでしょう．この数年のあいだに起こっている，アメリカでのオバマ政権の誕生や日本でのH内閣の誕生は，こうした移行過程の過渡的な成果であるということができるだろうと思います．

民主党H政権の矛盾：日本シティズン社会の現状

そういう意味で期待されたH政権でしたが，マスコミの一部では，その背後にO氏がいて，実質的に政権を動かしているのではないか，などと言われていました．この政権の矛盾は，日本シティズン社会の現状を表していたと思いますが，シティズン社会への移行をブルジュワ的手段で行なおうとしていたことにありました．いわゆる「政治とカネ」の問題です．O氏もH氏ももともとは自民党から出た政治家で，いろいろな手段で金を集め，それらを資金にして票を集めるやり方で，政治家として成功してきた人物です．

一方，これは佐藤優という人物がしきりと言い続けてきていることですが，日本には明治以降つくりあげられた官僚制がある．官僚制によるエリート支配

の構造が敗戦後も生き続けてきていて，その最前線に立つ検察，とくに特捜部が，戦前の2・26事件の時のように，日本のエリート支配の青年将校のようになってきているのではないか，というのです．

O氏対検察の抗争はそういう意味を持っている，という見方はそれなりに興味深いものです．O氏は，その意図にかかわらず，客観的には日本社会のシティズン社会への移行を推進しようとしてきていると言えます．しかし，そのブルジュワ的な手法を，日本の市民はやはり黙認できない．このために，O氏に厳しい検察審査会の決定が出たりするのです．普天間問題の行方とも絡んで，H政権は短命に終わりました．ただ政治とはこういうものであって，どう転ぶにせよ，日本社会のシティズン社会への移行は進むであろう，と私は思います．

明治以来の官僚制の抵抗は続くでしょうが，長い眼で見れば，シティズン社会化の趨勢には勝てないでしょう．ここに来る途中，T大生協の専務と話をしてきたのですが，T大学は明治からエリート支配，官僚組織を担う政治家や官僚を育成してきた．今もそういう役割を果たしていると思いますが，最近のT大総長は，T大学は官僚エリートを生み出すのではなく，エリート市民を育成するのだと言ってくれています．これからそういう方向に変わっていくことを望みたいと思います．

学生共済の分離独立と大学生協の役割

日本の大学生協にとっても，今私が話したような歴史過程がようやく見えてきたと思います．これは，私自身もそうですけれど，戦後の日本の大学でマルクス主義とかマルクス・レーニン主義とかにとらわれていた人たちの目には，見えにくかった過程です．今ようやくこういうことが見えてきたのです．その以前から，大学生協は，社会主義思想などに強く影響されながらも，日本社会のシティズン社会化に意識的無意識的に大きく貢献してきました．それは生協が協同組合原則を守り，事業を忘れず，地域生協などに人材を送り出してきたからです．

その意味で大学生協は，意識的無意識的にシティズンの事業としての協同組合を先取りし，それを担う人材を育ててきました．そのなかで，30年前から，「学生同士の助け合い」を強調してきた学生総合共済は，誕生過程のシティズンた

ちに，ゲマインシャフト（共同体）とゲゼルシャフト（利益社会）との対立を超えた，高次連帯としてのゲノッセンシャフト（協同社会）を体得させていく重要な事業でした．このたび，グローバル化の一環としての法改正にともなって——つまり，共済は助け合いだなどと生ぬるいことをいっているが，保険なのだからそのようにしっかりと仕組みを整えろというのが，いわゆるグローバル・スタンダードなのですが——，そういうグローバル化の要請によって，このゲノッセンシャフトを分離独立させることになりました．

これは決まったことで，まもなく具体的な立ち上げが行なわれますが，大学生協としては，これまでの生協と新しい学生総合共済とが車の両輪のように作用しあい，両者が良い意味で刺激しあいながら伸びていく，というようにしなければなりません．その効果で，日本社会のシティズン社会化がますます進み，ブルジュワ社会との抗争ばかりでなく，日本的官僚制との抗争にも，日本の市民すなわちシティズンが勝利していく前提条件をつくりだしていくことになるでしょう．

この意味で，大学生協の活動の意味はますます大きくなってきています．共済の分離を行ないますが，それも含めてますます大きくなっていくということを自覚して，今後も大いに活動していかなければなりません

3 大学生協は協同組合の媒介者になれるか？

大学生協連会長の内外の活動

4週間前にインドネシアにいましたが，とくに暑かったです．先週は国際学会でスエーデンにいたのですが，ここでもけっこう暑い思いをさせられました．しかし，日本に帰ってきたら，それらに輪をかけて暑い．もう地球はおしまいなのかもしれないとさえ思います．

そのなかで，日本協同組合連絡協議会 Japan Joint Committee of Cooperativesの会合がありました．国際協同組合年を2012年とすることが国連総会で決められたので，それに対処するための会合です．その後，そのための準備委員会もありました．大学生協共済連の創立総会もありました．生協総研は，公益法

―――――― きらめくキャンパス・ライフ⑤ ――

世界市民社会のリーダー候補としての学生に支援を！

　世界中が市民社会化してきているが，これには二重の意味がある．一つはブルジュワ社会化．市民社会化を推し進めたのは最初，金持ちの市民すなわちブルジュワで，資本の力を最大限に生かす資本主義のやり方で，世界中の王国や帝国をなぎ倒してきた．「社会主義」を掲げた「帝国」ですら，持ちこたえられなかった．

　しかし，世界中が資本主義の市場となったグローバル化のなかで，一部の大資本が金融資本として異常に膨張し，資産経済を実体経済の数倍にも膨れあがらせて世界経済を混乱させている．2008年のリーマンショックに端を発する世界経済の危機はそれによるもので，今日の日本の学生の経済的困難もその結果の一部である．

　これにたいして，市民社会化のもう一つの意味はシティズン社会化で，資本に雇われて働く労働者や女性や少数民族などが対等な政治参加を要求してきた結果，世界の多くの国で普通選挙の制度が採用され，社会のあり方・行き方が，一人一票制の原則のもと主権者としての市民，すなわちシティズンによって決められるようになってきた．高等教育を頂点とする市民社会の教育制度は，最初は資本のための労働力養成であったが，今日ではシティズンの育成を目的とするものになってきている．

　学生はこの意味ではシティズンのリーダーである．今日の日本では大学教育がユニバーサル化してきているが，世界全体で見ればまだまだ高等教育の普及度は不十分であるから，できるところでは留学生も含めて多くの学生が育成されなければならない．そのためにも，経済的困難を抱える学生には支援が必要である．大学生協は，大学と協力して，全力を挙げて学生支援に取り組んでいきたい．

人になるための態勢づくりをしています．さらに，インドネシアのジョグジャカルタで，ICAアジア太平洋大学キャンパス生協委員会のワークショップが行なわれました．その後，ドイツ学生支援協会の事務局長が来訪し，ドイツ学生支援協会との交流継続の覚え書きを交換しました．さらにその後，スエーデンのイェーテボリで4年に1回の世界社会学会議があり，帰ってきてすぐ，国際協同組合年準備委員会の3回目の会合があったのです．

共済連創立の意味

これらをつうじで感じたことですが，まず，共済連はできて良かったと思います．その後の認可その他も非常にうまくいっているようなので，喜んでいます．

ただ，学生総合共済設立時のことを考えて，確認しておくべきことがあります．学生総合共済は，福武元会長が新時代の大学生協の要にしようとして，学生同士の助け合いの仕組みをつくろうとしたものでした．学生同士の助け合いを明確にし，それを要(かなめ)に教職員を巻き込んだ大学構成員全体の新しい大学生協をつくっていく，というのがそのときの構想でした．学生同士の助け合いを要に全大学構成員の大学生協をつくっていくという点で，学生総合共済はわれわれの命(いのち)だったのです．その意味では，それを組織的に分離せざるをえないのは大きな苦痛でもあります．

しかし，時代の変化に合わせて，今までの言葉づかいをすれば，実体と機能の分離，あるいは組織の機能的分離を進めていくことも必要です．組織的な分離をしたうえで機能的な相互連関を進めていく，すなわち共済と大学生協との関係を相互強化の関係に持ち込んでいく，両者を車の両輪のような関係に持ち込んでいく，ことが必要になってきているのです．そういう意味で，大学生協と共済との新たな「車の両輪」関係をつくっていき，大学を基盤とする協同組合をいっそう発展させていくことが，必要になってきているといって良いでしょう．

アジアへの大学生協拡大の新段階

次に，ジョグジャカルタ・ワークショップですが，これはアジアへの大学生

協拡大の新しい段階を画したものだといえます．国際協同組合同盟アジア太平洋 ICA-AP のなかに，大学キャンパス生協の正規の委員会ができて最初の本格的なワークショップでした．インドネシアで行ないましたので，インドネシアの生協をはじめとして，フィリピン，シンガポール，マレーシア，タイ，インド，韓国などからの参加があり，それに加えて今回初めてユネスコからの参加があって，積極的な協力の意思表明もありました．

インドネシアの協同組合省も積極的に協力するということで，非常に良かったと思います．ユネスコでの決議，つまり，大学の発展にとって，教育，研究とならんで学生支援が重要であることを確認するとともに，学生支援のアジア的形態としての大学生協の意義を訴えることに，成功したのではないかと思っています．学生支援のアジア的形態としての大学生協を，アジア各国に広めていく今後の活動の基礎を築いたといってよいでしょう．

ヨーロッパ型との継続的連携の確認

さらにその後，ヨーロッパ型学生支援組織とのあいだで，継続的な情報・意見交換を行なっていくことが確認されました．ドイツ学生支援協会 DSW の事務局長に来てもらって，これまでの経過を踏まえて今後とも情報・意見交換と相互協力を強化していく覚書きを交換したのです．これまでにも紹介してきましたが，DSW は独立行政法人の連合体のような組織で，学生および教員を参加させて一緒に運営していくという形をとりながら，寮，食堂，奨学金などを一括運営しています．

ドイツとその他のヨーロッパ諸国では，まったく同じというわけではないのですが，基本的には同じような組織が学生支援をおこなっています．それらの諸組織と連携していくということです．これはこれから，われわれにとっても大きな意味を持っていくことになるでしょう．

学生支援のアメリカ型は，ヨーロッパ型とは違って，大学が寮，食堂，奨学金を直接運営していくなかで，カレッジストアが教科書販売を中心にした物品販売をおこなっていくのが普通です．大学生協は，これらのお店の連合体ともいろいろな交流を重ねてきていますので，こちらともこれから協力関係を続けていくことになるでしょう．世界を見すえながらアジアに重点を置き，協同組

合方式の学生・大学支援を広めていく活動をわれわれはしていかなくてはならないので,今回の DSW との交流継続協定はそういう方向への数歩前進であった,といっていいでしょう.

日本における協同組合の連携

日本協同組合連絡協議会 JJC にかんしては,これまで私もウッカリしていました.全国共済連のほうにはときどき顔を出してきたのですが,JJC のほうの意味はよくわかっていなかったのが実態です.今回初めて出てみて,国連が 2012 年を協同組合年とすることになり,それを日本でどうやっていくかということになると,JJC が中心になる以外にない,ということがわかりました.その意味で,にわかに JJC の重要性がクローズアップされてきたのです.JJC は,日本の協同組合のなかで ICA に加盟している団体の連絡協議会のような組織で,その大きな二本の柱として JA 全中と日生協があります.

そのなかで,これまでの会議の様子を見ていると,生活クラブ生協などが協同組合の意義をいちばんよく考えているようで,そういう内容の発言をしてきています.頭脳集団的役割を果たしてきていると言っていいでしょう.大学生協は本来なら知のセンターにおける協同組合なので,そういう観点からいろいろな協同組合を知的に媒介していかなくてならないのに,どうもそういうことが今まで見えていなかったようです.そういうことが,少しずつわかってきました.生活クラブだけに任せずに,大学生協ももっと積極的に,協同組合の意義とか連携の必要性について,積極的に発言し,やるべきことをしていかなくてはならないでしょう.

国際協同組合年が国連によって設定されたので,それを日本で具体的にどうやっていくか.JJC が基本的な方針を出してきているのですが,今までの経過を見ると,日本では戦後,農協をはじめとしていろいろな協同組合がつくられた.それにある時期以降は,生協が非常に発達したし,いろいろな共済組織もつくられた.そういう組織が活躍しているにもかかわらず,それらの意義が知られていない.だから,協同組合の意義をもっと知らせるのだ,というその程度です.

グローバルな市民社会化の意味

それも悪くないと思いますが,世界の情勢が大きく変わってきていて,グローバルな市民社会化が進んでいます.普通選挙定着以前,先進国ですら普通選挙が定着していなかった時代に,労働組合や労働者政党を主体に組み立てられた社会変革構想が,19世紀から20世紀にかけて大きく膨らんだのですが,そのほとんどが失敗した.20世紀社会主義革命の限界を露呈し,崩壊したのです.旧ソ連東欧はそこから抜け出し,市民民主主義を取り込み始めています.

中国やヴェトナムは,今のところ経済成長に夢中ですが,中産階級が増えてきていますので,この人たちの要望をふまえ,遠からず急速に市民〔主権〕化していかざるをえないでしょう.インドは,経済発展の面では中国より遅れているかもしれないのですが,少なくとも形式面ではすでに市民民主主義の国です.その他多くの国ぐにの動向を見ていても,基本的にはグローバルな市民社会化が進んでいかざるをえないでしょう.

それが国際的にどのように現れるか.政治経済的には,市民がその構成を決めた政府,市民の政府の連合体が世界経済のあり方を規制していく,危機をコントロールしていく,というふうにならざるをえないでしょう.こういう傾向が,すでに2008年の金融危機以降,G7, G8の範囲を超えてG20の形で,つまり新興国を巻き込んだ国際協力の態勢で経済を規制していく,というふうに進んできています.まだまだ非常に不十分ではあるけれども,そうなってきている.私はそういう意味で,ケインズ主義が国際的に復活して,いわば国際ケインズ主義のようなもので世界経済を規制していくことにならざるをえないであろう,と見ています.そういう傾向が現れている.

市民の事業としての協同組合の意義

そのなかで,市民の事業としての協同組合の意義をもっと自覚して,進めていかなければなりません.大資本とよく言いますけれども,それはもともと大金持ちの市民が始めた事業が拡大し,法人化してコーポレーションになったものです.そういう大資本の横暴を,民主的な政府の国際的な連携でコントロールしていくことが大事なのですが,それと並んで,大金持ちの市民ではなく,普通の市民が出資しあい,民主的に運営していく事業を拡大し発展させていく

ことも重要なのです．そういう意味で，協同組合の意義が急速に高まってきているのです．

これは，今までそういう事業があったけれども，よく知られていなかったから周知する，というだけの問題ではない．そういう事業の意義が新たに高まってきているから，それをどう理解し，強調した活動をしていかなければならないのか，という問題なのだ，と，そういうことを，私はJJCのなかでも言ってきているつもりです．そのため，今回，JJCが中心になってつくる，国際協同組合年のための実行委員会の設立趣旨にも，その冒頭に近いところに，「こうした中で協同組合は，市民たちが出資しあい，民主的に運営していく事業体としてますます大きな役割を期待されてきており，またその役割が十分に発揮できるよう改革していく努力が常に必要になっている」という文章が書き込まれました．

これは素晴らしいことで，画期的なことだと思います．そういう実行委員会を，農協や生協が中心になってつくっていくことが明記されている．ただ，その後の経過をみると，その趣旨を具体的な実行に結びつけていくところがまだ十分でないので，そういう趣旨のことも発言しました．こういう成り行きのなかで，大学生協は，知のセンターにおける協同組合なのだから，知的リーダーシップを発揮して，協同組合間の連携に貢献していく必要があります．

大学生協の自覚が必要

しかし，大学生協自体，本当に，今私が言ったことを分かっているでしょうか．実態として，学生の多くは，大学に入って生協があれば，いわば利用料として出資金を払い，利用するだけというのが多いのではないでしょうか．教職員の多くも，積極的にコミットする場合でも，自分の専門の仕事に副次的な，したがってあまり時間を割きたくない事業としてしか考えていないのではないでしょうか．あいだにあって，生協職員が必死になって生協としての経営を維持し，形を整えてようとしてきている．それが悪く出ると，専門主義（テクノクラシー）化して，「生協業者」になってしまう．そういうことをくり返してきていないでしょうか．

こういう状態で大学生協が，各種協同組合間の連携の仲立ち役など果たせる

かどうか，われわれは問わなければならない．国際協同組合年に向けて，本気で考えてみなければならないと思います．大学生協自身が大学を基盤にした協同組合であり，その協同組合がこれからの新しい時代にどういう意味を持つかということを，われわれが自覚して活動しないと，各種協同組合間の媒体とか繋ぎとかにはとうていならないということです．

新しい生協学の構築に向けて

私の専門は社会学ですが，社会学の国際学会などを見ても，1960年代から80年代にかけての現代思想いらい，革新的な理論は出ていないようです．おそらく，米ソ冷戦が終わって以降の世界の大きな動きが，まだきちんと把握されていないからでしょう．

そういうなかで，生協総研は，生協の意味づけをおこない，できれば生協学をつくるという作業を一生懸命やろうとしています．そのために『現代生協論の探求』などを刊行しましたし，これからは研究集会やコローキアムなどを考えています．そういうことをふまえて，大学生協が自らを理解し，急展開する事態にどう対応していくのかが，非常に重要になっている．そのことを，皆さんにも考えていただきたいのです．

4　学生支援の日本的形態

多忙な活動をふまえて

新しい生協法ができたということで韓国をおとずれ，いくつかの大学生協と交流してきました．その後，PCカンファランスが仙台であり，大学生協地域センターの会長会議が盛岡であって，さらに理事長・専務理事セミナーがありました．そのあとヨーロッパに飛び，ドイツのベルリンでDSWのワーキンググループとの意見交流を行ない，それからイタリアのパルマで行なわれたヨーロッパ学生支援団体との交流に参加しました．

帰ってきて生協総研の生協学をめぐるコローキアムがありましたので，私の大学生協での経験をふまえた報告をして，議論しました．これらのことをふま

えて，私が今，大学生協についてもっとも重要なのではないかと思っていることを提起します．

世界の大学数と進学率

世界には今，どのくらいの大学があり，どのくらいの数の学生がいるのでしょうか．私が調べてみたかぎりでは，世界には，国によって大学の定義が違うので正確な数字は出しにくいのですが，約 18,000 の大学があるのではないかといわれています．主な国の大学数をあげてみると，アメリカ 4,276，中国 1,794，ロシア 1,046，日本 756，イギリス 325，ドイツ 372，フランス（公立）83，韓国（大学校＋大学）175＋152 などです．フランスは少ないのですが，数え方からきています．韓国の場合は，日本の大学にあたる大学校と日本の専門学校に近い大学とがあって，両者を差別しないことになったということなので，この数字が出ているようです．

進学率でいうと，日本はたいへん高いと思われていますが，それほどでもありません．2007 年頃の数字でいうと，韓国では，大学校と大学とに重複して在籍している学生がいるようで，単純に数えると進学率が 102％になってしまいます．以下，イギリス 62.6％，日本 54.6％，アメリカ 52.1％，フランス 41％，ドイツ 24.8％，ロシア 24.8％，中国 23％，などです．フィンランドなどはたしか 80％を超える進学率を誇っているはずですので，日本よりも進学率が高いところはかなりあります．中国の進学率が 23％まできていることも，驚くべきことでしょう．

世界の主な大学の学生数

実際の学生数がどれくらいなのか．オープン・ユニバーシィティというのは，イギリスでは放送大学のことですが，そういう名称の大学が世界各地にかなりあって，何十万，あるいは何百万という学生がいると公称しています．そこでそれらをいちおう除き，かつ大学という名称を省略してあげてみると，イスラーム自由（イラン）130 万，アナドル（トルコ）88 万，ニューヨーク州立（米）42 万，カリフォルニア州立（米）42 万，テルブカ（インドネシア）35 万，ブエノスアイレス（アルゼンチン）32 万，オスマニア（インド）30 万，フロリ

ダ州立（米）30万，メキシコ国立自治29万，南アフリカ25万，メキシコ国立工科23万，ニューヨーク市立（米）22万，デリー（インド）22万，カリフォルニア（米）21万，フェニックス（米）20万，カルカッタ（インド）20万，エスタシオ・ジ・サー（ブラジル）19万，テキサス（米）19万，パヤーメ・ヌール（イラン）18万，ノースカロライナ（米）17万，ウィスコンシン（米）16万，ロンドン（英）16万，カイロ（エジプト）16万，トリブバン（ネパール）15万，ローマ・ラ・サピエンツァ（イタリア）15万，メリーランド（米）14万，ロシア国立人文14万，コルドバ（スペイン）11万，ペンシルバニア（米）11万，テキサスA&M（米）10万，ボローニャ（イタリア）10万，国立マラ工科（マレーシア）10万，マドリード（スペイン）10万，インディアナ（米）10万，モンテレーエ工科（メキシコ）10万，などです。

　イランのイスラーム自由大学は学生数130万と公称していますが，これは事実上オープン・ユニバーシィティなのでしょう。トルコのアナドル大学も学生数88万といっていますが，同じようなものだと思います。アメリカの州立大学になると，州内各地にキャンパスがあってそれらの学生数を合計するとこんな数字になるのではないかと思われますので，現実味が出てきます。だからたいへん大雑把に見て，1万8千の大学に平均して1万人くらいの学生がいるものと考えると，今日の世界には1億8千万くらいの学生がいることになります。少し大げさかもしれないので控えめに見ても，日本の総人口をはるかに超えるくらいの学生が今や世界にいるのです。そのことをまず，私たちは知らねばなりません。

　大学は何をしているのか？
　では大学は，何をしているのか。もちろん研究と教育です。
　研究は，宇宙の構造から人間個人の微細な心理等々まで，すればするほど課題は増えていくので，きりがないものです。それと並行して，もちろん教育が行なわれています。大学は専門教育の場といわれてきたわけですが，今みたように進学率が上がってくると，専門教育はもちろんなのだけれども，その前提として，あるいはまたそれと並行して，いわゆる市民教育をやらざるをえないようになってきますので，多くの大学はそれにも力を入れています。

市民教育は日本では，じゅうらい高校の「公民」などの役割で，社会の基本的仕組みを教えて市民としてやっていけるようにすることでした．しかし，進学率が高まるにつれて，そういう教育が大学の仕事になり，そのうえで，より高度な市民，さらには世界のどこに行っても活躍できる市民，の育成が大学に要請されるようになってきています．そのことを世界の大学が意識するようになってきています．とくに新興国，途上国の大学ほど，そういうことを意識するようになってきている．そのことをわれわれは知らねばなりません．

そこで，急速に増えている学生の支援が必要になっているのです．このことを反映して，2009年にパリでおこなわれたユネスコ UNESCO の国際会議の決議で，研究，教育とならんで，学生の支援を大学の正式の任務とすることが明記されました．私たち大学生協連も，ドイツの DSW などの働きかけに応じて，この決議の促進に加わりました．

学生はなぜ支援されなければならないか？

では，学生はなぜ支援されなければならないか．大学 university は普遍的 universal な教育機関なので，原則として世界中のどこからくる学生でも受け入れなければなりません．やってきた学生は，勉強するために，住まいを見つけ，食べて，奨学金などで授業料を払わなければならないし，その他，勉強をつづけていくためにいろいろな費用が必要です．要するに，学生を住まわせ，食べさせ，奨学金を与えて，勉強させなければなりません．いわゆる学生の住・食・奨を保障することが，大学の重要な責務になってきているのです．

米欧の大学では，学生を寮に住まわせるのが当然とされています．自宅が大学に近い学生でも寮に入り，それを機会に自立する．自立が大学生活の前提になっています．

われわれどうでしょうか？　学生を寮に住まわせるのが大学の責務であるなどと考えたことがあるでしょうか？　学生諸君でも，日本では，あまりそう考えていないでしょう．そのために日本では，大学に入っても，あるいは就職しても，親と一緒に住んでいて，親離れできない若者たち，と同時に，逆に子離れできない親たちが増えていて，だいぶ前から問題になっています．それと並んで，日本の主な奨学金は学生支援機構が管理していて，原則貸与です．こん

―― きらめくキャンパス・ライフ⑥ ――

大学生協の新しい大きな役割

　日本の大学生協の意義がにわかに高まってきている．国連は2009年12月の総会で2012年を「国際協同組合年」とする宣言を採択した．これまでの社会経済開発，食糧安全保障，金融危機対策などでの協同組合の役割を評価し，これからの貢献に期待してのことである．これを私なりに解釈すると，次のようになるであろう．

　世界は，17～18世紀の市民革命以後世界市民社会に向けて発展してきたが，その主導権を取ってきたのは大金持ち市民（ブルジュワ）の起こした事業である．その法人化された形態である大企業が，金融をつうじて世界経済を異常に膨らませてきた結果起こったのが，金融危機にほかならない．

　これにたいして，労働者，女性，被抑圧民族などが立ち上がり，世界のますます多くの国家を民主的統制のもとに置くとともに，市民（シティズン）自らの事業として協同組合を発展させてきた．民主的に統制された国家の連合が金融大企業の暴走を押さえ，市民たちが共同出資で民主的に運営する協同組合事業の領域を広げていくのが，これからの方向である．

　大学生協は戦後の窮乏期に学生たちによって広められ，世界と日本の政治情勢のなかで社会主義イデオロギーの影響も受けたが，今ではイデオロギーから解放され，世界市民社会に向けて市民のリーダーを育てる大学の協同組合として定着し，発展している．「理性の狡知」ならぬ歴史の狡知である．21世紀的知のセンターにおける協同組合として，規模は小さくとも，農協，漁協，地域生協など各種協同組合に，これからの活動の新たな意味を提起していく役割は大きい．

　大学生協自体が，こうした歴史的役割を自覚し，身を引き締めていくことが喫緊の課題となっている．

な国はほかにないなどといわれていますが，こういうことをどう考えたらよいのでしょうか．

米欧の学生支援

米欧の学生支援について見てみると，住・食・奨，つまり学生を住まわせ，食べさせ，奨学金を与えて勉強させるのは，アメリカでは大学それ自身の仕事です．各大学が寮を建て，食堂をつくり，各種奨学金を斡旋して，学生を勉強させています．授業料は高いが，奨学金の種類は多い．日本からいった学生もそうだが，世界中からきた留学生もその恩恵を受けています．

ヨーロッパでは，歴史も古く長いので国によって多様ですが，代表的なフランスやドイツなどでは，全仏大学学校支援センター CNOUS のような政府機関あるいはドイツ学生支援協会 DSW のような準政府機関が，寮の建設と管理，食堂の建設と管理，奨学金の供与・貸与などを一括しておこなっています．授業料はフランスやドイツなどではもともと原則ありませんでした．最近ドイツの一部で，取るところが出てきて，それにたいする反対運動が起こったりしていますが，留学生，もちろん日本からいっている留学生なども，原則無料の恩恵は受けています．

ヨーロッパでは，いわゆるボローニャ・プロセスで，学部教育課程の統一が試みられてきています．大雑把にいえばアメリカ型に向かっているといってよいと思いますが，これとあわせて，学生支援方式のヨーロッパ内での統一に向けた比較検討も行なわれてきています．このための国際会議が 2011 年ベルリンで行なわれ，日本の大学生協も参加しました．その機会にミュンヘンの DSW も見てきましたが，ドイツの学生支援は基本的に州単位，都市単位で，その連合体が DSW なのです．

日本の学生支援の現状

では，日本の学生支援の現状はどうか．日本では，住すなわち寮はまだまだ数が少ないのが現状で，大学といえば寮があるのが当然などとはとてもいえない状態でしょう．奨学金は，学生支援機構のものが主で，原則貸与です．供与の奨学金は民間のものなどわずかで，貰っている学生も少ない．

こうしたなか,大学生協が,食堂,文房具,書籍からはじめて,旅行,コンピュータ,語学講座,公務員講座,キャリア・プランニングなどから,住居斡旋やごくわずかに奨学金にいたるまで,全力をあげて学生支援を拡大してきています.これが歴史的現実です.
 そして,大学生協は学生と教職員の生活協同組合です.学生は,出資金を払って生協に加わり,利用したあげく,出資金の返還を受けて卒業していきます.日本の大学生協の最大の特徴は,組合員の圧倒的多数が学生だということです.これをよく考えてみると,日本では,学生自身が学生支援をおこなってきている,ということになるのではないでしょうか.

大学の使命と大学生協
 学生と教職員の生活協同組合が,事業単位数220ほど,組合員総数150万以上というような規模で,実質的に学生支援を担ってきている例は,世界にもほかにありません.
 大学の使命が高度市民の育成になってきているとすれば,市民とは自分の生き方を自分で決め,そのことをつうじて自分たちの社会のあり方・行き方を決めていく人間のことですから,大学生協は学生が高度市民になっていくための基礎を提供していることになります.大学生協に参加している学生は,そのことをつうじて,自分自身が21世紀の世界で市民になっていくための基礎をつくっていることになるのです.
 そういうことを,今年おこなわれたボローニャ・プロセスの一環としてのヨーロッパ学生支援会議でも,カナダやアメリカのみならず,アジアのシンガポール,タイ,中国などからも代表が参加しているなかで,話してきました.

学生に大学生協の意義を!
 学生に以上のことの意味を自覚させなくてはなりません.学生に,大学生協に入ることの意義をわかってもらわなくてはなりません.
 大学生協に入ることは,たんに,食堂や購買などを「利用」するためなのではないのです.自分たちの協同で自分たちの大学生活の基礎を支え(協同),大学と協力して教育と研究の条件を改善していき(協力),生協の組織的・財

政的・情報的自立とともに一人ひとりが自立していき（自立），さらには生協の諸活動をはじめさまざまな社会活動に参加していく（参加）．そのことが，私たちがビジョンとアクションプランで掲げている，協同・協力・自立・参加ということの意味なのです．

そういう大学生協の意義を理解し，その諸活動に参加することをつうじて，協同組合の意義とやり方を体得していけば，学生は，これからますます市民社会化が進む世界のなかで，資本力がなくとも市民として有意義な事業をおこなっていくことができるということに，しだいに目覚めていくはずです．

5　シティズン社会化と参加

簡単ではない社会理論の完成

　ここのところ，2400年前のギリシャの哲学者ディオゲネス——元祖ストリート・ピープルのような人物ですが——が，私の身辺に出没するようになっています．これはなぜかと言うと，彼は元祖世界市民などといわれているので，私が世界市民，地球市民などと言ってきているからではないかと思います．彼は，私がずっと取り組んできている社会理論について，「お前そろそろ何とかしろ」と迫ってくるのですが，なかなかそう簡単にはいきません．

シティズン社会化の趨勢：総会議案をめぐって（1）

　その間に，総会議案を読んでみました．それについて，二つばかり言いたいことがあります．基本的な考え方や発想に関わることです．

　一つは，社会の動きということで，情勢を捉えてそれにたいして「大学生協は」という書き方をするのが当然です．そのさい，リーマンショックいらい不景気が続いていて学生の就職状況が厳しい，と書くのも大切です．が，それと同時に，私はここ数年にわたっていろいろな機会に言ってきていますが，世界の大きな動きを，とくに起草している学生諸君にわかってほしいと思います．

　それは市民社会化といって良いのですが，市民にはブルジュワとシティズンがあります．ブルジュワは大金持ち市民で，大きな事業を起こして大もうけを

してきている．それにたいしてシティズンは，主権者として，一人一票制で自分たちの社会のあり方行き方を決めていく市民のことです．その意味でのシティズン社会化が大きな意味での市民社会化の枠内で進んできている，という認識をもっと持ってほしいのです．

　そのためには，日本だけではないのですが，シティズンの意思をできるだけ正確に政治に反映するような仕組みをつくる必要があります．今の日本がそうなっているでしょうか．アメリカでさえそうではない．イギリスですらそうではない．今いちばんそれに近いのは，ニュージーランドとかドイツの取っている，比例代表制を基礎にしたやり方だと思います．20世紀はブルジュワとプロレタリアの対立で動いていたように見えたのですが，実際にはそうではなかったのです．ブルジュワとシティズンの対立です．

　21世紀は，シティズンが大勢として世界社会で力をつけてきている．そういう動きが進んできているということを理解しなければなりません．シティズンは，自分たちの社会のあり方行き方を決めていくと同時に，自分たちで事業をします．今日では非営利法人NPOという言葉が普及していますが，その元祖は協同組合です．19世紀の半ばにイギリスで始まった協同組合，非営利の，自分たち自身の生活を維持するための事業，そういう事業をやっていくのがシティズンなのだということを理解してほしいのです．

　大学の役割について，文科省その他がいろいろな文章で，21世紀型市民の育成といっています．21世紀型の市民とはどういう市民か．一見するとグローバルな視野を持った市民というだけのように見えますが，その中身は私のいうシティズンでなければならないのです．シティズンの基本は自治です．大学のなかで自分たちの生活について，経済的な意味で自治を行なっているのが大学生協なので，そういうことがもっと総会議案から感じられると良いと思います．

参加の意味：総会議案をめぐって（2）
　もう一つは，参加の意味です．議案書は，ビジョンとアクションプランに掲げられている協同・協力・自立・参加を基本の軸にして，それに沿って組み立てられていてたいへん結構であると思います．そのうえで，最後の参加の意味です．

参加というと，社会参加とか環境運動への参加とかがすぐに出てくるのですが，基本は，協同し，協力し，自立してやっていこうとするともっと組合員の参加が必要になる．だから組合員が生協を利用するとか生協の運営に参加する，そして組合員としての自覚をもつということなので，これこそが私の言っているシティズンとしての自覚につながるのです．

たとえば，今，就職が非常に大変ですが，企業に雇ってもらおうとするのが今の就活です．しかし，ヨーロッパのある地域では，自分たちが起業していく，その場合の方式が協同組合である，というケースが増えてきています．大学で学んだことをもとにし，福祉関連，生活関連の事業を協同組合方式で起こしていく．そういうことこそ，参加の一番の柱なのではないでしょうか．

そのうえでこそ，環境運動への参加や平和運動その他への参加も出てくる．そういうことを考えながら，私はビジョンとアクションプランを作ったつもりなので，その辺をもう少し理解してほしいと思います．そういう意味で，生協に参加することをつうじて歴史を創っていくということを，もっと体で感じる，つまり体感することが重要ではないかと思うのです．

歴史を創る・再論

第二次世界大戦後，私たちの先輩は，食うものもなく，ノートも本もなかったので，無我夢中で大学生協をつくった．その過程で，学生運動の影響を受け，いつも学生運動がカッコ良く見えたので，コンプレックスを持ちながらやってきたかもしれません．しかし，学生運動は，自分たちが歴史を創っていくのだという自意識が過剰で，中身，つまり社会の歴史的発展の方向についての見方，が今から見ると見当違いであった，ということがその後わかってきた．それにたいして，大学生協は福武元会長の頃から，もっと地道に大学のなかで学生の生活を良くしていく，学生の生活と勉学を守っていく，ということを基礎にしてやり始めた．そういうやり方が今でも続いています．

ですから，コンプレックスを持つのでもなく，自意識過剰になるわけでもなく，きちんとバランスの取れた形で，自分たちが今の歴史のなかでこういうことをやっているという意識を，もっと生協にかかわる学生諸君，院生諸君，教職員はもちろん，生協職員にも持ってほしい．そうなると，全体が活気づいて

くるのではないか，と思います．そういう点を念頭に置きながら，総会議案にかぎらずあらゆる議論を進めていってほしいと思います．

6　大学間国際協力と学生支援の重要性：ドイツとの対比で

日本の大学とドイツの大学

　日本の近代的な大学は1860年代から創られはじめ，国立と私立の二つの形態がありましたが，国立は主にドイツやフランスの大学に学び，私立は主にイギリスやアメリカの大学に学びながら発展しました．しかし，第二次世界大戦で日本は敗れ，1945年から6年間アメリカ軍の占領下で民主化のためのさまざまな改革が行なわれたので，戦後は日本社会のあらゆる面でアメリカの影響が強くなりました．大学もその例にもれず，旧制高等学校が一律に大学に格上げされて帝国大学と並んだため国立大学は一挙に増え，地方自治体が設立する公立大学もそれと肩を並べるようになり，私立大学も，その設立が戦前よりもずっと自由になったので，国公立を上回る勢いで増えました．

　その結果，現在では，770あまりの大学のうち国立と公立がそれぞれ90前後，その他が私立という状態で，私立大学の比率が全体の77％にも達しています（短期大学は除く）．学生数で見ると，総数は280万人余り，国立が60万人余り，公立が18万人余り，その他が私立で，私大生の割合は73％余り，国公私立をつうじて女子学生の割合が40％余りです．しかし半世紀前の1960年には，大学数は240余りで，国立72，公立33，その他が私立で57.1％，学生数は60万人余りで，国立が19万人余り，公立が3万人足らず，私大生が64％余り，女子学生が13％余りでした．この半世紀のあいだに，大学が急速に拡大し，公立大学も増えたのですが，私立大学がそれをはるかに上回る勢いで増え，4.7倍にもなった学生の大半を受け入れてきたことがわかります．短期大学の学生は圧倒的に女子なので，それも含めると今や学生の男女比は拮抗しており，進学率は短期大学も含めると57％，専門学校その他まで含めると75％以上にもなっています．

大学拡張と大学教育の普遍化

1960年代前半までは，大学はエリート養成機関でした．しかし，この半世紀間で，大学はすっかり大衆化し，大学 university が普遍的 universal になったとまでいわれています．日本の大学とドイツの大学，さらにヨーロッパの大学の共通性といえば，何よりもこの大学拡張 university expansion と大学教育の普遍化 universalization of university education でしょう．ヨーロッパの大学は，歴史が古いだけに各国それぞれに異なった制度を持っており，それらをグローバル化の時代に合わせて揃えるために，ボローニャ・プロセスのような国際的努力がなされてきていることを，私たちは聞いています．そして，このプロセスが，大学の本来の機能である研究と教育，とりわけ教育についてなされなければならず，そのために教育を受ける学生たちを支援する施設や制度やサービスについてもなされなければならないことも．

国際協力への関心と現在の課題

1990年代になってグローバル化が声高に叫ばれるようになってから，日本の大学も世界的に比較されるようになり，東京大学や京都大学のような国立の一流大学や，慶應義塾大学や早稲田大学などの一流私立大学も，世界的に見て本当に一流といえるかどうかが鋭く問われるようになりました．そのため，日本のどの大学も広く世界に眼を向けざるをえなくなり，世界的な比較をふまえてさまざまな競争や協力を模索するようになりました．自然科学主要分野の研究にはもともと国境などなく，世界的な研究の競争や協力が行なわれています．社会科学や人文科学の主要分野では，日本の研究者は早くから英語，ドイツ語，フランス語などの外国語を身につけ，欧米の研究を摂取して，日本語での研究に生かしていくのは得意でした．しかし，研究の成果をこれらの言語で発表し，世界の学界に貢献することが少なかったので，研究者たちは今そうすることを強く求められています．

教育の面でも同じことで，世界中で日本語を勉強する人はそれほど多くないので，多くの大学で日本語での教育だけをしていては，日本の学生もいつまでも国際的になれないし，欧米やアジアから，とりわけアジアの近隣諸国からきてくれる学生が増えません．そこで政府を中心に留学生30万人計画をつくり，

現在14万人あまりにすぎない外国からの留学生を，2020年までに30万人にまで増やそうとしていますが，英語での教育を増やすなど，留学生を受け入れる態勢づくりが急速に進んでいるかというと，必ずしもそういえないのが現状です．とくにヨーロッパからの留学生は総数で見ても4,000人に達せず，留学生全体の3％ほどにしかならないのを，私はたいへん残念に思っています．アジアからの留学生はもちろんですが，欧米からの留学生も増やしていくために，今や地球語ともいえる英語での授業を増やしたり，英語で学位論文などを書けるように指導態勢を変えていかなくてはなりません．

それに加えてもちろん，留学生たちが日本の大学にきて，人間らしい生活をし，学習し研究し成長していくことを支援する施設と制度とサービスが必要です．そしてこの面でも，ドイツをはじめとするヨーロッパ諸国の大学と日本の大学および大学生協などの関連組織との交流が，今までにもまして必要になってきているのです．

交流をつうじて米欧の学生支援から学ぶ

こういう観点から，日本の大学生協は，すでに10年以上もまえから，世界中の大学および学生支援組織と交流を続けてきました．大雑把に言うと，アメリカでは，大学それ自身が寮をつくり，食堂を経営し，それ自身のものも含むさまざまな奨学金を斡旋して，学生たちをキャンパスで生活させ，勉強させ，研究させ，成長させて社会に送り出しています．他方，フランスやドイツなどヨーロッパの主要国では，政府機関やあるいはそれに準ずる組織としての学生支援機構が，寮をつくり，食堂を経営し，奨学金を一括管理して，同じことをしています．これらにたいして日本では，寮は学生運動の拠点として利用されたりしたため大学はその拡充や新設にあまり熱心でなく，奨学金は今日独立行政法人となった学生支援機構にほとんど任され，キャンパスでの学生生活を支援する食堂や書籍文房具その他の販売や旅行サービスなどは，大学生協か，それがない場合には，大学の委託する業者などにゆだねられてきました．

ドイツ学生支援協会との交流をつうじて，私たちは，90年ほどの歴史をもつこの組織が，統一されて今や20年になるドイツ全域の大学に根を張り，さまざまな寮を管理し，改築したり新築したりして，留学生を含む多くの学生に

住居を提供してきていることを知りました．各地に存在する食堂やカフェテリアも，歴史のあるものから斬新なデザインで建てられた新しいものまで，いずれも立派なもので，留学生の好みにも応えるさまざまな種類の料理を揃え，学生たちの食生活を支えてきていることがよくわかります．奨学金もほとんど一括して管理され，学生に与えられており，連邦教育法に基づく大学生への奨学金は半額が無償であるなど供与の部分が多く，もともと授業料が原則無料であったことも含めて，私たちにはうらやましいかぎりです．

日本の学生支援を向上させていく必要性

　日本の奨学金の大半を運営している日本学生支援機構の奨学金は今日では原則貸与で，無償供与の奨学金は民間などにごくわずかに存在するにすぎません．寮も，圧倒的に不足しているため，留学生ばかりでなく日本の学生も，自宅から2時間以上もかけて通学したり，民間の家賃の高いアパートなどに住んで，その分だけ食費や勉学研究のための費用を削らなければならなくなっています．日本の大学生協は，学生と教職員を組合員とするキャンパス内の生活協同組合として，こうした厳しい事態を直視しながら，大学と協力しつつ，食堂を経営し，書籍や文房具を販売し，旅行サービスなどを提供するばかりでなく，学生への住居斡旋やごくわずかながら奨学金の支給にも取り組んでいます．日本の大学生協の特徴は，これらの活動をつうじてあくまでも学生中心で，いわば学生が自分たちの生活を自ら支えていくという意味をもっており，そのことをつうじて自主的で社交的な市民を育ててきているということです．私たちはこのことを誇りにし，DSW をはじめとする外国の学生支援組織と今後も交流を続けながら，日本の学生支援の質と量をもっともっと向上させていきたいと思っています．

7　ジャパン・シンドロームと大学生協の役割

日本の大学のドイツへの紹介を機会に

　ジャパン・シンドロームと大学生協の役割という問題を考えます．ドイツ学

―― きらめくキャンパス・ライフ⑦ ――

生徒から学生，そして市民に

　進学率が高まり，初年次教育の重要性が増してきている．風貌も振る舞いもまだ高校生の新入生たちに，私はいつも言う．「大学に入って，みんなは生徒から学生になった．先生に教えてもらうのが生徒だとすれば，自分から進んで学習し，研究していくのが学生だ．教師は助言者にすぎない」

　2年生になって，大学の講義や演習をいくらか経験してきた学生たちに，自分の研究テーマと研究方法を見つける基礎演習の場で，私は言う．「席を移動して丸くなろう．円の定義がどんなんだったか，みんな覚えているかい？」．学生たちはしばらくいろいろと言い合い，やがて「平面上の一点から等距離にある点の集まり」というのに近い答えが出る．私は言う，「そうなんだ，等距離なんだ！」

　「じゃあ，丸くなった私たちの中心にあるものは何なんだろう？」と私はさらに問う．いろいろな答えが出るが，そのなかからやがて「真理」とか「学問」とか，私が今，心血を注いで創りつつ教えている「地球市民学」とかが出てくる．「そうそう，そのとおりだ」と私は言う，「私たちは今，等距離で，地球市民学をめざして努力しているんだ」

　こうして学生たちは卒業研究に向かって歩み始め，3年生の後半からは就活にも走り回って，大多数がなんとか職を見つけ，卒業プレゼンテーション（研究発表）をおこなって市民として社会に出て行く．そして市民とは，自分の生き方を自分で決め，そのことをつうじて自分たちの社会のあり方・行き方を決めていく人間のことである．

　大学生協は，大学に協力して，このように生徒から学生になり，市民になっていく若者たちを，全力を挙げて支援していきたい．

生支援協会 DSW との関係が深まっていますが，その関連で DSW の機関誌への寄稿を求められました．それが前節ですが，内容にはおのずから今の日本の状況が反映しています．私は日本がだんだん国際社会の中で周縁化され萎縮してきていると思っています．この傾向が欧米の雑誌にも取り上げられ，ジャパン・シンドロームという言葉がはやりだしています．それに関連したことです．

ドラッグ・ラグが提起している問題

このあいだ，あるテレビの番組で新薬開発にかんしてある医師が，「ドラッグ・ラグ」，つまり海外で開発された新薬を日本でつくる場合の時間差，を問題にしました．ドラッグ・ラグを克服するため，米欧との共同開発・治験という方法があるのですが，米欧の医師は対象として日本より韓国や中国とやる方を好むそうです．理由は「日本の多くの医師が英語を話さないからやりにくい」ということだそうです．

これを聞いて，私はショックを受けました．そういうことがいたるところであるのではないでしょうか．事態を思いきって打開しなければならないと思います．そのために私たちが自らを外に向けて開いていく，第三の開国といわれたりしますが，それを積極的にやっていく必要があるのではないでしょうか．

少子高齢化は歴史の狡知でもある

私の前著『大学改革と大学生協』のなかでも何度か述べていますが，日本は少子高齢化に直面し萎縮しつつある．それがジャパン・シンドロームと呼ばれるものですが，少子高齢化は歴史の狡智でもあるはずです．歴史がたくまずして，そうせざるをえなくしている．今や日本人が同質性の高い国民としてお互いに分かり合っているから，それだけでやっていけばよいという状態ではないのだ，ということです．いろいろな国からいろいろな人種や民族の人，とくに若い人に来てもらって，一緒にやっていくことをおぼえないと生きていけないということです．

しかし，それについての態勢は非常に乏しい．日本は経済成長その他をつうじて，それなりの社会システムをつくってきたのだから，もっと自信をもって外国人を迎え入れ，日本である程度勉強や仕事をしたあとは，日本に住みつい

てもらっても良いし，母国その他に出ていってもらっても良い．こういうことを言うと，いま就職難に直面している若者たち，とくに学生たちから非難されるかもしれません．けれども，大学はこれからの市民，21世紀の市民を送り出していかなければならないのです．

大企業以外の可能性

世界中の国や社会が，多かれ少なかれ市民社会になっていく，世界中が市民社会，地球市民社会になっていく，それはほぼ間違いのないことです．市民には，大きく分けると，大，中，小あります．大は，グランブルジュワつまり大金持ちです．このグループがこの500年間，世界中で巨大企業を展開し，儲けて金融危機を引き起したりしてきた．

中小市民はいわゆるプチブルです．中小企業は大事だといわれています．学生諸君は，もっと中小企業に目を向けるべきで，そうすれば就職口もあるのだ，ともいわれています．それも必要だと思います．でも，それでは農業はどうなるのか．高齢化が進んで，介護をめぐる社会的な産業が拡大せざるをえなくなっています．そういう分野に，もっと学生が入っていく可能性はないのか．

多様な非営利企業と大学生協

それからもう一つ，ある番組でNHKの解説委員が，アメリカの就職先で一番多いのはNPOだと言っていました．何がなんでも大企業に勤めたい，などと学生は考えていない．日本の学生は，まだそういうところが遅れている，と．そういう環境もないのだ，と私も思います．NPOといえば，協同組合はNPOといわれる言葉ができるよりもっとずっと前からあった，最古で最大のNPOです．協同組合の方式を使って，農業に若い人たちが入っていく．外国の人たちと一緒にやる．介護でも社会的協同組合などをつくり，やっていく．そういうこといろいろなことを考えないと，これからは駄目なのかもしれません．

大学生協も，大学のなかの協同組合で，学生たちに加わってもらって学生主体の事業をやっているわけだから，それをふまえて，今言ったような，いろいろな分野の協同組合，NPOの事業につながりを付けていく．そのなかで外国からも若者に来てもらって，外国の若者と一緒にやっていかないと，ジャパン・

シンドロームは克服できないのではないでしょうか．
　現代学生の弱さから出発し，支援する方法としての協同のあり方を考え，それが，社会全体の民主化にかかわるとともに，協同組合間の国内的および国際的な連携にもつながっていることを見てきましたが，そうした文脈でジャパン・シンドロームを見直せば，その克服の可能性も見えてくるはずです．

III

大震災・原発事故の衝撃

1　東日本大震災・福島原発事故と協同組合憲章づくりのなかで

原発事故はもとより地震津波もたんなる天災ではない

　東日本大震災の被害が，とりわけ原発事故の深刻化をつうじて，広がり続けています．地震と津波で亡くなられた方がた，いまだに行方不明の方がた，避難生活などで体調を崩して亡くなられた方がたに，心から哀悼の意を表します．また，近親者や関係者を亡くされた方がた，ケガや病気，避難生活，仕事の喪失などで困難な生活を強いられている方がたに，心からのお見舞いを申し上げます．

　原発の事故は明らかに人災です．東電や政府は原発安全神話に依存して，チリ津波など今回のものに比べればまだ小さな自然災害にすら十分に備えてきませんでした．こうした電力源政策をとってきた企業と歴代政府は糾弾されなければなりませんが，それらを許容し，大量の電力を消費してきた私たち市民も深刻に反省せねばなりません．そもそも広島・長崎の経験をもつ国民が電力源の3割近くを原子力に依存し，原発のほとんどを海岸に立地して，十分な地震津波対策もしてこなかったという事実を，どう考えれば良いのか．

　地震津波にしても，たんなる天災ではありません．地震学者によれば，それらを正確に予知することは現在の科学技術では不可能ですが，過去の例やプレート・テクトニクスの現状からすれば，今回ほどの地震津波も想定はできたといいます．想定できたのであれば，それらによって被害を受ける可能性のある地域の防災対策や地域づくりを，なぜもっと進めてこなかったのか．国民主権の社会では科学技術や政治のあり方を決めるのも市民ですから，今回の震災の責任もけっきょくは私たち市民にかぶさってきます．

　大学生協は，大学のすべての研究者，教職員，院生学生とともに，協同をつうじて，原発事故の収束と被災地復興のために貢献しつつ，これからの安全安心な社会づくりを考えていかなければなりません．

協同組合憲章草案第一次案への修正提案

　東日本大震災・福島原発事故によって，その2週間後に予定されていた日本

協同組合連絡協議会の協同組合憲章検討委員会が中止されました．しかし，検討委員会は，協同組合憲章の第一次案を予定期日までに作成する決意であったので，大幅な遅延を避けるため，委員長を初めとする中心メンバーが，第一次案の草案をつくって委員に配布してきました．けっこうしっかりした内容でした．けれども，それを読んで，私には意見があったので，それをつぎのように書きました．

　第一次案は，政府に制定を迫る協同組合憲章の第1次案として，議論の叩き台とするに値するものだと思う．
　しかし，私としては，これまでも主張してきたが，いくつかの弱さもあると思うので，それらを克服するよう，ご検討をお願いしたい．
1　背景として，世界のますます多くの国の民主化が進み，各国市民の選出する政府が各国および世界のあり方を決めていく傾向が強まっていることを強調すること．これは，各国および国際社会がますます市民社会化してきていること，つまり一人一票制の市民主権の社会になってきていることを強調し，憲章がそのなかで制定されることの意義をはっきりさせるために必要なことだと思う．例としては，アメリカにおけるオバマ政権の誕生，日本における政権交代の実現，中東における独裁制打倒の動きの継続，などを挙げることができよう．
2　協同組合は普通の市民（オーディナリ・シティズン）の民主的事業であり，各国および国際社会の市民社会化が進むなかで，新たな重要性を帯びてきていることを強調すること．大企業が大資本をもつ市民の事業であり，中小企業が中小資本をもつ市民の事業であるとすれば，協同組合は資本力のない普通の市民の協同の事業である．圧倒的な力を持つ大企業にたいして中小企業のもつ意義を強調することも大切であるが，市民社会化が進むなかでオーディナリ・シティズンの民主的な事業の意義を強調することは，もっと大切である．市民によって選出される政府がつくっていく社会のなかで，普通の市民たちの民主的で非営利の事業が今後ますます重要となっていくことを強調し，協同組合以外の非営利事業 NPOs をも元気づける必要があると思う．

3 そのために，現存の協同組合に自覚をうながし，それぞれの歴史を反省しつつ，市民社会において新たな意味を帯びてきている普通市民の事業として，その精神，組織，運営方法などを自ら改革していくことを要請する内容を盛り込むこと．大学生協もそうであるが，今日の多くの協同組合は，市民社会化が進むなかでの普通の市民の事業として組織され，発展してきたものでは必ずしもない．経済復興や経済発展が要請されているなかで，大学や政府などに保護されて育ってきた面がある．これからの市民社会のなかで市民の事業として発展していくためには，こうした面を自ら克服していくことが必要なので，政府がつくる憲章であれば，政府が各協同組合に，それぞれの自立を目指す改革をうながしていく内容を盛り込む必要があると思う．

なお，この点は現存の協同組合側の主体的な問題なので，現存の協同組合としては，この点を中心にしてまず自らのあり方を改革するための憲章をつくり，それをふまえて政府に制定を要求する憲章を考えていくのも一案である．私が主張してきたのはじつはこの二段階案である．以上にもとづき，原案に直接手を加えることが許されるのであれば，そのような訂正案を提出させていただきたい．

世界の市民社会化のなかでの協同組合

これに基づいてその後に検討委員会が開催され，議論のすえ修正案を出すべきだということになったので，私は時間をかけて修正案をつくりました．私がとくに力を入れたのは，憲章草案第一次案の1の前文と2の基本理念のところです．協同組合のあり方について考えるうえで第一次案は良くできていたので，直すのは困難だと思いましたが，あえて直すとしたらどうなのかを十分考えたうえで直しました．それを以下に掲げます．

1．前文

世界は現在，経済的不況，環境・エネルギー制約，一部途上国の人口爆発と一部先進国の少子高齢化，頻発する地震・津波・噴火などの自然災害により，危機に直面している．なかでもわが国は，2011年3月11日に発生した

きらめくキャンパス・ライフ⑧

環境問題など存在しない !?

　環境問題など存在しない．そういうと，学生は一瞬「何をいうか」という表情で私を見る．しかし，説明すると，たいていは納得してくれる．

　昔から人間は，大自然を環境として生きてきた．環境だから，そこから何を取ってきても，そこに何を捨ててもいいという態度で生きてきた．大自然は懐が深いから，人間が相当暴れても堪え忍んでくれた．しかし，産業革命以後，人間の自然破壊は「組織的」になり，際限もなくなってしまった．とくに 20 世紀に入って以降の，大規模戦争や大規模開発や乱開発などによって，人間の自然破壊は自然の許容限度を超えてしまったのだ．

　今やヒマラヤの峰々や北極や南極大陸の氷ですら融けだしている．経済学では，環境問題を外部不経済のゆえに，つまり環境を経済計算の範囲に入れてこなかったから，起こったのだと説明してきたが，そういう意味では今や人間の行為の影響外にあるものなどないのだ．この地球上のすべてが人間社会の内部にあるものと考えて行動しないと，人間は生き残っていけない．その意味で，環境問題などもはや存在しないのだ．

　そう考えると，人間は，地球上のすべて，その地形や気象変化やそのうえに成り立っている生態系のすべてに，責任を負っていることになる．経済開発ばかりでなく最広義の社会開発すなわち社会形成そのものが，今や人間の責任なのである．ところで，そうすると，人間がこの生態系に育つ植物や動物を「思うままに食い散らかして」生きてきている，という事実はどう考えるべきなのだろうか．

　大学生協は，狭い意味での環境活動ばかりでなく，食堂経営から社会参加にいたる諸活動の全体を，こういう視野から学生と一緒に考えていきたいと思っている．

東日本大震災とそれによる原発事故によって，これまでの国土開発政策，電力源政策，社会経済政策，地域経済と地域社会づくりなどに根本的な反省を迫られている．

　しかし，同時に世界では，途上諸国の多くの民主化，旧ソ連東欧地域の民主化，中東地域の民主化などが進み，世界の多くの国で市民の選挙によって生み出される政府が，国づくり社会づくりの指揮を執るようになってきている．その意味で各国の市民社会化が進むとともに，国際社会の市民社会化も進んできている．

　これを背景に，世界的経済不況については先進国とロシアや新興諸国が連携して取り組む動きが強まってきており，環境・エネルギー政策，人口政策，自然災害対策などについてもこれと連動させて取り組む動きが強まってきている．大企業が多国籍となり各国の規制では制御できなくなってきている現実のもとでは，できるだけ多くの国が連携して世界経済と各国社会の安定的発展の基礎を確保していくことが重要である．

　このなかで，世界的に協同組合の意義が高まってきている．世界的な大資本の圧倒的な力にたいしては中小企業の独自性を支援する必要があり，ヨーロッパや日本では中小企業憲章もつくられた．これにたいして，世界的な市民社会化が進むなかでは，資本力のない普通の市民たちが協同しておこなう事業も，それに劣らず重要であることが認められるようになってきている．

　世界的な金融・経済危機の状況下2009年12月，国連総会は，2012年を国際協同組合年と宣言する決議を採択した．この決議は，世界各国の社会経済開発において協同組合がこれまで果たしてきた役割と現在の社会経済問題の改善に貢献する可能性を評価したうえで，全加盟国の政府と関係者にたいし，この国際年を機に協同組合にたいする認知度を高め，協同組合の成長を支援する政策を検討するよう促している．

　国連のこの要請に応えることは，日本の協同組合と政府の責務である．協同組合は，自らの努力によって協同組合運動をいっそう発展させなくてはならない．また，政府は，協同組合の発展を促進するための制度的枠組みを整備しなければならない．

　わが国は，延べ8,026万人の組合員と64万人の職員を擁する世界でも有

数の協同組合社会である．これらの協同組合は，農林漁業，商業，金融，共済等の経済活動の分野だけでなく，医療，福祉，教育，仕事おこしなど社会開発の分野でも，人びとのあいだの助け合いと協同を促進している．

協同組合を今後さらに発展させるための基本的な理念と原則と行動指針を明らかにするために，ここに協同組合憲章を定める．

2．基本理念

近代的協同組合の起源は19世紀の産業革命のもとで労働者，農民，消費者が生活を守るために自発的に取り組んだ協同の活動であった．協同組合はイギリスの生協，ドイツやイタリアの信用協同組合，ドイツやデンマークの農協，フランスの労働者協同組合など多様なルーツをもっているが，その共通の基本理念は組合員の自助と協同すなわち共助であった．協同組合の理念はヨーロッパから世界に広がり，現在，国際協同組合同盟ICAは，92カ国で約10億人の組合員を擁する世界最大の国際NGOとなっている．

このことは，世界が，自由平等のみでなくそれに友愛の原理を加えて，自然との調和をめざしつつ安定した社会をつくろうとするようになってきたことの表れである．とくに災害に対処しようとするときに明らかになることであるが，安定したゆたかな社会を築くためには，自助と公助のみでなく共助の領域を拡大強化し，公助と共助の連携を強化して，「新しい公共」の領域を社会の土台にすえていかなくてはならない．この意味で，典型的な共助組織である協同組合を社会経済づくりの基礎にしていくことほど重要なことはない．

日本でも古くから講や結いなどの助け合いの仕組みが存在した．明治以降は海外の近代的協同組合の思想と実践が紹介され，都市や農村においてさまざまな協同組合が産声を上げた．第二次世界大戦後も各種協同組合法のもとで協同組合が設立され，協同組合は日本の社会経済発展，民主主義の強化に貢献してきた．日本でも，普通選挙を基礎とする市民民主主義が定着し，市民が主権者になるとともに，普通の市民の事業としての協同組合が発展し，経済的社会的に重要な役割を果たすようになってきたのである．

協同組合は，組合員の共通の経済的・社会的・文化的ニーズと願いを満た

す共益・非営利の事業として発展してきたが，近年は医療・福祉，子育て支援などの社会サービスの提供，過疎地，被災地や買い物弱者への生活必需品の供給など，組合員だけでなく地域コミュニティにかかわる取り組みも増大させている．環境問題や災害，孤立などの社会問題が深刻さを増しているなかで，自助・共助・公助のベストミックスをつくり，無縁社会を友愛社会に変えていくために協同組合への期待が高まっている．

協同組合は，市民の自発的な協同の組織であり，それ自身が「新しい公共」の担い手であるが，地域住民やNPOなどさまざまな地域組織と連携し，行政との協働を促進して地域コミュニティのために活動すれば，「新しい公共」の具体的なあり方をより鮮明にしていくであろう．政府の役割は，協同組合の自治と自立を尊重し，協同組合が組合員の共助をつうじて，また協同組合間の協同と地域コミュニティへの貢献をつうじて，社会経済開発に貢献することを支援することである．

協同組合についての理解を協同組合自身が深める

第一次案は，このあと，3の基本原則，4の行動指針と続き，最後はむすびという構成になっています．私は，もとの第一次案を基本的に尊重しながら，自分の意見をふまえて上のように修正しました．大学生協の理念とビジョンとアクションプランをふまえてのことです．大学生協には，全国連合レベルで経営委員会があって，全国で大学生協を直接動かしている有能なメンバーが集まっています．しかし，彼らが生協を動かしているだけでは不十分なのです．

じつは最近，学生の一人から，生協は協同組合なのか，と聞かれました．生協は生活協同組合の略称であるということすら，意識していない人びとがいるのです．まして農協とか漁協とか信用組合とかも協同組合なのであるということは，日本の社会でまだまだ多くの人たちに理解されていないことです．そういうなかで，協同組合が何であるのか，もっとはっきりさせなければならない，と私は協同組合憲章検討委員会で言いました．

そのうえで，それを政府案に発展させていくための憲章草案をつくらなければなりません．今までの日本の協同組合は，市民たちの自主的な協同でできたものではかならずしもありません．周知のように，たとえば農協は，戦後の食

料難の時代に食糧生産が急務であるということで，実質的に政府が支援して創出し，その後もずっと基本的には支援し続けてきました．そのため，それは長いこと政府与党の支持基盤にもなってきたのです．しかし，今のままでいったら，日本の農業はまもなくやれなくなる．農協が本気で農業協同組合であることを思い出し，若い人たちが，協同組合なのだからそういうやり方でやってみようといって，入ってくるようなものにならなければなりません．

大学生協の歴史と役割

　大学生協もそんなに偉そうなことばかりは言えません．大学生協も，戦後食糧難の時代にとにかくまず食べなければいけないということでつくりだされ，学生運動と同じような考え方で運営されていた時期もありました．そういう経験をつうじて，今，生き残っている大学生協は，世界の市民社会化のなかでますます重要性を増してきている協同組合，つまり組合員の協同によって成り立っている組合に成長してきたのです．大学生協の組合員の圧倒的多数は学生，院生であり，それに加えて教職員が，生協職員を雇う形でつくられています．そのことの意義をもう一度考え直さなければなりません．

　大学生協は，これまでの活動をふまえて，こういう修正案をだして活動してきているのですから，それをすべての単位生協の活動によってますます盛り立てていかなくてはなりません．大学生協がこれからますます協同組合らしくなっていく．そして，大学を活性化させていくとともに，協同組合活動をつうじて協同組合の意義を理解した若い人たちを育て，そういう人たちを社会のいろいろな分野に送り出していかなければなりません．就職といえば，大企業に就職する，やむをえないから中小企業に就職する，というのではなくて，協同組合もまたやりがいのある事業であるということを，学生たちにわかってもらうようにしていかなければなりません．

　これからの大学生協をそんなふうに展開していけないか．そういう意味で，2010年からおこなわれてきた協同組合憲章の案づくりに，大学生協がどんなふうにかかわってきたかをとくに強調しました．それだけでなく，東日本大震災と福島原発事故の影響が大学生協にも大きく出ています．そういう意見も当然なので，それをも含めて，これからの大学生協や日本の協同組合のあり方を

積極的に考えていかなければならないのです．

2　全国大学生協連会長理事として

社会学研究からのキー

　最近，自分の仕事を振り返ってみて，ようやくキーになるものを摑んだと思います．ずいぶん遅いといわれるかもしれませんが，その成果を，少しでも大学生協や協同組合のために生かせればと思っています．そのこととの関連で，最近の二つの仕事のなかから，これは重要と思うものについて問題提起をします．

大学生協連会長理事のメッセージ

　一つは，大学生協連のホームページの「会長からの挨拶」にかんするものです．トップページに「会長からのメッセージ」というボタンがあり，そこをクリックするとこの「会長からの挨拶」が出てきます．けっこうクリック数も多いそうで，大震災のしばらくまえに，情勢が動いているので少し直してほしいと言われ，とりあえず直したものを上げておいたのですが，大震災を経験して，やはりもっとまともにそのことを取り入れて書き直しほしいといわれ，直したものを上げました．以下にそれを，文体と文章を適宜修正しつつ掲げます．

大災害を克服して新社会を開いていく協同の流れに参加を！
　2011年3月11日に発生した東日本大震災の犠牲となられた方がたに，あらためて心から哀悼の意を表します．一命をとりとめたものの，避難を余儀なくされた等の理由から病気，失職など困難な生活を強いられていらっしゃる方がたには，心からのお見舞いを申し上げます．大学生協の関係者もかなりの被害にあいました．大学生協は全力を挙げて，内外の復興支援に取り組んでいます．

　被害は，とくに原発事故の深刻化をつうじて，広がり続けています．原発事故は明らかに人災であり，極端に甘い想定のもと比較的近い過去の津波の

例にすら対応しえていなかった企業と，原子力電力源政策を推進してきた歴代政府とは厳しく糾弾されなければなりません．そもそも広島・長崎の経験をもつ国民が電力源の3割近くを原子力に依存し，原発のほとんどを海岸に立地して，十分な地震津波対策もしてきていない現実をどう考えたら良いのでしょうか．

　今回の地震津波そのものも，天災とばかりは言い切れません．数百年や数千年は数十億年におよぶ地球の歴史からすれば短い期間です．過去の例やプレート・テクトニクスの現状からすれば，今回ほどの地震津波も十分想定されえたわけですから，想定される地域のまちづくり村づくりや防災対策を，もっともっと進めてこなければならなかったはずでしょう．日本国憲法にいう国民主権の社会では，政治のあり方はもとより，企業の規制も科学技術政策もけっきょくは市民にかかってくるので，私たちは，防災対策や電力源政策を組み込んだこれからの国づくり社会づくりのあり方を，真剣に考え直さなければならないと思います．

　主権者である市民は政府を構成して国づくりをするばかりでなく，同時にさまざまな事業をおこなって社会の基礎と内容をつくってきています．大資本をもつ市民が展開する大企業はいろいろな意味で有利なので，それらにたいしては，中小資本をもつ市民の事業である中小企業が不利にならないよう配慮されなければなりません．しかしそればかりでなく現代では，資本力のない普通の市民がおこなう事業としての協同組合もますます重要な意味を帯びてきています．消費生活や農業，漁業，労働者や零細企業への小口金融などを対象とするこれらの事業は，原則として営利を目的とするものではなく，これからの社会を相互協力的すなわち友愛的にしていくために重要なものだからです．

　大学生協は戦前の先駆例をふまえて戦後大きく発展し，地域生協やそれらの連合体である日本生協連の発展などにも貢献してきました．農協，漁協，労金，信用金庫，信用組合などとも協力し，2012年の国際協同組合年に向けて，各種協同組合の発展の指針となる協同組合憲章をつくるために奮闘しています．大震災と原発事故に見舞われた日本のこれからの国づくり社会づくりをおこなっていくためには，協同組合が大きな役割を果たさなくてはな

りません.

　大学生協は，大学における学生，院生，留学生，教職員の生活をたゆみなく改善していこうとするとともに，それらの活動をつうじて協同組合の重要性を身体で感ずる若者を育てていきます．全国の組合員は，あらためて「21世紀を生きる大学生協のビジョンとアクションプラン」を読み，それぞれの持ち場で協同・協力・自立・参加の活動に加わってほしいと思います．また，現在まだ大学生協に加わっていない方がたは，大学生協連のホームページなどをつうじてあらためてその躍動的な姿を見，さまざまなルートでぜひ大学生協の活動に加わってほしいと思います．

　「会長からのメッセージ」から会長理事のページにリンクして，大学生協連の総会や理事会，その他さまざまな機会におこなってきている会長の発言を見ることもできます．地震津波や原発事故による困難を克服して，新しい時代を開いていく大きなうねりを感じ取り，それぞれの身近なところから新しい社会をつくってゆく動きにぜひ参加してください．

自然・社会災害の社会科学的位置づけ

　これは，基本的に，前節の冒頭に書いたものを展開したものです．書いてみてやはり，こういう大きな自然災害の社会的影響について，今までの社会科学系諸学の考察が足りていない，本格的におこなわれてきていないということを感じます．環境問題についてすら，つい20〜30年前まではそうだったわけですが，こちらについては世界中でいろいろな議論が出，分野ごとにそれなりに位置づけや取り組みがおこなわれるようになってきました．

3　協同組合憲章草案のさらなる前進に向けて

予期しがたい自然災害に直面して

　しかし，大震災のような突発的というか予知しがたい自然災害については，社会科学系諸学の考察はまだまだ不十分です．そのこととの関連で，協同組合憲章検討委員会での議論が進んでおり，その後におこなわれた委員会での議論

をふまえて，私が直後に自分の意見をまとめたものを以下に掲げたいと思います．

協同組合憲章草案第二次案修正の方向
直近の委員会での資料と議論を見直したうえでの私の意見である．
1　指導部の「方針案」に示された，憲章が自己宣言と政策提言とからなるべきだ，という規定は適切だと思う．私が当初から主張していたのも，まずそういうものをつくるべきだということである．それを閣議決定等させるときには，当然それなりの変更が必要になってくるであろう．その点からいうと，基本原則と政策提言の書き方にはやや修正が必要であろうと思う．
2　議論をつうじて憲章の内容は確実に明確になってきており，「いろいろ入れすぎて訳がわからなくなってきている」などということはないと思う．重要なのは筋を通すことで，筋を通しながら高校生にでも――できれば中学生にでも――わかるものに近づけていくべきである．
3　憲章の筋は，①今日の時代認識のなかで協同組合の定義と重要性を明示し，②協同組合の歴史をふまえてその基本理念を明らかにしたうえで，③行動の基本原則を示して，④政府への政策提言をおこなう，というものだと思う．議論をつうじて，そのことが明確になってきている．
4　そのうえで，これまでの案では，協同組合とは何かがまだ十分明らかになっていない，とくにそれと労働（のディーセンシー decency）との関連が明らかになっていない，という意見が出された．これは重要なことなので，つぎの案ではぜひ明示すべきことだと思う．
　私はこれについて，
①協同組合は，大企業や中小企業と違って資本力のない普通の市民が協同しておこなう非営利の事業であること，
②そのさい，事業者である組合員は，人を雇って経営を委託したり，委託した者に人を雇わせて労働させたりすることがあるが，これらの経営や労働は，営利を目的とする大企業や中小企業の場合とは異なり，組合員の経営や労働の代行であって，支配や搾取の可能性を含まないこと，

③その意味で，協同組合の経営と労働は，営利を目的とする企業の経営と労働とは異なって，より民主的で友愛的な社会づくりへとつながるものであること，

　　を示すべきであろうと考える．

5　これまでの案についてもう一つ，「新しい公共」という表現と内容がこのままで良いのか，という意見が出された．私はこれについて，われわれの考える新しい公共の意味を最初に示し，2回目以降はカギカッコなしで新しい公共というべきであろうと考える．そして，新しい公共の内容について，以下のように思う．

　　①営利企業優先の社会で，資本力のない市民は雇われて働いて自助し，それで足りない場合は公助すなわち福祉等に頼る．市民〔主権の〕社会では公＝政府は選挙をつうじてつくるものであるから，これは当然である．

　　②このかたわら，昔から力のない者同士の助け合い＝共助はおこなわれてきており，今日の市民社会ではその現代化された形のもの，すなわち現代化された共助としての協同組合やNPOやボランティアが大いに必要とされるようになってきている．

　　③そこで新しい公共とは，企業優先の行き過ぎを抑えつつ，現代的な共助を組み込んで成立する公共のことである．それは政府と非政府組織および非政府活動とのパートナーシップであり，政府にその責任をより深く自覚させるものでこそあれ，政府責任を免罪するものではない．

6　このほか，東日本大震災の経験は最大限生かされるべきであるが，その後の日本に広がってきている共感的諸行為 sympathetic actions（「頑張ろう東北，助け合おう日本！」等）については，その意義を最大限に評価しつつも，過大評価は避けるべきであろうと考える．現時点で普通の市民の諸行為がわれわれ委員会のレベルを超えているとしても，いや超えていればなおさらのこと，われわれの任務は，その背景をしっかりと分析し，時の流れとともに流されてしまわないよう，社会の構造のうちにしっかりと定着させることであろうからである．

7　以上をふまえて，本意見以外にもいろいろな意見を取り入れ，最終案をまとめるときには，

― きらめくキャンパス・ライフ⑨ ―

国際視野からみた市民の育成

　グローバル化が進むなか，世界の大学は共通して，市民の育成という課題に直面している．多くの国で進学率が上がって，該当世代の半数以上が学生であることが珍しくない今日，大学教育の課題は，専門教育のまえに，あるいはそれと並行して，市民の育成なのである．

　市民とは，自分で自分の生き方を決め，それをつうじて自分の社会のあり方・行き方を決めていく人間のことだ，と私は言ってきた．大学の役割が研究とエリート養成であった時代には，最低限の市民育成は高校の「公民」などの役割であった．グローバル化が進んで各国社会が世界に開かれてきた今日，大学は，もっとレベルの高い市民を，できれば世界のどこにいっても活躍できるような市民を，育成するよう期待されている．

　そのために，大学はまた，入ってくる学生を支援するよう期待されてもいる．高校までとは違って，大学は，国内のみならず世界に開かれていて，どこから来る学生でも受け入れなくてはならないので，受け入れた学生を住まわせ，食べさせ，奨学金を与えて勉強させる義務がある．

　そう考えてみると，日本の大学の学生支援はたいへん遅れている．米欧では学生は寮に入るのが当然と思われていて，それがきっかけで親元を離れ，自立するともいわれているが，日本ではどうだろうか．奨学金が原則貸与の国は日本だけだなどといわれているが，これでいいのだろうか．

　そのなかで大学生協は，学生主体の協同組合として，食堂をはじめ，購買，旅行，語学講座や公務員講座から，住居斡旋や一部奨学金にいたるまで頑張っている．組合員数 150 万を超える規模で，こんなふうに学生が中心になって，自分たちが市民になっていく過程の基礎支えをしているのは世界にも類例がない．この点をもっと見直してほしいと思う．

①組織名などは最初フルで示し，そのあと略称を用いる，
②協同組合，自助，公助，共助，協同，新しい公共などのキーコンセプトについては，初出のさいに定義や説明などを示す形でその意味を明確にする，

などに注意したうえで，できるだけわかりやすい文章になるよう留意すべきであると思う．

人びとの協同的反応を冷静に理論化すること

憲章検討委員会には元Ａ新聞編集委員のＩ氏が熱心に参加していますが，その彼が，大震災が発生し，日本中で大震災にたいするいろいろな支援行為が湧き起こっているのを見て，事実上の協同が日本中に出てきているのではないか，それに比べるとわれわれ協同組合や憲章検討委員会の方が遅れているのではないか，という発言をしました．当たっている部分もあると思いますが，議論が少々エモーショナルな気もします．

大きな事故や事件にたいする人びとの反応を見て，そちらの方が先行しているのではないかというだけでは不十分で，なぜそういう現象が起こるのかを考える必要があると思います．このままだと，時が経つとともに反応は自然に退いていってしまい，わからなくなってしまうかもしれません．そういうことを避けるためにも，諸反応を社会のしくみのなかにきちんと定着させていくことが必要なのではなかろうか．そういう趣旨の発言を私はしましたが，それが意見の６です．

大震災についても，世界中で議論があり，世界的に有名になったハーヴァード大学教授の白熱授業でも，取り上げられました．その時にもそういう意見が出ていましたが，単純に犠牲者の数ということでいえば，ハイチや四川やインドネシアの方がはるかに多い．日本だけなぜ特別視するのか，という意見が出ても不思議ではありません．そういう意見にもきちんと答えていかなくてはならないはずです．

協同組合における経営と労働

そのうえで少し具体的なことにふれます．協同組合憲章検討委員会で第二次

案が議長から示されましたが、それは前節でふれた私の修正案をかなり大幅に取り入れたものでした。それをもとに議論が行われましたが、そのなかに、私からみても重要だと思う意見がふたつありました。

その一つが、労働をどう位置づけていくか、第二次案でもそれがまだ不十分なのではないか、という意見です。つまり、協同とか協同組合とかいう場合に、そのなかに労働をどう位置づけていくか、という問題です。それにかんして私はとりあえず、自分の大学生協および生協をつうじての経験から、上の4に示したような意見を挙げておきました。今までもいろいろな形で言ってきましたが、協同組合はわれわれが出資してやる事業ですが、それを掛りきりで皆がやっていくわけにはいかないので、専従としてやってくれる人を雇うことになります。その専従としてやってくれる人が、今度はまた人を雇って、フルタイムの場合もあるし、パートタイムの場合もありますが、事業をやっていくことになります。そこで、経営の委託と労働の雇用とが発生します。

この、協同組合における経営と労働ですが、これは、一般の営利企業が経営者を雇って経営させ、労働者を雇って働かせていく場合とはやはり違うのではないでしょうか。協同組合はもともと非営利の企業ですから、経営を委託した場合も、労働者を雇用して実際の活動をやっていく場合も、そこには、搾取とか支配とかいう19世紀以来、営利企業についていわれてきたことが、単純には当てはまらない。むしろそうではなくて、労働の人間らしさ——ディーセンシーdecencyという言葉が検討委員会に出てきましたが、これは、大江健三郎氏などがよく使っている言葉で、人間らしさ、尊厳などという意味です——を尊重する労働、そういう労働につながっていくような面を協同組合の労働はもっているし、もたなくてはならないのではないでしょうか。そういうことを、私は上の4で指摘したのです。

このことは、大学生協とか日本生協連傘下の生協などについては言えると思いますが、検討委員会に集まっている農協や漁協その他の協同組合についてもそのまま言えるかどうか、そう簡単ではないかもしれません。信用金庫や信用組合などについてもそうでしょう。そういう点も考えたうえで、協同と労働との関係について憲章のなかにどう盛り込むかを考えることが必要です。われわれのこれからの活動にも関係することのひとつなので、そういう意味で指摘し

ておいたのが上の3なのです．

「新しい公共」の扱い方について：自助・公助・共助のバランス

　もうひとつは「新しい公共」について．民主党政権が発足するさいに，そういうことを言っている人たちを集めて言い出したキャッチフレーズのひとつで，この「新しい公共」という考え方に乗っかると，民主党政権にも受け入れられやすいので，憲章草案の第一次案にもカギカッコつきでこの概念がなんども出てきました．私も，政権を前提として，それに場合によっては憲章を採択させるとか，閣議決定させるということを考えると，そういうことも必要だろうと思って，その言葉は残しておきました．しかし，憲章を完成させようとすると，やはり，憲章のなかでカギカッコつきで使っているということ自体が問題です．しかも，それが政治的背景をもった言葉であり，政権がいつまで続くかわからない状況になっているので，もっときちっとした自分の言葉でそれを書き直さなくてはならないのではないかという意味で，上のような意見を挙げておいたのです．

　書き直した時，あるいは言い直したときに，カギカッコをとった新しい公共という言葉になるかどうか，それはもっと検討してみないとわからないと思いますが，とりあえずカギカッコをとって，自分の言葉として新しい公共というなら言おうではないかという提案です．

　では，その場合の新しい公共とは何か．上の5に基本的なことを書きましたが，要するに，公助と共助と自助という3つを考えると，公助というのは政府が行なう支援，自助というのはなんとか自分自身で生きていくこと，これはいうまでもありません．資本主義社会は営利企業優先の社会なので，そのなかで自助しようとしてもできない場合が出てきます．仕事をしようと一生懸命探しても自分に合う仕事がないとか，それで生活していけないとか，ホームレスになってしまうとか，という事態が出てくる．そういう場合には，公は市民がつくるものなので，公が支援するのが当然です．

　広い意味では福祉といわれていますが，なんらかの理由で社会にうまく適応できない人びとを救済していくのは当然です．だから，自助で足りない部分を公助で補っていくというのが，基本的な考え方でした．しかしそれにたいして，

もっと市民同士の助け合い，お互いの支援し合いなどを共助と呼んでいいと思いますが，そういうものが歴史的にもずっとありました．市民社会になる以前からずっとあった．憲章検討委員会でも，江戸時代の講を初めとして，いろいろなものが出てきています．日本にもそれなりの伝統があり，それらをふまえて，近代的な共助として協同組合が出てきました．そういう位置づけで，それを活かしていくということです．そう考えると，共助でできることはかなりあるので，公助と自助だけでは済まないところを，共助で補うことによって，もっと人びとが生きやすい社会にしていく．そういうことをやっていく必要があります．

　もう30年以上前に日本政府が日本型福祉社会と言いだした時，政府だけ，公助だけで福祉をやるのはしんどいから，日本にある共助の伝統を活かし，例えば家族のなかでお年寄りや障害者の面倒を見ていくような福祉社会こそ，日本型福祉社会なのではないかという主張が出てきました．これは単純にいうと，政府がサボって，自分たちがやるべきことを家族などに押し付けるものなので，いろいろな批判が出て，けっきょくはしだいに引っ込んでいきました．しかし，実際にはそうせざるをえなくなって，やっている人もおおぜいいる．だから，そういうことではなくて，もっと本格的な，近代的な共助の意味を協同組合と関連づけ，かつきちんと理論化して，それを活かしていかなければならない．公助だけではなくて，共助をも活発化させていき，その両方で，公共や政府を考えていくということです．

　そういう文脈で，それを新しい公共というのがいいのかどうかも含めて，協同組合側としてもっときちんとした新しい公共という，実質的な内容規定が入ってくるような概念を展開できるのかどうかを考えていかなくてはなりません．上の5に示したのはそういう意見です．それらのことを，大学生協としても，考えていかなくてはならないのです．

4 生態系と大きな視野からみた場合の大学と大学生協：教職員，院生学生，生協職員にわかってほしいこと

二つの重要な視点

 まえの3つの節で，私が大学生協の会長理事として最近どういうことに心血を注いできたか，お分かりいただけると思います．それらをつうじて私が提起しているポイントは，私が社会学者として創り上げようとしてきた社会理論と，私が大学生協にかかわってきて生協あるいは協同組合について感じてきたこととが，大きくクロスするようになってきたということです．

 それを，次の二つの文章で示したいと思います．それらによって，私が主張してきたことの，もっとも大きな，自然史的社会史的基礎が分かるはずです．

 最初は，私のこれまでの議論に生態学的視点が欠けている，というような批判がありうるかもしれないと思い，それに答えるために書いたものです．

COOP（生協）だからこそCOP10に貢献しよう！

 生き物は多様であり，さまざまな形でつながりあっている．地球はこうした生態系を数十億年もかけてつくりあげてきた．私たちはこうした生態系のなかでしか生きることができない．人間は地球生態系の頂点にあって，採集や漁労や狩猟ばかりでなく栽培や養殖や牧畜を拡大しながら，数知れない植物や動物を食い散らかして生きてきた．

 そのうえで，とくに大工業を展開するようになり，工業化と都市化を地球全域に広めるようになってからは，食用のためばかりでないもろもろの欲望のために，植物や動物の住み処を無神経に破壊し，生物多様性まで危機にさらすようになってきた．人間は自らの生き様に謙虚になり，虚勢や暴力のために破壊し続けてきているさまざまな生物とその住み処に，思いをいたさなければならない．そうしなければ，自分自身生きてはいけなくなるからである．

 この数世紀，この地球の表面を変えてきたのは，都市に育ち，社会全体に，そして地球全体へと広がった市民たちであった．とりわけその先頭を切った

金持ち市民たち（ブルジュワ）が，工業と産業と都市づくりの事業を全世界に広め，生物多様性を支える地球環境を破壊し続けてきた．なかでも，大金持ち市民たち（グラン・ブルジュワ）は，諸物交換の手段であったはずの貨幣のやりとりをゲーム化し，世界経済を混乱させて，環境破壊を激化させ続けている．

しかし，この過程で，金持ちでない普通の市民たち（オーディナリ・シティズン）の民主主義も世界に広まった．世界のシティズンたちが，自分たちの国家に要求して，大金持ち市民たちのマネー・ゲームを取り締まるとともに，彼らの事業による地球環境破壊を止めさせようとしている．同時に普通の市民たちは，こうした事態を変えるため，自分たちで出資して民主的なやり方で事業を展開し，地球上の生き物に感謝しながら，必要な食糧その他を安全な形で確保しようとしてきている．

これが生協であり，市民たちの生活協同組合 COOP が生物多様性条約の締約国会議 COP10 を熱心に支援するのは，こういう理由からなのである．大学生協のみならず全国の生協および協同組合の組合員および関係者に，この機会に，生物多様性と地球環境の大切さと生協活動および協同組合活動との深いつながりについて，考えてほしい．

人類史展開の現段階と大学生協の大きな役割

もう1つは，宇宙までも包摂するもっとも大きな視野からみた場合の，大学生協の役割についてです．

この十数年，大学生協に関わり，そのあり方・存在意義について考え続けてきた．他方，私の専門である社会についても研究を集大成しなければと思い，社会の展開をめぐる基本的な理論について考えてきたが，その塑像もほぼできてきた．そして，両者がクロスしてきた．

ビッグバンから宇宙が展開しはじめて137億年，太陽系が誕生して46億年，地球上に生命が生まれて40億年，生物進化のあげく人類の祖先が現れて500万年，現生人類ホモ・サピエンスが活動しはじめて40万〜25万年，そしてヒトが農耕をおぼえて文明をつくりはじめてから1万年．それから数千

年のあいだ，人類はまず，なんらかの超越者を想定して，その化身や代行者などとみられる身体を措定し，それへの崇拝をつうじて社会を統合するシステムをつくりだした．帝国である．

帝国は宗教を背景にして国家をつくり，農業中心の経済と伸びようとする市場を統制して支配を維持するため，拠点として都市をつくった．都市に人が集まってき，都市の民すなわち市民の原型ができるが，強大な帝国の権力のまえに最初は自治どころではない．古代ギリシャのような，帝国の支配網から漏れ出たところに都市国家が生まれ，民主主義の萌芽が生まれるが，これらは広い範囲には伝播しなかった．

神聖ローマ帝国に象徴されるような弱い帝国しかできなかったヨーロッパで，11-12 世紀から自治都市が成長しはじめ，それらのなかで育った市民たちが 17 世紀以降に市民革命を展開し，市民社会を世界中に広げて，20 世紀の前半までにあらゆる帝国を駆逐してしまう．市民社会は，宗教に代わって科学技術を用い始めた市民たちが，国家を自らの力で制御しつつ，工業をはじめとする産業を展開して生産力を飛躍的に高め，それによって世界中を都市化していくシステムであった．

この世界システムづくりを当初からリードしてきたのは，大金持ち市民すなわちブルジュワである．彼らがつくりだした企業がやがて法人化してコーポレーションとなり，20 世紀になると貨幣を自在に操ってさらに大金持ちとなる方法，すなわち金融資本から現代的金融センターへの道を開いてきた．実体経済から遊離した仮想経済を膨らませ，現代世界の経済を混乱させているのはこの金融センターである．

しかし，こうした大金持ち市民たちにたいして，19 世紀前半のイギリスから労働者たちが反撃をはじめ，一人一票制の民主主義を要求して，ブルジュワの社会を，主権者としての市民すなわちシティズンの社会に変え始めた．この傾向は，20 世紀に入って，先進資本主義諸国ばかりでなく，植民地状態から独立した諸国から，さらには国家社会主義で失敗した諸国にまで広がりはじめ，21 世紀の現在ではもはや揺るがしえようのない世界の趨勢となっている．

この過程で同時に，労働者たちは 19 世紀半ばから，自ら出資して民主的

―――― きらめくキャンパス・ライフ⑩ ――――

店舗や食堂の背後にある世界的意義

　ここのところ，日本の大学生協の世界的な意義についてしきりと考え，くり返し論じていて，大学生協が具体的には店舗であり，食堂であることを，忘れがちであった．生協とはなによりも，大学キャンパスのなかにいて，ボールペンやUSBメモリーなどが必要になったらちょっと買いに行くところ，夢中になって仕事をしていて，ふと腹が減っていることに気がついたら，ひょいとなにか食べに行くところである．

　こういう物質代謝つまりメタボリズムが人間生活の基本であることは，大学でも同じだ．近頃は「メタボ」というと体形を気にする人が少なくないかもしれないが，メタボリズムなしに生きていける人間などいない．大学生協の仕事あるいは事業も，それが発端であったし，今でも基本であることを、忘れてはならないであろう．生きていくために不可欠な物質のやりとりをつうじて人びとがふれあうからこそ，大学らしい高度な記号のやりとり，つまりコミュニケーションというかシンボリズム（象徴操作）も可能なのだ．

　大学生協の店舗や食堂は，こうした物質と記号のやりとり，つまりメタボリズムをふまえたシンボリズムの場である．それらが新しくなったりきれいになったりすると，私たちはなんとなくいくらか幸せな気分になる．そして，大学生協も捨てたものではないな，などと思ったりする．そういうとき，考えてほしい．捨てたものではない，などという程度ではない．学生と教職員がいっしょになって協同し，学生中心で大学生活の基礎を支えていて，しかもそれを，220ほどの単位生協と事業連合，組合員総数150万以上などという規模で行いえているのは，世界にもほんとうに類例がないのだということを．

に運営する協同組合の事業を始め,それは消費物資購入から農業,漁業,その他弱小産業やそれらへの金融業にまで広がり,1895年以降は国際協同組合同盟ICAを展開して,今や世界経済に無視しえない力を持つようになっている.だから,広義の労働者から成長した現代の普遍的市民すなわちシティズンは,現代世界経済の混乱にあってもひるむ必要などないのである.シティズンたちは,自分たちの政府をできるかぎり民主化しつつ,それら政府の国際的連合体で金融センターや大金持ち市民たちの事業を規制し,協同組合から各種NPOなどに展開してきた自分たちの民主的事業の世界経済における比重を,たえまなく高めていけばよいのだ.

ところで日本で,この協同組合の一つの源流を大学の場で伸ばし続けてきたのは,大学生協ではなかったのか.世界有数の協同組合連合に成長した日生協も,大学生協の貢献がなければ今日のようには伸びられなかったかもしれない.グローバル化のなかで世界のどこでも通用する21世紀型市民の養成を迫られている大学にあって,大学生協は,過去の,必ずしも意図したものではなかったかもしれない大きな歴史的役割を新たに認識しなおしつつ,今や地球市民の養成にあらためて大きな役割を果たす覚悟をしなければならないのである.

教職員の皆さんへ

これらのことをふまえて,大学生協とは何なのかを,あらためて生協に関係し貢献している教職員の皆さんに考えてほしいと思います.生協が,私の言うようにオーディナリ・シティズンの事業であるという捉え方は,意外と少ないということが生協総研のコローキアムなどでわかっています.事業であるとしか思っていない,誰の事業でどういう意味を持つのかということを必ずしもはっきり分かっていない,ということです.教職員の皆さんに,そういうことをぜひ考えてほしいと思います.

院生・学生諸君へ

院生・学生諸君は,大学生協にかかわって非常に熱心に活動してきていると思います.しかし,自分たちがやっている活動の意味を考えてほしいのです.

大学生協の源流は戦前にもさかのぼり，戦後急速に伸びてきたわけですが，伸びてきた過程には市民の事業であるという意識はあまりなく，むしろ学生運動と並行して社会を変革していく運動の一環であるという捉え方がある時期までは主流でした．けれども，そういう階級闘争史観に立脚した捉え方ではとても駄目だということが，20世紀の後半から分かってきました．では，それをふまえてどういうふうに世界史を捉えなおし，日本史を捉えなおして，そのなかに大学生協を位置づけていくのか．

　そういうふうに考えると，大学生協は私たちが考えていたよりははるかに大事なことをしてきた，と思います．それは，私のいう市民の事業としての協同組合事業の源流の一つになってきている．そこから日本における生活協同組合運動が発展した．他方，戦後の日本で，農業とか漁業それから中小零細企業の分野にも協同組合が広がったが，こちらも市民の事業という意識は持ちえないできている．そういう大きな世界史のなかで協同組合および生協がどういう意味をもつのか，という位置づけをこれからやらなければいけない．新しく位置づけなおして新たに展開していく協同組合運動の先頭に立たなくてはいけないのが，大学生協なのではないかと思います．それを院生・学生諸君に分かってほしいと思います．

生協職員諸兄に

　最後に生協職員諸兄にですが，全国いろいろなところで生協職員に会ってきています．たいへんまじめに事業としての生協について考えていて，赤字を出したら大変だ，赤字を克服できないのは大変だ，という意識をつねに持って一生懸命にやってきていると思います．そういう実務的な面で能力を発揮して頑張っているのはありがたいことだと思いますが，自分のやっていることの意味ももう少し考えていただけるともっとありがたいと思います．

　広い歴史的な流れや社会展開の方向のなかで，大学生協の活動はどういう意味を持ってきているのか．それが，他の協同組合との関係のなかで，どういう意味を持ってきているのか．2012年が国連によって国際協同組合年と定められ，日本でも実行委員会ができているが，大学生協はそのなかでどういう役割を果たしていかなければならないのか．これらのことを考えたうえで意味づけ

ができるようになると，生協職員諸兄は，日常活動だけでも大変だと思いますが，その大変さの受け止め方も変わってくるのではないかと思います．そういうことをぜひ理解してほしいと思います．

私ごときものが，いつ抜け出しても大学生協がずっと発展するように，ぜひそれぞれの皆さんにご健闘をお願いしたいと思うのです．

5　世界の市民社会化と協同組合活動の意義

予想以上の速度で進む世界の市民社会化

世界の市民社会化は予想以上の速度で進んでいます．2010年から11年にかけて，ウィキリークスなどの市民情報活動によって，民主主義の本家だなどといっている超大国アメリカの権力の内情が暴露されました．ウィキリークスもいろいろな攻撃をうけて苦労していますが，そういう活動の意義を私たちは評価しなくてはなりません．

中東では，長いあいだ見過ごされてきた独裁政治が，フェイスブックなどを用いた市民活動をつうじて批判と攻撃の対象になり，民主化運動が広がりつづけています．そして，これらの動きは中国などにも影響を及ぼしはじめています．アメリカのオバマ政権や日本の政権交代はその後つまずいていますが，基本的には，市民主導の民主主義への方向性は揺らぐことなく，強まるばかりでしょう．

普通市民の事業としての協同組合

市民社会には，もちろん政府があって社会全体を統括しています．そしてその統括のもと，政府の事業のほか，基本的に3種類の市民の事業によって経済的社会的基礎が維持されています．最近では，政府の財政的基盤そのものがおかしくなってきていて，深刻な問題になっているので，場合によってはそこから考えなければなりませんが，ここではとりあえずその先を考えましょう．

政府の統括と事業を前提として，大資本をもつ大市民の大企業は圧倒的な比重を占めています．それらが悪さをして金融危機などで暴走すると，世界経済

全体が危機にさらされるので、その場合には、市民たちの政府が、今ではとても一国だけでは抑えきれないので、国際的に連携して押さえていかなければなりません。また、中小資本しかもたない中小市民の中小企業は、生活密着性や独創性があることが少なくないので、そういうところは保護され奨励されなければなりません。

しかしさらに重要なのは、これらに加えて、資本力のない普通市民の事業があり、それがまさに協同組合であるということです。市民たちの政府は、もっともっと協同組合の活動をやりやすくする、そういう事業を起こしやすくする。市民たちの政府なのだから、市民たちに活動の場を与えなければなりません。

そういう文脈で見たばあい、大学生協は、そういう普通の市民たちの事業としての協同組合の、日本におけるもっとも重要な源泉の一つです。せんだって大学生協連の専務の交代パーティーがあり、いろいろな方が見えられました。そのなかで、日生協の人たちなどが、大学生協を母体にして、そこから地域生協の活動家が輩出したことを認めていました。それほど、大学生協は日本における協同組合の、非常に重要な源流なのです。そのことを、私たちは深く理解しなくてはなりません。

2012年は国際協同組合年

2012年は周知のように国際協同組合年です。そのための諸活動が今、進んでいます。2011年の7月14日、たまたまパリ祭つまりフランス革命の記念日に、国際協同組合年実行委員会で協同組合憲章草案の一次案が採択されました。

そのなかで、世界の市民社会化が進むなかでの協同組合の新たな役割を訴えています。そのうえで、政府に協同組合政策の確立を求めるばかりでなく、各種協同組合自身にそれぞれの協同組合としてのあり方を見直し、自己革新を行なうように訴えています。

私がかなり作成内容にコミットしたので、やや自画自賛的になりますが、かなり内容のあるものです。この協同組合憲章案づくりに、大学生協は大きな役割を果たしているのです。だから大学生協は、それにふさわしく、自分自身を見直して自己変革を続けていかなければなりません。

そういう意味でも、大学生協の役割は重大です。この文脈においても、日本

の大学生協が学生中心であるということを，強調していかなければならないでしょう．

教職員・生協職員から学生に

教職員がまずそのことを理解しなくてはなりません．そして，教職員と生協職員から学生に語りかけなくてはなりません．教職員がまず，上に述べてきたことを理解し，学生たちに語りかけ，学生たちが自ら語り出すように働きかけなくてはならないのです．

生協職員は，日本の大学生協は学生が動いてくれないと維持できないので，学生委員を初めとして学生を組織するのに苦労しています．しかし，そういうことを，生協維持のためにやむをえず事務的にやっているのだと考えず，そのことの意味を理解し，学生とともに大学生協の意味をもっともっと語らなくてはなりません．学生たちは，わかってくれば必ず，自分たちから語り出すはずです．

最初は，食堂ごっこでも，お店屋さんごっこでもいい．学園祭や大学祭などで面白半分に喜んでやっていることを，大学に入ってから大学生協をつうじて日常的にやっている．自分たちで出資し，自分たちでやっている事業が，今の大学生活の基礎を維持している．それらが，これからの社会を支えていく市民たちの事業の原型でもあり，モデルなのです．

そういうことを理解し，学生たちがお互いに語り合って，大学生協の意義を理解しつつ，大学生協を広め発展させていくことができないでしょうか．そういうことを，理事長・専務理事のイニシアティブで，それぞれの単位やブロックで語りあうことができないものでしょうか．

何度もいうように，日本の大学生協の最大の特徴は学生中心であることです．学生たち自身が自分たちで，私が話してきたことの意味を理解し，日本の大学生協の世界における意義をどんどん語り広めていけば，大学生協はまちがいなく活性化するでしょう．日本の大学生協のためばかりでなく協同組合全般のために，そして世界の協同組合のために，ぜひ真摯に考えてほしいと思います．

6 理念と実態との距離を埋める

ICA 総会での経験

2011年に,フィリピンで学生支援生協ができて,それを記念する会議がマニラであり,それに関連した国際会議(ワークショップ)も開かれたので,日本の大学生協のような学生主体の大学生協を,アジアだけではなく世界に広げていこう,という話をしてきました.その後,メキシコのカンクンで国際協同組合同盟 ICA の総会があり,大学生協もメンバーなので出席してきました.

ICA 総会に参加した経験からは,大学生協の出番はけっこうあることがわかりました.国際担当のメンバーがいろいろとさがしてくれたなかに,一つは人的資源開発 HRD 委員会というのがありました.協同組合に役立つ人材を育成するための委員会ですが,そのなかで報告する機会をつくってもらい,日本の大学生協は,大学で大学生活の基礎を維持しながら,協同組合精神を学生諸君に学んでもらい,人材育成をしているという話をしました.その後,ユース・カンファランス,すなわち世界中の協同組合の青年部・若者たちの会議があり,そこでも,大学生協は若者たちを主体として,大学生活の基礎を維持するとともに,若者たちに協同組合の精神と技法を学んでもらう活動をしている,ということを話しました.

最後に,総会そのものも最初から最後まで出席しました.2007年のシンガポール総会のときは,大学生協関連の世界的なワークショップが中心になっていて,そちらのほうが主体でしたし,最後の総会には私は都合があって参加できませんでした.さらに,2009年のジュネーヴ総会は最初からまったく参加できなかったので,今回の参加の意義は大きいと思います.今回は最初から最後まで参加しましたが,形式を整えるための会議だろうと思っていたのが,予想以上に活発な議論がおこなわれたので,感動しました.たいへん面白い,有意義な会議でした.

コミュニティへの貢献と教育機関の生協

何が問題になったかというと,協同組合原則の7番目に,協同組合はコミュ

ニティ，すなわち地域社会あるいは共同社会に貢献しなければならない，というのがありますが，それについて，中南米の協同組合メンバーから，今やそれだけでは足りない，世界的な気候変動がコミュニティにも打撃を与えているので，協同組合がそれと闘うということを明記すべきだ，という動議が出されました．協同組合は，温暖化をはじめとする地球環境異変にまともに対決するべきだ，という提案です．

　これについて，反対の意見はありませんでした．しかし，提案は総会にいきなり出されてきて，他の地域では事前に議論する機会もなかったので，趣旨はわかるが，国際協同組合年を記念して2012年にイギリスのマンチェスターでおこなわれることになっている臨時の総会まで決定を持ち越したらどうか，という意見が多数出されました．そして，そのときまで決定を延ばすかどうかという採決がおこなわれて，けっきょくそうすることになりました．

　それも含めて，非常に有意義な総会であったと思います．とくに日本の大学生協としては，大学における生協，教育機関の生協，および教育機関と協同組合との関係，などについて考えざるをえませんでした．この最後の問題については，スペインのモンドラゴンに協同組合が経営する大学がありますが，それだけではなく，イギリスでは高校以下のレベルで協同組合系の学校がかなり出てきているということが明らかになり，協同組合と教育機関との関係をもっと検討しなければならないということが議論になりました．

　こういうことになったのは，私たちが，HRDの委員長やカナダやアメリカやその他の大学・学校で生協らしい活動をしている人たちに集まってもらって，情報交換をおこなったときに出てきた話からです．そういうことを，ICAそのものにも訴えていく必要があるのではないか，と思いました．これらのことについては，日本の大学生協としては，ICAとの関係でもっともっと発言したり，働きかけていっても良いことであると思います．

大学生協の意義

　これらのことをつうじて，日本の大学生協の意義がますます明らかになってきています．ベルリンでのボローニャ・プロセスをめぐる会議でも問題になったことですが，学生支援が大学の教育・研究と並んで重要な仕事であることが

認められるようになってきており，その学生支援を日本では学生主体の大学生協がやってきています．これだけの規模で，これだけの歴史を持ってやってきている例は世界のほかの国にはないので，そういうことをもっと世界に知ってもらわなければなりません．

　日本の大学生協は，その活動を学生にやってもらって，協同組合活動の意義を知ってもらい，これから協同組合がますます重要になる社会での，活動の担い手になってもらう働きをしています．2012年の国際協同組合年に向けて，協同組合憲章草案の最終案が11年末の検討委員会で確認され，12年初頭の国際協同組合年日本実行委員会で決定されました．私は，検討委員会の一員でもあり，実行委員会の一員でもあるので，大学生協としてこの協同組合憲章草案をどう議論し，どう活動のなかに取り込んでいくかについて，進行のリーダーシップをとらなければなりません．そういう意味でも，日本の大学生協のこれまで，およびこれからの活躍は非常に重要なのです．

7　大学生協の実態をふまえて堅実な対応を！

　他方に大学生協の実態

　しかし，それと並行して，私がずっと気にしていることですが，他方で大学生協の実態がどうなっているかという問題があります．学生は生協をどう理解しているのか．大学に入ると，生協があるので，出資金を払って組合員にはなる．けれども，多くのばあい利用者という意識しかない．そして，4年間たつと出資金を返してもらって出て行く，というだけで，自分たちが大学生協をやっているのだ，という事業者としての意識はまだまだ非常に弱いのではないか．

　そういうことを前から気にしていたので，これまでも，学生委員をはじめとして学生諸君に，もっと大学生協の意義について語り合ってもらおうではないか，大学生協は学生自身が自分たちでやっているのだ，という意識をもっともってもらえないか．そういう動きが下から高まってくれば，日本の大学生協はその意義を世界に向かってさらに強く訴えていけるのではないか．そういう呼びかけをしてきたつもりです．

しかし，現実には，経営が悪くなってきているところも出たり，大学が生協の意義をなかなか理解してくれず，民間業者や民間の店舗などを入れようとするので，経営が困難になるというような事態もおこっています．生協が大学の施設を利用しているので，あわよくば利用料を取ろうとするような動きもでています．こうしたことについては，ほんらい学生に実態を知ってもらって，学生のほうから大学に働きかけていかなくてはならないのですが，大学生協もそういうことを学生に十分わかってもらっておらず，大学や民間業者等に十分対抗しえていないのではないでしょうか．

どんな困難があるのか？

実際にどういう困難があるのか，私自身としても，私たちとしても，もっともっと理解していかなければなりません．

大学生協の理事会などに出てくれている人たちは，大学生協の理念と実態をもっともよく知っている人たちだと思うので，そういう学生，院生，留学生，教職員，および生協職員自身が，これまで述べてきたような生協の意義をどこまで深く理解しているかについて，まず反省しなければならないでしょう．とくに，学生委員や学生理事を務めてくれている学生諸君は要（かなめ）です．そういう人たちが，大学生協の理念と実態をきちんと理解したうえで，その他の学生，院生，留学生，教職員，生協職員に働きかけていかないと，こうした人びとに生協の意義を身体で理解してもらうことは困難でしょう．

ドイツのDSWの代表団が来て大学生協会館で国際セミナーをおこなった時にも出たのですが，文部科学省の担当者が，日本の学生が能動的でなくなってきている，学生の能動性が衰えている，積極的に海外に出て行こうとしない，などという話をしています．いろいろな分野でそういう問題が起こってきていて，3年の終わりから就職活動が始まってしまうわけですが，とにかく就職を決めて安定した生活をつかみたいという意識が先行してしまっていて，社会を大きな目で見ることができなくなってしまっています．海外にも行きたがらなくなってしまっています．そういう問題を，日本社会の現状まで掘り下げて考えてみなければなりません．

前章でジャパン・シンドロームについてふれましたが，人口減少が始まって

―― きらめくキャンパス・ライフ⑪ ――

日本社会の復興を協同組合の活性化で

　東日本大震災・福島原発事故から1年になる．死者・行方不明者にたいしては，ひたすらご冥福を祈るしかない．近親者をはじめ，仮設住宅などで不自由な生活を強いられている方がた，十分な職に就けず苦労していらっしゃる方がた，行きたい学校に行けず思うように勉強や遊びもできないでいる若者や子どもたちには，心からお見舞いを申し上げるとともに，大学生協としてもできるかぎりのことをしていきたい．

　大震災・原発事故からの復興は，緊急でなければならないと同時に，弱さをさらけ出した日本社会の根底からの再建でなければならない．自然災害に強い社会は，社会それ自体としても強い社会であるはずで，各種の社会問題を生み出さず，生み出してしまったとしても解決する力が強いはずだからである．日本は民主主義の確立した市民社会であるから，これは，日本の市民たちが根気よく自分たちの社会を再建していく力をもっているということだ．

　市民たちは，もっと能動的になって，自分たちの政府をもっと自分たちの意思を反映するものに変えていかなければならない．それと同時に，大企業や中小企業のみに任せず，自分たち自身でも再建に必要な事業を起こす力を高め，そういうことのできる条件をつくりだしていかなければならない．資本力のない普通の市民が，可能なかぎりの資金を持ち寄って，利益を目標としない事業をしていくのが協同組合である．

　今年2012年は，国連の呼びかけた国際協同組合年である．日本社会の復興を協同組合の振興に結びつけ，その方向に開かれる展望のもとに，学生諸君のキャリア形成の幅を広げていくことはできないであろうか．大学生協は，その方向に向けて，組合員諸君とともにあらゆる可能性を追求していきたい．

いらい，萎縮社会という言葉が社会科学者のあいだに普及しています．いろいろな分野で議論されていますが，私は，萎縮が人口減少だけではなく，もっと日本人の精神・意気込みにまで浸透してきているので，たいへん深刻な問題なのではないかと思います．そういう社会にしてしまった原因は何なのか．日本の社会の現状を深く分析し，今の国際社会のなかで日本がどういう役割を果たしていくべきなのか，を明確に示さなくてはならないと思うのですが，そういうことができないまま，政治が混乱をくり返していて何をしているのかわからない．外国から見てもそのようになってしまっています．

　こんなふうになってしまった理由を，歴史と社会の奥深くにまで掘り下げて考えなくてはならないのではないか．議論しはじめると大変だとは思うが，大変なことを避けてはならないでしょう．生協としての日常業務のなかで，赤字を克服しなければならないなど，今すぐやらなければならないことがいろいろあるが，そういうことをやりながらも，日本の大学生協の意義を議論しあって，活動を内側から刷新していかなければならないのです．今後につながっていく問題なので，真剣に検討していきたいと思っています．

募金活動と学生総合共済給付の概要

　最後にもう一度，2011年は，東日本大震災と福島原発事故があって，たいへんな1年でした．

　震災発生直後から大学生協がどのように対応したかについては，大学生協連ホームページの「震災復興支援ニュース」のアイコンをクリックしていただけば，日付逆順で活動が出てきます．震災発生直後から大学生協は募金活動をはじめましたが，2011年12月の全国総会までに集まった募金の総額は，約6,000万円でした．それらが，父母等を亡くした人138人，自宅・家屋が全壊した人1,605人，原発被災者152人に，見舞金として支給されました．

　また，学生総合共済は，本人死亡10件，父母・扶養者死亡99件，ケガ12件について，規定に基づき給付されました．そのほか，一部では，被災地の学生に，失われた教科書を送る運動や，辞書・参考書などを送る運動も展開され，とくに後者は1,400冊以上にものぼりました．

被災者支援ボランティア活動の概要と今後への教訓

　これらとならんでおこなわれたのが，大学生協主催のボランティア活動です．

　ボランティア活動は，春休み・ゴールデンウィークを利用して4泊5日で七ヶ浜町・東松島市でおこなったもの，大学の授業開始後，週末を利用し，金曜の夜行バスで現地に着き，日曜の夜行バスで帰京するという弾丸ツアーによって東松島市でおこなったもの，および夏休みを利用して要望の多かった七ヶ浜町でおこなったもの，の3種類がおこなわれました．参加者は春休み・ゴールデンウィーク・ボランティアが48大学234名，週末ボランティアが53大学166名，夏期ボランティアが65大学1高専180名でした．

　ボランティアには，生協のない大学からもインターカレッジコープを経由して申し込みがあり，組合員以外の学生も加わっています．大学生協としては，こうした非組合員も含めて，人と人のつながりを実感してもらい，協同体験をつうじて参加者たちが人間的に成長する機会を提供できました．

　これらのボランティア活動は，事前研修をきちんとやり，活動が終わったあともフィードバックシートをもとに振り返り，同じ誤りをくり返さず，惰性化するのを回避して，参加者の人間的成長に貢献しました．多くの人びとの協力により，参加者は，大きなケガや事故もなく，修了しています．これらの諸点は，全国の大学や文部科学省からも評価されたばかりでなく，今後のボランティア活動にも大きな教訓を残したといえます．

　大学生協としては，大変な年に，その存在意義を実証した活動でした．

IV

復興・再建への決意

1 日本社会の再建と大学生協の再建

あらためて，日本の状況について問題を提起します．

東日本大震災・原発事故後の日本社会

東日本大震災と原発事故が2011年にありました．日本社会全体がその影響を受けています．バブルがはじけて以降の長い停滞に加えて，日本社会はさらに事故と災害による痛打を受けました．地震そのものは自然現象ですが，その後の地震学者などの発言にもあったように，けっして想定されえなかった規模のものではなく，過去の歴史からも十分考えられるものでした．

にもかかわらず，それへの系統的な対策は講じられてこなかった．しかも，原発事故については，NHKなどのいくつかの番組を見ただけでも，ものすごくルーズなことが甘い想定のもとに繰り返されてきていて，その結果起こった文字どおりの人災，人的ミスの蓄積の結果起こった事故であった，ということがわかってきています．

さらに，その後の復興は遅れています．遅れている理由はいろいろありますが，今の日本社会のシステムに内在する，地方と中央との関係を中心としたいろいろな不備からきている面が大きい．しかも，それを乗り切っていくような政治的対応が十分でなく，不適切さ不十分さが目立っています．原因は基本的には，日本の社会がまだまだ十分に民主化されていないことからきている，と私は思います．

民主化とビジョンの明示

民意が政治にできるだけ正確に反映するようにはなっていない．これは主として選挙制度のせいです．そういうときに，民主党が2012年現在小選挙区300，比例区180のうち，比例区を80削るという案を出している．とんでもない話で，それでは民意がますます反映しにくくなるでしょう．

小政党はみな反対していますが，そういう政党だけに任せておく問題ではないので，市民が市民運動をつうじて，民意を議会や政府にできるだけ正確に反

映する仕組みをつくっていかなければならない．今の制度を基にして考えれば，小選挙区制に近づけるよりは比例代表制に近づける改革をすこしでもやっていくか，あるいは根本的な改革を基本的にはやらなければいけないと思います．

　それと並んで，日本は自分の行き方を今まで十分明確に出しえていない．戦後日本の平和を追求していくという方向は，基本的に変えることはできないと思いますが，具体的なやり方としてアジアの隣国を重視していく．そして，どうしてそうしていかなければならないかということを，アメリカにたいしてもっと説得力をもつ形で表明しなければならないと思います．

　そのためにはそれを裏付けるだけの国内改革が必要で，ここに復興が絡んでくるし，それに関連した地域や都市の建設，社会保障や社会福祉制度の整備なども関係してくる．そのための財源捻出が必要ですが，これが今は消費税だけの議論になっています．しかし，間接税の，低所得層に不利な性格はみんな知っている．

　だからそれだけにかぎらずに，2011年来アメリカで起こってきている一部の高額所得者，大金持ちにたいする抗議運動，そういう人びとに富が集中しているということへの世界的な反対運動などを見なければなりません．そういう視点を税制改革にも組み入れていかなければならない．

　そういう形で理念とビジョンを明示し，市民にたいして説得力をもった国内改革案をだして，そのもとで復興をおこなっていかなければなりません．復興は，復旧とは違ってたんに元に戻すことだけではなく，それを超えて同じような事故が起こっても，同じような被害をこうむらないようにしていくことでなければなりません．

　これは，のちに詳説するように，リコンストラクションつまり再建のことです．ほとんどゼロの状態から正しい仕組みをつくることを創設と呼び，一度できあがった仕組みを維持していくことを管理と呼ぶとすると，それら二つの中間の動きです．

日本社会再建のなかの大学生協

　戦後の日本は戦争でほとんどゼロのような状態になってしまったので，創設に近い再建からなんとか復興し，経済成長をつづけてそのシステムを管理して

いく方向までは行った．しかしその過程で，どういう理念で日本は生きていくのか，世界のなかでどういう位置を占めていくのかを明確に示すことができず，成長システムで惰性化していってしまって，バブルへの突入をコントロールできず，それがはじけたあとは低迷の状態にはまり込んでしまった．

そのなかで大学生協は，創設に近い再建の過程で生み出された，もっとも民主的な組織であり，事業の一つです．そのためにバブル期にもある程度発展したけれども，最近の動きを見るとやや低迷気味になってしまっている．理念を明確化できず惰性化している面が，われわれのビジョンとアクションプランにもかかわらず出てきているのです．反省しなくてはなりません．

どうしたら良いかということについて，私はくり返し，大学生協の意義についての議論を深め広げながら事業を再建していく，事業ですから事業として成り立たない，赤字を出して崩壊していくことになっては元も子もないので，意義についての議論を深めながら事業の再建をしていく，ということを訴えてきました．

意義論議から事業再建へ

2010年におこなわれた共済連分離は，われわれにとっては非常に痛手であったのですが，その後それを積極的に生かしている．むしろ共済は純粋化して，大学生協は共助なのだ，助け合いなのだ，ということを非常にはっきり打ち出すことができるようになった．大学生協はもともと共助つまり助け合いなので，そのエキスを共済が明示することができるようになった，ということです．

だからベースの活動として共済と絡めながら大学生協を発展させていく，それをつうじて，共済だけでなく大学生協全般の事業の意義への理解を広げ，深めていくことが必要です．その意味で，大学生活の基礎を協同で支えるとはどういうことなのかについて，くり返し学生諸君のあいだで議論していく必要があります．そのうえに初めて，協力，自立，参加を乗せることができるのです．それを，今後もしっかりやっていかなくてはならない．

そこで，事業としての協同組合の意義がどこにあるのか．これについても今まで何度も言ってきましたが，市民は市民の政府を持つだけではなくて，市民の事業をやっていかなければ，これからの社会をつくれない．その市民の事業

きらめくキャンパス・ライフ⑫

「歴史の狡知」としての日本の大学生協

　生協の活動に参加している学生に，日本の大学生協の意義について議論するよう，訴え続けている．大学の使命は研究と教育だが，教育の比重が高まってきており，そのためにも学生支援が重要になってきている．ユネスコもそれを認め，世界中の大学に学生支援を強化するよう，呼びかけている．その学生支援の重要なかなりの部分を，日本では学生中心の生協が担ってきた．こんな国は欧米にもアジア・アフリカ・ラテンアメリカにも例がない．

　第二次世界大戦前の少数の先駆例をふまえて，戦後に今日の大学生協のもとをつくった先輩たちは，大学でも食べなければ生きていけず，本やノートがなければ勉強もできなかったから，ただ必死でしゃにむに活動したのであったかもしれない．当時は学生運動が盛んであったから，学生運動と同じように，あるいはその一部として，生協の活動をした人たちも多かったかもしれない．しかし，高度経済成長の終焉後，「豊かな社会」のなかで学生運動は衰退していったが，大学生協はむしろその後も伸び続けて，バブル崩壊後も，そして21世紀にいたるまで発展してきた．これは，ヘーゲルならば「理性の狡知」と言うところかもしれないが，むしろ率直に「歴史の狡知」と言っていいのではないか．

　戦後の日本に生まれた特殊な状況のなかで，学生たちは，食欲や知識欲と，大学と社会を少しでも良いものにしたという理想とから，自分たちの協同で自分たちの大学生活の基礎を支える事業を始め，それが発展し，定着して，多くの大学がそれを認め，それに頼らざるをえなくなってきた．今年は国連の定めた国際協同組合年だが，日本の学生たちは，自分たちの協同組合で自分たちの大学の基礎を支え続けてきており，それを自覚し，その精神を身につけて社会に出ていけば，大学のみならず社会をも自分たちの協同の活動で良くしていくことができるのである．学生諸君，そして教職員の皆さんも，日頃なにげなく利用している日本の大学生協の世界的かつ歴史的な意味について，もっと議論してみようではありませんか！

が協同組合なので，その角度から地域生協その他いろいろな生協の意義を見直し，それらとの関連で大学生協の意義を再発見していく．

このあいだ，国際協同組合年実行委員会があり，そこで，協同組合憲章草案が正式に採択されました．これをもとに今後は政府に働きかけ，協同組合憲章をつくれという動きになっていきます．最終案では，いろいろな協同組合から意見が出てきて，最初の案を私が直したものに，かなり手を入れられることになってしまいました．そのため不本意な部分もありますが，基本的な主張は貫いたと思っています．

協同組合は市民の事業なのだから，21世紀の社会を支えていくために市民の政府とともにこれからますます重要になっていく，そういう意味で協同組合をこれから活性化していかなければならない，という点は貫かれたのです．そういうことも念頭におきながら，大学生協としてそれにふさわしい活動を展開していかなければなりません．国際協同組合年にあたって，とくにそういうことを意識しながら活動していく必要があります．

再建の深い意味

上に再建の意味について述べました．これは，19世紀末にハンガリーに生まれ，その後ドイツがナチスに占領されたためにイギリスに渡り，晩年そこで活躍したカール・マンハイムという社会学者のアイデアです．

人間の社会は大きくなると，建築のように，古くなったから全部壊してつくりなおすというわけにはいかない．生きている人間がつくっているわけですから当然のことです．すでにあるものをゼロにして作り直すことを創設，ファウンデーションと呼び，すでにあるものでなんとかやりくりしていくことを管理，マネジメントと呼ぶとすると，ファウンデーションとマネジメントとの中間の行為，それがすなわち再建，リコンストラクションです．

地震と原発事故とによって，そういう意味での再建があらためて日本社会に必要になってきた．それは大学生協にとっても同じです．ビジョンとアクションプランができて，何年かそれで活動してきましたが，プラス面とマイナス面といろいろと問題が出てきている．ですからビジョンをもう一度再確認して，アクションプランの改訂を行なっていく．そのための委員会が今度動き出しま

すが，それも絡んで大学生協は事業ですから，プランだけでなく実際にいろいろやっていかなければならない．

そういう意識をもって今後のいろいろな活動に力を入れ，全国で活発化させていってほしいのです．そういう活動のリーダーシップを大学生協連の全国理事会が取れるよう，頑張っていかなければなりません．

2 意欲の意とは？

活動のなかからの発言

『Campus Life』の巻頭言を書き，またホームページの会長からのメッセージを更新しました．その後，ブロック運営委員長会議が開催され，「何が欠けているのか？」について問題提起しました．『Report 2012』の巻頭言に，同じような内容を述べています．

その後，専務と常務が各地の生協を回って状況を把握するというのに便乗させてもらい，K大学，K公立大学，H教育大学K校を訪問させてもらい，何人かの学生諸君と話をさせてもらいました．またこの前後をつうじて，2011年に私が理事会や総会で話した内容を基にして書いた論文（内容は本書Ⅲとほぼ同様）を少し多めに刷って，各地の生協に送り，これをもとに議論していただけないかという文章を書き送りました．

これらのことをつうじて私が話してきた内容は，ブロック運営委員長会議で問題提起したことと基本的に同じです．私はこの数年間，生協の活動をしながら自分自身の社会学研究の集大成をしようとしてきていますが，だいたいできてきたと思っています．基本的な理論は間違っていないと思うのですが，これは説明しだすと時間がかかるので，当面のテーマとの関連で必要に応じて示していきたいと思います．

何が欠けているのか？

世界的な規模の市民社会化，地球社会の市民〔主権〕化が進んでいますが，これは19世紀半ばにイギリスにいたマルクスには，全部は見えていなかった

ことです．その意味で，これはマルクスをほぼ完全に超える理論です．
　その骨子は，世界中の社会で主権者としての市民が実権を握っていくようになる．市民たちは，そのために政府をつくり，他方では事業を展開していく．いちばん早くから市民たちがはじめた事業が今や大規模化してグローバル化し，世界中でいろいろな問題を引き起こしています．だから，市民たちの政府は連携して，大企業の暴走を抑えていかなければならない．中小企業は，良い面を持っているので，その面を伸ばしていかなければいけない．しかしそれだけではなく，資本力を持たない一般の市民がやる事業があり，その典型が協同組合であるし，20世紀以降いろいろ出てきたNPOなのです．そういう事業を市民が推進していく．それをつうじて社会の実質をつくっていく．
　もう一つ重要なことですが，最初に事業をはじめて成功を収めた市民たちは，自分たちの事業をさらに進めるために労働者を教育する必要があったので，国民的な教育制度を作りました．それが世界的に普及し，いまや初等教育，中等教育，高等教育とつながる教育制度のない社会はないのです．
　政治，経済，教育の三重革命が浸透してきた結果，市民社会が発展してきた．そのなかに生活協同組合の事業がある．その，日本における，ある意味で先駆者の役割を担ってきたのが大学生協なので，その意味を活動している人たちによく理解してもらえば，もっと力を発揮することができる．そのために，じっさいに活動している学生諸君に議論をしてもらえないか，というのが私の趣旨です．
　そういうことを言ってきたつもりなのですが，「何かが欠けているのではないか」という気持ちがずっとありました．それが何なのか，よくわからない．今も率直にいうと，よくわからない．それについて，とくに実際に活躍している学生諸君にいろいろ教えてもらえないか，というのが現在の私の心境です．

欠乏からの解放？

　豊かな社会になったと言われてから，半世紀以上経っています．長いこと人間を動かしてきたのは餓え，飢餓でした．この飢餓が満たされるようになってきた．それと関連して，セクシャル・レボリューションのようなものが進んで，性的な面でも自由度が高まってきた．それに加えて，この半世紀のあいだ，情

報革命が進展して，ものすごい勢いでコミュニケーション手段が発達し，いろいろなコミュニケーションが行なわれるようになってきた．要するに，食欲と性欲と，情報欲という言葉があるかどうかわかりませんが，それらが満たされるようになってきた．

若者たちがそのなかで満足しているのか，いないのか．日本については，若者たちが，意欲がないとか，内向きだとか，外国に出て行きたがらないとか，言われています．私が昔いた研究室から若手の社会学者が出てきて，「今の日本の若者はけっこう満足している」というような議論を出したりしている．その辺が，本当はどうなっているのか，知りたいと思います．

他方では，豊かになってきたといわれていたのが，いつのまにか格差が広がってきて，ワーキングプアなどが出てくるようになってきた．それでも若い人たちがテレビに出てきて，「日本が住みやすい，日本がいちばん良いのだ」などと言っている．韓国の人たちがびっくりしています．韓国で福島の原発事故のようなことが起こったら，皆すぐに出て行ってしまうだろう．しかし日本では，外国人は出て行ったが，日本人は出て行かない，どうしてだろう，と不思議がっています．

それだけではなく，最近のテレビ番組などを見ていると，将来を見通していて意欲のある企業が，中国や東南アジアの時代は終わりだからインドに進出しようとして，インドに行ってくれる人を探して声をかけているが，つぎつぎに断られている．そして，かつて高度成長時代に活躍した中高年の生き残りが，私が行きましょうといって行くような顛末になっている．その辺が，どうもよく分からない．

意欲の意とは？

食欲・性欲・情報欲に加えて，意欲というのがあります．意欲は，性欲や食欲と同じ性質の言葉なのかどうか，問題ですが，いったい何なのだろうか．和英辞典などを引くと，意志の will にたいして wish がそれに対応すると出てきたり，もう一つは熱心さ eagerness という言葉が出てきたりするので，ますますわからなくなる．意志とか熱心さとか，なぜそんな言葉が出てくるのだろう？ そういう点も含めて議論をしていかないと，私の悪い癖で論理だけになり，こ

れこれこうだから動けといわれても人は動かない.

　言われなくても伝わればいちばん良いのですが，言われると同時に何かが伝わってきて，人が動くようになる機制とはどんなものなのだろうか．全国の大学にいる学生諸君が若い人たちの大半なわけですから，そういう人たちがどういう意欲を持っているのか．意欲がないといわれているのは，本当なのか？内向きと言われているのは本当なのか？

　そういうことも含めて，各大学生協において，大学における協同組合のあり方を議論できないか．今日もそういう意味で，全国レベルに出てきている学生の何人かと，話をして意見を聞きたいと思っています．

　学生にかぎらず，先生方，職員の方，生協職員の方も，私がこの1年間で話したことをまとめたペーパーを読んでみていただいて，こういうことが欠けているのではないか，こういうふうにすれば良いのではないか，と言ってほしいと思います．そういうことをつうじて，大学生協の活動を活性化させていかなければいけないと思います．

　久しぶりにT大学に行ってきましたが，ものすごい勢いで建物が建ったり，いろいろなものが進出してきたりして，生協の影が薄くなってきていると感じました．そういう感想を跳ね返していかなければなりませんから，そのためには何が必要かを全国的に議論していかなければいけないと思います．

3 協同する意欲

いろいろな場で話を聞きつつ

　この間できるだけ学生諸君と話をしたいということで，大学生協連常勤学生と話し合いをしたり，アクションプランの改訂が進められているので，その場で話題提供させてもらったりしました．この間，学会としては，社会政策学会が福島のことを取り上げ，「福島原発震災と地域社会／震災・災害と社会政策」という公開シンポをおこなったりしていますので，そこに参加させてもらったりしています．さらに，大学生協連として，国際交流の歴史をある程度整理しておきたいと思って，担当者から話を聞く作業を進めています．

日本民主主義の現状

 そのうえで今，私たちがいちばん注目しているのは，日本政治の現状ということでしょう．一体改革という名目で消費税を上げる話が進んでいて，民自公三党間で合意ができたのではないかということや，民主党内反対派がどうなるかなどということが，いろいろ取りざたされています．このまま総選挙になれば，どうなるかという状況で，みんなが心配しています．

 まだまだ市民の意思が政治に反映されていない，と私は感じますが，それも市民がそうしているので，市民の責任です．政党と選挙制度は，市民の意思を，議会とか政府に媒介するいわばメディアなのですが，それらのあり方について，私たち市民は，もっと積極的に考えざるをえなくなっていくでしょう．今も選挙制度について議論されていますが，ある政党から自分に都合のよい案が出てくると，それに他の政党が反対するので進まないという状況が続いています．市民が直接決めるような状況になっていかないと，無理なのではないでしょうか．

 ゴタゴタしていますが，以前に比べれば，日本の民主主義も少しずつでも進んでいるのです．長い目で見ればそうだと，私は思っています．それが，「市民の政治，市民の事業」という場合の，市民の政治の現実でしょう．なかなか簡単にはいかないと思いますが，努力をつづけるしかありません．

大学生協は？

 そのうえで，「市民の政治，市民の事業」のうちの市民の事業についてですが，「大学生協は市民の事業としての協同組合の日本における先駆けの一つである」とずっと言ってきて，アクションプラン改訂委員会でもそう言いましたが，すると前の教職員委員長あたりから「そういうことを本当にいえるのか」，今の生協の現状を見ると，一人一票制の民主主義で運営しているとはいっても，実態を考えると恥ずかしいという意見なども出てきて，そう簡単ではありません．

 ただ，そういうのが市民の事業の現実であり，他方には協同組合の原則があるわけですから，その方向に進めるしかありません．そういう意欲を組合員に持ってもらわなければならない．意欲については，前節でも述べさせてもらいました．意欲とはと問い始めると，依然としてよく分からないまま私たちは模

索しているのですが，とにかく意欲を持ってもらわなければならない．そのために組合員の大半を占める学生諸君に生協とは何かについて議論してもらう．

その取掛りをつかもうとして常勤学生諸君と話したりしているのですが，なかなかうまくいっていません．私の方の問題提起がうまく受け止められていないのか，どうか．必ずしも学生諸君の側からいろいろな意見が出てくるというようにはなっていません．今後もいろいろとやっていって，少しずつでも学生諸君のなかに生協についての議論を巻き起こすような雰囲気をつくれないか，と思っています．

このあいだ，生協総研の理事会でも発言したのですが，ある学生から「生協と国際協同組合年とはどういう関係なのですか」と聞かれました．生協は生活協同組合の略称です．しかし，生協という略称があまりにも普及しすぎていて，それが協同組合だという認識がないのです．だから，「生協と国際協同組合年とはどういう関係にあるのですか」と言われたりする．そういうことについての議論を，もっともっと盛んにしていかなければならないと思います．

協同する意欲

そのために具体的にどうしたらよいか．私たちの大学生協が第二次世界大戦直後につくられ，急速に広がっていった時には，大学で勉強するための基礎を何とかしなければならないというのが，主要動機でした．そのために食べるための食堂を経営し，勉強するための本やノートを供給する事業が主なものでした．そういうことを今考えれば何なのかということを，もう一度議論してみる必要があります．

ちょうど理事会でもそういう議論がおこなわれ始め，生協の事業のあり方も根本的に考え直さないと，このままではやっていけないかもしれない，という現状が認識され始めました．大学生活の基本は食べることすなわち食だと思いますが，食のあり方そのものも，さんざん議論されてきましたが，昔ふうのやり方でそのままいけるかどうかという状態になってきています．

それに，書は書物，文は文房具，旅は旅行，住は住居で，住については，日本の大学生協は一部しかやっていませんが，それでもかなりの供給はしています．それに加えて，語学の講座とか公務員講座とか，教養につながることもやっ

ているし，それをつうじて，コミュニケーションも進めてきています．現在のビジョンとアクションプランも，そういう前提で書かれています．

　食，書，文，旅，住，教養，そしてコミュニケーション，それらを貫通する，いわゆる協同する意欲を，どのようにして組合員のなか，とくに学生諸君のなかに掻き立てていくか，ということを考えなくてはいけない．そういう議論を，わたしたちとしては，していかなければならないのです．

協同の意味・再考

　そのうえで，くり返しですが，社会学をやると必ず出てくる理論として，広義の共同をめぐる議論があります．最初に人間は，一緒に生きようと共同を始める．黙っていても一緒になろうとするのが，たとえば家族のような集団で，ゲマインシャフトつまり共同体といいます．そこから出て，もっと良い状態を作るために競争しあって，利益を上げようとする．利益のために結社する，組織を作る，会社を作るということをします．それがゲゼルシャフトつまり利益社会です．

　この両者の対立をどうやって乗り越えるかという議論が19世紀をつうじてヨーロッパで出てきて，20世紀のはじめまでに，協同という概念が出てきました．イギリスではコオペラティブですが，ゲマインシャフトとゲゼルシャフトの文脈でいうと，ゲノッセンシャフトつまり協同社会がそれにあたります．これは営利のための競争の悲惨を見た者たちが，それを越える価値のために非営利で結社する形でつくられ始めた集団組織です．

　このゲノッセンシャフトが今日でもドイツではそのまま協同組合を意味している．ゲノッセンシャフトを英訳するとコオペラティブ，世界的にいう協同組合です．国際協同組合年ですから，これについては皆さんの耳にタコができているでしょう．

　よく言われてきたことですが，以前にソ連という国があって，1980年に首都のモスクワで協同組合についての会議が行なわれたとき，カナダのレイドローという学者が行なった問題提起があります．レイドローはその後すぐに亡くなってしまったのですが，彼の問題提起が発展して1995年にイギリスのマンチェスターで協同組合7原則が定められました．そのマンチェスターで，国

際協同組合年の2012年にICAつまり国際協同組合同盟の臨時総会が開かれることになっています．

ICAの総会は奇数年に行なわれてきたので，ほんらい2012年は開催される年ではないのですが，国際協同組合年であるということで臨時の大会が開かれます．大学生協としても，そういう場で何ができるか，何か発信できないか，と今考えています．協同組合というのは市民の自発的な企業なので，大学生協はその源流の一つなのだというプライドを持ってもらい，もっと協同組合のあり方，生協のあり方について，学生諸君の議論が高まるよう皆さんも教員の立場から，職員の立場から，また学生自身の立場から働きかけてもらいたいと思います．

それを，たんに抽象的にでなく，具体的に議論していただきたい．今の生協事業はこういう事業で良いのか．もっと多くの人に参加してもらって，多くの人をひきつけていく事業とは，どういうものなのか．食は，変わらないといえば変わらないのですが，書とかその他の部門は驚異的なほどに変わってきています．変化に追いついていかなければならない．

そういうことも含めて，活発な論戦を展開してほしいと思います．

一貫して考えていくべきこと

国際交流のあり方

マレーシアのクアラルンプルでICA-APの大学キャンパス生協委員会がありました．こういう国際交流での挨拶や報告は，基本的には専務や常務が大学生協としてどういうことを伝えたいか，主張したいか，にかんして原案を作ってくれます．それにいわば心を込めながら，私が文章を直していきます．そして，日本の大学生協とはこういうものなので理解してほしい，良い面はぜひ見習ってほしい，などということを伝えようとするわけです．

これはけっこう大変な作業です．本番に向けての調整は基本的に英語で行ないますので，行きの飛行機のなかで準備したりすることが多い．しかし今回は，会場で委員会が始まってから，翌日のワークショップで基調講演を行なうはず

だった人がまだ決まらない，ユネスコから呼ぶといっていた人がうまくいかなかった，そこでマレー大学の副学長に頼んだが返事がない，という事態が発生しました．

そこで，私がいくつの国際会議でやったことをもとにした英語の論文を配付すると，それを見て，この話をやってくれないかというような話に突然なったりします．1時間20分くらいの基調講演を突然やれというわけです．もとのパワーポイントはいちおう残っていたのですが，それらをそのまま使うわけにはいきません．全面的に編集しなおして新しいパワーポイントをつくるのはなかなか大変なことで，準備のためにほとんど徹夜という状態でした．

そんなことがいろいろあって国際会議がようやく終わったあと，マレーシアの大学生協の様子をみておいたほうが良いと思い，案内を頼んだのですが，けっこう大変な行程で，かなり疲れ，帰りはくたくたという状態でした．

こういうふうに，行き帰りの旅費も含めて，相当なコストがかかります．そのコストに見合うだけのエフェクトを出すにはどうしたらよいか．そういうことをつねに考えながら，行動しています．

日本の大学生協としては，昨日もずっと国際交流に携わってきた大学生協の元職員から聞き取りを行なっていたのですが，過去の経緯などを聞くと，アジア，世界にたいして，非常に重要な役割を果たしてきたことが分かります．それらを引き継いでいかなければならないので，なかなか大変なのです．そういう国際交流での成果を，国内での活動にも生かさなければならない．理事会などをつうじてそれをやっているわけですが，これもなかなか大変なことです．その例のいくつかを挙げましょう．

PCカンファレンス：EからOをへてCへ

国際会議のあと，PCカンファレンスが京都で行なわれました．大学生協連が力を入れてきた学会であり，そのカンファレンスなので，何年か前からずっと最初から参加するようにしています．

今年のカンファレンスでは，京都大学の先生の基調講演やコンピュータ利用教育学会（シーク CIEC）会長の話などで，かなり重要なことが出てきました．PCカンファレンスはもともとPCを使って教育をどう向上させていくかとい

うことで始まった運動であり，学会なわけですが，それが今や重大な局面にきているというのです．

　基調講演者が，EからOをへてCへ，という話をしてくれました．EはE-learningのEです．1990年代，PCカンファレンスはEラーニングを教育のなかにどう活かすか，という問題意識から始まったわけですが，それが進んでいくと，基本的に大学教育をオープンにしていかなければならなくなる．つまり，大学は公開の方向にむかわざるをえなくなる．OはOpenのOです．そういう動きが，2000年代すなわち00年代に起こった．

　そしてその延長上で，2010年代すなわち10年代の今，Cが問題になってきた．CというのはCommonsとかCommunitiesとか，みんなで共有するもののCです．その中身が問われるようになってきたのです．EラーニングつまりPCを用いた教育というのは，PCを手段として教育を向上させることであったわけですが，そのことが教育の中身そのものを変えることになってきている，ということです．

　そういう文脈で考えると，これからの大学の教育のあり方，大学にかぎらない教育のあり方が非常に大きな問題になってきます．従来のように，教師が学生に教えるというふうに簡単にはならなくなる．むしろ学生のほうが，教え方がうまい，学生が教えたほうが良いというような場合も出てくる．そういうことが，EからOをへてCへという変容の中身です．

　それを聞いていて私は，そういえば，CはCooperativeのCでもあるのではないか，と思いました．つまり，協同とか協同組合のCです．基調講演者やシーク会長は，そこまで気がついていないようでしたが，私はすぐそう思いました．EからOをへてCへのCにコオペラティブを絡ませていかなければならない．私たち大学生協すなわちUniversity Co-operativeの活動は，まさにそういうことに関わっているのではないか．

　そういうことに気づかせてもらった分，今回のは大事なカンファランスだったと思います．しかし，せっかくPCカンファランスを生協がバックアップしているにも関わらず，生協の発表はまだまだ少ない．ということで，そのために設けてもらった生協関連セッションでの発表もまだまだ少ないのです．今年は，二つの大学からの学生の発表があり，たいへん良かったと思いますが，そ

きらめくキャンパス・ライフ⑬

大学生活への不安と大学生協

　これから始めようとする大学生活に新入生が不安をもつのは当然であるが，最近では保護者たちの不安もそれに劣らないという．少子化が進み，子の親離れも親の子離れも遅くなってきているなかで，やむをえないことかもしれない．こうした事態に，大学ももちろんさまざまな対策を講じているが，日本ではそれと並んで，というかそれ以上に，大学生協がいろいろな活動で対応している．

　ところで，大学生協とは何であろうか．新入生や保護者からみると，大学には大学生協がすでにあって，自分たちがそのお世話になる，あるいはもっと端的にいうとそれを利用する，という感じなのかもしれない．しかし，根本的に違うことを理解していただきたいと思う．新入生たちは大学の学生になるとともに，自分たちの意志で大学生協の組合員になるのであり，大学生協という事業に出資金を払って参加するのである．

　自分たちで，自分たちの大学生活の基礎を支え，食堂や購買や旅行案内や語学講座・パソコン講座・公務員講座などをつうじて，自分たちの学びの効果を上げ，できるだけ納得のいく就職先を見つけて社会に出ていく．大学生協のある大学の学生たちは，こうして自分たち自身で，自分たちを大学生活に適応させ，大学での学習研究と人間的成長の成果を最大限にして，これからの社会を支える市民になっていっている．

　このことを自覚することをつうじて，子が親離れし，親が子離れして，子も親も自立した社会人になり，自分たちの生き方と社会のあり方・行き方を自分たちで決めていく，21世紀世界の市民になっていくのだと思う．大学とともに，大学生協の役割は大きいのである．

れだけではまだまだ少ない．

　University Co-operative に関係する先生がたや生協職員は，もっと発表しなければいけないのではないか．そういうと，では隗(かい)より始めよ，ということになるのではないかと思い，私は，個人としてまずシークの会員になり，自ら発表することにしました．これからはそうしていくつもりですので，どうか皆さんも，そういうことをどんどん考えてほしいと思います．自分の会員生協をつうじて発表するのもよいし，個人としてシークの会員になり，発表するのも良いと思います．どんどん挑戦してみたらどうでしょうか．

　教職員セミナー

　そのあと，三重県の津で全国教職員セミナー 2012 がありました．そこでも私が基調講演をして，基本的なことを話しました．その後いろいろな発表があり，なかには良いものも少なくありませんでした．生協職員が学生にパソコンの使い方をどう教えているかという話や，アメリカのディズニーワールドに学生を連れて行って，インターンシップをつうじて学生を成長させるという話などです．

　中身を聞いていると，ほとんどのものが PC を使ってなされますので，そのまま PC カンファランスに持ち込んでもおかしくないような内容です．全国教職員セミナーは 4 年に 1 回なのに，PC カンファレンスは毎年行なわれている．ぜひ毎年，PC カンファレンスにいろんな発表を持ち込んできて，E から O をへて C へという，重要局面まできている教育の発展に貢献したらどうでしょうか．

　環境の分科会にも出ましたが，そこでも，コンピュータを使って森林の生態系をどう把握するかとか，それをつうじて自然保護をどう進めていくかとか，環境教育の意味をどう教えていったら良いかとか，そういう発表が行なわれています．内容としては PC を使って教育をし合うということなので，もう教師も学生もなくなってきていると言われているわけですから，これらの発表もどんどん PC カンファレンスに持ち込んでかまわないのではないか，と思います．

　樹恩ネットワーク JUON Network の研究発表会は，今年は教職員セミナーと重なってしまったようです．これらは重ねないようにして，JUON Network

のほうが良ければ,そちらでもどんどん発表すれば良い.環境問題をめぐる議論も事実上 ICT を使った研究や教育になってきていますから,PC カンファレンスのほうに持ち込んでも良いと思います.類似の学会や研究集会を重ねないようにして,私たちが支援している PC カンファレンスや JUON Network の場で,教員の立場から,職員の立場から,生協職員の立場から,あるいは院生,学生,留学生の立場から,いろいろな発表をどんどん出していったらどうでしょうか.

京都コンソーシアムの協同組合論

8月の終りから9月の初めにかけて,京都で大学京都コンソーシアムの協同組合論という寄付講座(オムニバス方式)がおこなわれました.その最後の日に,私も講義しました.それまでの先生がたとは違うやり方で,一方的に講義をするのではなく,受講生に参加してもらい,実際に彼らが何を考えているかを確かめながら行なって,考えながらやっていく方式です.

アメリカはハーヴァード大学のマイケル・サンデル教授の白熱教室とか白熱授業とかが日本で話題になっていますが,アメリカでは「白熱」が当たり前です.日本でそれがテレビで評判になるというのは,日本の授業がそうなっていないということです.ああいうやり方でやろうとしても,学生がなかなかついてきてくれない.自分の言いたいことを言ってくれれば良いのですが,敏感に反応してくれなくて,なかなか大変です.

日本の教育には初等教育の段階からその要素が少ないのでしょう.そのために,大学にきて「さあやれ」といわれても,なかなかできないのかもしれません.しかし,そういうやり方が,自分の意見を持って,それぞれの意見を出し合い,議論をしながら物事を決めていくというスタイルにつながるはずです.それこそが,市民の基本的なやり方です.

私は市民を,自分の生き方を自分で決め,それをつうじて議論しながら,自分たちの社会のあり方,行き方を決めていく人間,と定義してきています.そういうことを日常的習慣としてできないと,市民にはなかなかなれない.そういうことを感じさせられました.

もちろん彼らも,あとでリアクションペーパーのようなものを書かせてみる

と，けっこういろいろな意見を持っていることが分かる．それはそれでないよりは良いのですが，それはあくまでも個人の意見なので，やり取りができるようになっていかないといけないのではないか，と思いました．

運営委員長会議・理事長専務理事セミナー
　さらにそのあと，ブロックの運営委員長会議と，続けて理事長専務理事セミナーがありました．
　運営委員長会議で大きな話題になったことの一つとして，T大学の提案した秋入学をどう受け止めるかという問題があります．多くの先生がたは否定的でした．「わざわざそこまでしなくても，実質的にそういうやり方に近いことができるのではないか」という趣旨のことをいう人が多い．T大の総長は私と同じ研究科でやっていた人ですので，私は，彼がどういう趣旨で言っているのか，わかるつもりです．
　彼の問題提起の背景に，日本の大学は開かれていない，国際化していない，という認識があります．それを開くためには，相当思い切ったことをやらなくてはならない．そうでないと，そういう方向に向かわない，という気持ちが背景にあります．たんに4月入学を10月入学にするだけの話ではなくて，日本の大学をどういう方向に持っていくかという，根本的な問題提起なのです．それを認めないといけないのではないか，と私はそのときも言いました．
　そのうえで，理事長・専務理事セミナーの話です．皆さんは，今，日本の政治がどうなっているか，よくご存知のことと思います．市民社会の内容は，市民の政府をどうつくるかということと，そのもとで，市民がどういう事業をやって，どう社会の実質をつくっていくか，の二つで決まってきます．私は，今の日本の民主主義，市民政府をつくる試みは，滅茶苦茶だとは思いますが，そういうことを一度経ないと，市民が本当に自分たちの政府をつくるというところまでいかないのだろう，と思います．
　だから，いらいらしながらも，市民としては，できることをどんどんやっていかなければいけない．その主なものが市民の事業で，なかでも資本力のない市民の事業が協同組合であり，その一つが大学生協です．最初はそんなつもりはなかったと思いますが，日本が市民社会として発展してくるなかで，大学生

協は，市民たちが自分で事業をやって自分たちの社会をつくっていく活動の一環になってきた．

　大学生協は，大学における生活協同組合ですから，その活動をつうじて大学の基礎を支えていく．そのことをつうじて，新しい大学をつくりだしていく．大学生協の仕事が，教職員セミナーのいろいろな発表にも現れていると言いましたが，今ではたんに，始まった時の「メシと本」だけではなく，公務員講座とか，各種のレメディアルのような大学教育の内容にかかわるようなものにまで，広がっています．そういうことも視野に入れて，大学生協のあり方を考えていってほしい．

市民という言葉の意味

　そういうことを言ったのですが，その過程で，生協に長くかかわってきた先生からも，「あなたの言っている市民というのがよく分からない」と言われました．農協などになると，もっとそうです．たとえば，全中の専務は，かつて大学で私の本を使って勉強させられたけれども，市民という言葉の意味がぜんぜん分からなかった，と言っていました．

　私としては，非常に責任を感じます．それくらい日本では，市民教育というのが遅れているのだと思います．多くの人は，市民革命という言葉は知っているはずだし，フランス革命のときの人権宣言が，正確には「人間と市民の権利についての宣言」なのだ，ということも習っているはずです．それなのに，まだまだ市民の意味についての捉え方が足りない．そういうことなどについていろいろと考えてもらわないと，大学生協の意義もより深く理解できるようにはならないかもしれません．

　いろいろと感ずるところがあって，話が少し長くなりました．私の話を問題提起として受け止めていただいて，私がいろいろな機会に話したり書いたりしているものを，読んでいただきたいと思います．とくに最近『生活協同組合研究』（441号，2012年10月）の巻頭言として書いた「市民の政府と市民の事業との好循環」はかなりがっしりしたもので，これを読めば市民の意味もばっちりわかるはずです．そのうえでぜひ議論を深めていっていただきたいと思います．

私の書いたものに，議論もあるし意見もあるということであれば，先ほどの白熱授業ではないですが，意見を返してきていただきたいと思います．そして，そういう意見のやりとりを，大学生協の活動のなかに反映させていこうではありませんか．

5 大学生協にできること

とくに知っていただきたいこと

いろいろなことがありました．福井での協同組合学会，明治大学お茶の水キャンパスでの生協総研全国研究集会，国際交流史についての前担当者からの聞き取り，同テーマについての前専務と現専務からの聞き取り，日生協中心の事業種別連合会情報交換会，JForest（全国森林組合連合会）国際協同組合年記念大会と畠山重篤氏の講演，生協総研理事会，T薬科大生協40周年記念会，イギリス・マンチェスターでの国際協同組合同盟臨時総会，盛岡でのI大生協50周年記念の会とそのあとの被災地視察（宮古から釜石まで），国際交流についての前担当者からの引き続く聞き取り，などです．そのなかからとくに知っていただきたいことについて話します．

ICA臨時総会の衝撃

つい最近のことですが，国際協同組合同盟ICAの臨時大会がマンチェスターでありました．ICAの総会には，2007年シンガポールのときに行っているのですが，そのときには仕事の都合で総会そのものには出られませんでした．その後，総会は何度かありましたが，出席することの意味についてよく分かっていなかったこともあり，強く出席を要求しませんでした．しかし，昨年，メキシコのカンクンで行なわれた総会にはぜひ参加させてほしいと専務・常務にも頼み，出させてもらいました．参加してみて，あらためて総会がとても重要だということがわかりました．そういう機会に，大学生協がもしやる気になれば，やることがたくさんあるということもわかりました．今年は臨時総会なのですが，協同組合万博Co-op Expoが並行して行なわれることもあり，ぜひ様子を

見てこようと出かけました.

　その様子ですが，まず開会式があり，国際協同組合年がどういう意味を持っているのか，もともと協同組合というのはどこから起こって，どう発展してきたのか，について，イギリス人の女性の会長ポーリン・グリーン氏が話をされ，たいへん良い式だったと思います.

　そのあとの臨時総会では，いろいろな案件があって，いまICAの本部はスイスのジュネーブにありますが，いろいろな理由でベルギーのブリュッセルに移したほうがよいという案があり，それに伴い，どういった組織形態にするかということが議論されました．また，協同組合原則の七番目に「コミュニティへの貢献」というのがありますが，昨年のカンクン総会のときに，すでに単純に「コミュニティへの貢献」ではすまない，地球全体を気候変動が覆っていていろいろな影響が出てきているので，それも取り込むべきだという意見が南北アメリカの協同組合から出され，議論されました．さらに欠員理事の選挙などもあり，昨年から電子投票が行なわれていて，カンクンではうまくいったように見えたのですが，今回は投票機器がうまく作動せず，紙に書いて投票するということなどもあって，少し混乱しましたが，目的は果たせたのではないかと思います.

　また，この場で日生協会長が発言し，東日本大震災への各国からの支援にたいするお礼とともに，現在の状態について述べました．ひな壇には，ICAの会長と専務理事に当たる人と司会をする人とのほかに，協同組合にかんしては世界が4つの地域に分けられていますから，ヨーロッパ，アフリカ，南北アメリカ，アジア太平洋ICA-APという4つの地域の会長が並ぶのですが，ICA-APの会長（中国出身）が不在でした.

協同組合をめぐる討論会

　その翌日には，2012年国際協同組合年を記念した討論会「協同組合経済を育てる」がありました．午前中は，イギリス協同組合同盟の事務局長エド・メイヨー氏の報告があり，イギリスで予想以上に協同組合が再活性化していることがよくわかり，面白く印象的でした．また，多くの人が知っているかもしれませんが，銀行が手数料を取ることに抗議する活動を展開したバンク・トラン

スファー・デイ運動の発起人クリステン・クリスチャン氏の報告も面白い報告でした.

問題はそのあとです．3つ報告があり，カナダのデジャルダン・グループ会長モニーク・ルルー氏の報告，中国協同組合研修センター講師チャン・ワンシュー氏の報告，モンドラゴン協同組合連合ミケル・レザミス氏の報告があって，それぞれ非常に面白いものでしたが，5カ国語通訳が行なわれていたにもかかわらず，日本からの参加者は非常に少ない状況でした．初日の総会には，日本からの代表は，投票などもあるためにほとんど出ていたのですが，2日目は私たち大学生協以外はあまり見かけられないような状況でした．夜には，ロッチデールの，生協発足当時の先駆者たちをえがいた映画の試写会があったのですが，これにも大学生協以外の日本からの参加者は非常に少ないという状況でした.

並行して同じ会場で協同組合博覧会 Co-op Expo が行なわれていて，中国がかなり大きなブースを構えていました．韓国は小さなブースでしたが，農協が中心となって韓国産コシヒカリとキムチを売り物に，アピールしていました．しかし，日本のブースはありませんでした．これについて協同組合の研究をしている日本人から「なぜないのだ?!」とくってかかられました．私もそう思ったのですが，日本のブースはなぜかありませんでした.

中国の協同組合をめぐる報告

日本の協同組合でもっとも重要なのは農協ですが，農協はこういう総会にいつもかなりの人数を派遣しています．しかし，昨年も今年も発言はありませんでした．投票のときは票数を持っているので，非常に大きな意味を持っているのだと思いますが，発言はありませんでした．日生協は，総会で発言したりして役割は果たしているのだと思いますが，単発です．日本協同組合連絡協議会 JJC に加盟している他の協同組合も出ているのですが，全体としてたいへんおとなしいのが実態です．そして，2日目以降は，参加者は非常に少なくなってしまう感じです.

他方，中国から出ている ICA-AP の会長は，総会に出なくてはいけないのだと思いますが，出ていませんでした．そのうえで，2012 年協同組合討論会

では，チャン氏が，中国の協同組合が60年以上の歴史と何十万にも及ぶ単位をもっており，中国は協同組合大国であることを誇示しました．次に報告したモンドラゴン協同組合の人が最初に，今の中国の報告は忘れてほしい，モンドラゴンは小さな協同組合だから，と言わざるをえないような状況でした．チャン氏は明らかに革命後の歴史60年について語っていて，とくに農業については人民公社いらいの農業集団を念頭に語っていたようでした．最近は協同組合方式も取り入れられているようですが，そういう歴史をもった中国の農業集団が本当に協同組合といえるのかどうか．

先ほど言ったように，協同組合七原則というのがあります．それは，公開，民主的管理，組合員参加，自治と自立，教育研究広報，協同組合間協同，コミュニティへの貢献という内容ですが，中国の協同組合はそれに合致しているのか．合致しているところもあるかもしれないのですが，質問しようと思っても講演が終わるとチャン氏はさっさと帰ってしまいました．ICA-APの会長が総会に欠席しているうえ，報告者もあたふたと帰ってしまうのはどういうことか，と首をかしげざるをえないような状況でした．

日本の協同組合の問題性

しかし，中国の協同組合は本当に協同組合なのかと追及していくと，では日本の協同組合はどうなのか，という問題が起こってきます．協同組合というのは，原則とは必ずしも関係なしに，農業とか弱い産業分野を維持するために計画的に創出され，維持されてきた面もあるので，あまり厳密なことを言っても仕方がないかもしれません．ただ，世界の協同組合のなかでは，明らかにアジア・太平洋の存在感は薄い，とりわけ日本の存在感は薄いのです．

日本はなぜ，2012年協同組合討論会に積極的に参加せず，エクスポにブースも出さないのか？　日生協会長に質問しましたが，彼は直接コミットしていないとのことでした．隣にいた役員の話では，ブースを出す目的はそこでの商談だが，日本はそんなつもりがなく，ブースのユニットに300万くらいのお金もかかるので，ということでした．そういうこともあり，わざわざ出す必要があるのか，ということになったということです．

ただ，ブースを出すかどうかということや，報告者を立てて日本の状況を世

界に知らせるかどうか，などについて，協同組合間で議論して決めたことなのかどうかと聞いたところ，よくわからないということでした．きちんと話し合いをして決めるべきだということは，日生協の会長も認めていました．私はずっと参加していて，5カ国語通訳の日本の同時通訳を聞いていましたが，たいへん聞きにくい状況でした．なるべく英語で理解しようとするのですが，時差の問題もあり，時どき眠くなってしまったりして，大変でした．それでも，もしあいう場所で，日本の協同組合の状況について，これだけの規模があるが，こういう問題も抱えている，というような報告ができれば，インパクトはものすごく大きいと思いました．

中国の報告も，内容はあるとは思いますが，日本の協同組合にはそれ以上のものがあるのではないかと思いました．ですから，日本の側からそういうところで話をしたいと言ったのかどうか，です．「協同組合憲章草案」には，「日本は，延べ8,026万人の組合員と64万人の職員を擁する，世界でも有数の協同組合（が活動する）社会となっている」という文章があります．その実態を説明すれば，インパクトは大きい．協同組合憲章案づくりなどについて話せば，非常に大きな意味があるではないでしょうか．

JJCなどの会議の場で，総会での報告について話をしたのかどうか．大学生協連の会長たる私には，なんの情報も入りませんでした．現地に行ってみたらそういうふうになっていて，日本の存在感は非常に薄かったということです．こういうことについて，もし大学生協が貢献しようと思えば，できることもあります．研究者もたくさんいるわけですし，そういう人たちの協力を得て日本の協同組合の状況について，こうなっていて，こういう問題もあるのだという報告ぐらいはできる．そうすれば，インパクトも大きいはずですから，世界の協同組合にもある程度の貢献ができるはずなのです．しかし，そういうことができていないという状態なので，強いショックを受けて帰ってきました．

世界と現場

最後ですが，私は，国際交流や世界の場で日本の協同組合について報告することだけが重要だといっているのではありません．他方では最初にいくつかあげましたけれど，会員生協の40周年とか50周年とかがあって，そういうとこ

ろにできるだけ顔を出すようにしていますし，いろいろな機会に現場の状況がどうなっているのか，できるだけ見せてもらうようにしています．そのなかで，大学の理解もあってうまくいっているところもあれば，大学が生協のことを良く思ってくれずにたいへん苦労しながらやっているところもあります．

そういうなかで，日々の運営に必死なのはよくわかるのですが，そういう苦労をしている人たちに，私はこれまでも，日本の大学生協が持っている意味と可能性について語ってきています．そういう意味や可能性を理解して世界にアピールすれば，相当なインパクトがあるのだということを理解してもらえれば，日々現場で苦労している意義もよりよく理解できるのではないかと思うのです．ですからけっして，上のほうや世界のほうを向いて発信するべきだ，ということだけを言っているのではありません．そういうことも含めて，日本の大学生協の，日本の協同組合のなかにおける意味，それをつうじて世界のなかで持っている意味ということを，考えてもらいたいのです．

6　続・大学生協にできること

さまざまな集会と聞き取り

大学生協連の名古屋での総会です．名古屋は，日本のど真ん中という意識がある反面，東に属するのか西に属するのか，アイデンティティの確定が難しいところかもしれません．しかし，そのほうが，いろいろな方面に配慮して議論しやすいということもあると思います．

そのまえに，T大生協50周年の会，京都でのICA-AP大学キャンパス委員会，神戸でのICA-AP総会，ワーカーズコープ連合会ICA加盟20周年・センター事業団25周年記念式典，および国際交流史にかんする前担当者からの聞き取り，などがありました．

T大生協での経験

まず，T大学生協の50周年ですが，代々の生協の先輩たちが宴の後半でいろいろなことを話してくれました．面白かったのですが，そのなかに，学生運

動と大学生協との関係で，60年安保が終わり，学生運動が下火になってきたときに生協を立ち上げ，それが生協をやるきっかけになった，という話がありました．きっかけはそれで良いと思います．しかし，生協をやってみて，学生運動とは違ったところがあり，いろいろ学んだという話であれば，もっと良かったのではないかと思いました．

ワーカーズコープの意味

少し飛びますが，2012年は国際協同組合年ということもあり，日本の協同組合の連合会がいくつか記念集会をおこなっており，招待状を何件かいただきました．森林組合からもいただき，それには前回少し触れさせていただきましたが，私にとってはとても勉強になりました．それと並んで，年末近くに，労働者協同組合いわゆるワーカーズコープ連合会のICA加盟20周年と，センター事業団——これは失対事業が廃止されたあと，仕事がなくてはという人たちが苦労してつくったわけですが，それを集約するような先進的集団ができ，それが基礎になってワーカーズコープができた元の団体です——25周年記念式典とを兼ねた会がありました．ワーカーズコープは，今日の日本ではたいへん重要な協同組合です．

独特の雰囲気があり，当然のことですが，労働者協同組合という意識が非常に強い．生活協同組合はもともと，資本家に雇われて働く労働者が搾取されて低い賃金しかもらえず，しかも高くて品質の悪いものを売りつけられるので，我慢できなくなくなってつくったのが起源です．これにたいして，労働者協同組合は，もっと積極的に自分たちで事業をやろうとし，自分たちで，労働者である自分たちを雇って事業をやってきた．これは，資本と労働の雇用関係という，資本主義のいちばん中枢に食い込むようなことです．そのことを，池上惇氏のように理論的によくわかっている人もいるわけですが，現場でやっている人も直感的にわかっているような雰囲気が感じられ，勉強になりました．

農協や漁協は，農業や漁業という，資本主義が発達すると周辺に追いやられてしまう分野での協同組合です．食糧生産を確保するため，政府に保護されてきた面もある．中小企業も，資本主義のなかでは立場が弱くなってしまうので，信用を共有したり，お金を貸し合ったり，みんなで助け合おうとして共済を立

―― きらめくキャンパス・ライフ⑭ ――

協同組合間の知的媒介者としての大学生協

　国連の定めた国際協同組合年2012年の11月初めに，イギリスのマンチェスターで，国際協同組合同盟の臨時総会と協同組合大会およびエクスポがあった．開会式，臨時総会，協同組合討論会，生協の創始者ロッチデールの人びとを扱った新作映画の試写会など，主要部分は，昨年来の協同組合年を，2020年に向けた「協同組合の10年」にしようという意気込みにあふれていて，参加しがいのあるものであった．

　しかし同時に，私は深刻な疑問にもとらえられた．中国は大会に報告者を立てて，農業分野を中心とする長い報告をしているし，エクスポにもかなり大きなブースを出している．韓国もエクスポにはブースを出し，韓国産コシヒカリとキムチを売り物にしている．これらにたいして日本は，総会で日生協の会長が被災地支援への謝礼とその後についての発言をしたが，それきりで，大会にはほとんど参加せず，エクスポにブースもない．

　なんという非存在感だろう．エクスポなど商取引の場で，日本はとくに売り物もないので，という声も聞いたが，それなら大会で中国の向こうを張るような状況報告はできないのであろうか．年頭に発表された「協同組合憲章草案」では，「日本は，延べ8,026万人の組合員と64万人の職員を擁する，世界でも有数の協同組合（が活動する）社会となっている」といっているのである．

　大学生協は，農協や地域生協に比べればほんの小さな協同組合だが，知のセンターの協同組合として多くの研究者を抱えている．大学生協に任せてくれれば，日本の協同組合の大きさと活動状況と世界的な意味を，さまざまな問題点も含めて世界に訴えることができる．そういう協同組合の知的媒介者としての役割も，大学生協の大きな存在意義なのではないであろうか．

ち上げたりする．さらには，労働者にも共済が広がる．そういうふうに，資本主義のもとで周辺化されて取り残されていく人たちを何とかしようとしたところに，協同組合の源はあります．

協同組合の最大のものは，日生協にまとまっているような消費生活協同組合で，今では流通業として日本最大であると誇ったりしています．しかしそのわりには，自分たちが何をやっているのか，十分に分かっていない面もあるかもしれません．つまり，流通について協同組合として一生懸命やっているのだけれども，では資本主義の仕組みをどうしていくのかということになると，そういう問題をまともに考えるのはなかなか大変だ，ということです．

しかし，労働者協同組合はそういうことを考えざるをえない．つまり，労働者が資本の役割を担い，労働者を雇って事業をする，ということの意味を考えざるをえない．そういう面が非常に勉強になりました．そういう意味で，労働者協同組合のことを考えていくのは，非常に重要なことだと思います．それなのに，こういう協同組合の連合会から大学生協連の会長宛に案内が来て，「では私が行きましょう」と言っても，会長一人で行くことはできるが，大学生協連としてきちんとした取り組みはまだできていない．これで大学生協として良いのかどうか，森林協同組合のときもそうでしたが，もう少し考えていかなくてはいけないと思います．

ICA-AP 総会の衝撃

また，国際協同組合同盟アジア太平洋 ICA-AP の総会が神戸で行なわれ，非常にショッキングなことが起こりました．ICA-AP の会長は，20年くらい中国の人が務めています．中国に協同組合らしい協同組合があるのかという疑問を出そうと思えば出せるわけですが，その国の人が会長を続けてきている．それにたいして今年は，JA 全中の会長が，そういう事態，つまり同じ人物が長く会長を務めているのは好ましくないとして，会長に立候補しました．

全中会長は，日本の協同組合のなかでももっとも重要な協同組合の会長ですから，開会の挨拶も行なったのですが，そのなかで協同組合は，民主主義社会で，言論の自由があるところでしか育たないことを明言しました．言論の自由がないところでは協同組合は育たない，とはっきり言ったのです．そのうえで，

会長を一国の長期独占から解放し，順次小国の理事でもやれるようにするために自分が立候補したのだ，と言いました．これは，なんと立派なことではありませんか．

しかも，彼はすべて日本語でとおした．これも立派です．同時通訳のシステムがあり，すべては英語には訳されているのだから，日本語がわからなければそれを聞けばよい．ところが，私が見ていたかぎりでは，アジアには英語が当たり前だという国も多いので，そういう国の人たちは通訳の声を聞くレシーバーも持っていないのです．当然そういう人たちは，全中会長のいったことを理解していなかった．そういう状況のなかで投票が行なわれ，結果として中国の人物が再選されました．

これがアジアの協同組合の現実だということを，理解してほしいと思います．世界であればまだ，英語だけでなくフランス語やスペイン語で話す人もいるので，それらを自分がわからないと思う多くの人は，通訳の声を聞くためのレシーバーを持っている．しかしアジアでは，多くの人たちが英語が当たり前と考えているので，レシーバーも持っていない．それが現実なのです．

大学生協はどうすべきか？

いろいろ考えてみて，私は，全中会長がやったことは筋が通っていると思います．日本人だから日本語で話してよいし，話の筋は通っているし，良いことも言っている．

しかし，このまま4年後にまた同じようなことをして，会長に立候補するのが良いのかどうか．たとえばEUはそうなっているので，アジアでも，長期的にはどの国の言語でも対等に使えるようにしていくことが必要です．けれども，アジアの現実に照らしてすぐにそうはできないので，当面は日本や韓国がそれだけの資金があって同時通訳ブースを置いているのだから，議長をつうじてそのことを出席者に知らせ，できるだけ全員にレシーバーを持ってもらう．そのうえで議長に，日本人が日本語で発言することがあるので，そのさいはぜひ聞いてほしいと言ってもらって，発言する．

そういうことがきちんとできれば，全中会長が立候補して日本語で演説し，当選した暁には日本語で会議を司会する，ということもできないことはない

ずです．そのためには，総会にかぎらず全体会議にはできるかぎり出席し，日頃から積極的にいろいろな場面で発言していくほうが良いと思います．当面はその方向を目指すべきなのではないでしょうか．

さらにいうと，もし英語ができる人を出した方が良さそうであれば，日本協同組合連絡協議会JJCの場で協議して，全中にかぎらず会長候補を出せそうな所から出す，ということもありえます．そうなると，大学生協にも大きな責任が降りかかってくるかもしれません．大学生協からそういう人物を出せないことはないのではないか，といわれる可能性もあります．そう言われれば，それはできないことではないでしょう．

前節で私は，マンチェスターで行なわれたICAの協同組合討論会のような場所で，大学生協の誰かが，日本の協同組合のことを，すべての協同組合に配慮しつつ，日本の現状はこうだという報告ができないことはないはずだ，と言いました．会長になって総会の議長などを務めるには，それよりももっと高度なこと，アジア諸国から来ている人たちが，とっさに英語で発言することを聞きながら，会議を仕切るようなことが要求されますが，そういうことができる人がいないわけではないでしょう．

そういう人を大学生協から出すということも，ありえないわけではない．そういうことまで考えると，大学生協は，日本の協同組合のなかで今よりももっと役に立つことができそうです．しかし，そのために，日本の協同組合と大学生協はどれほど付き合ってきているか．招待状が来ても，会長が一人で出かけていくという程度では，そういうことはできないと思います．こういうことも，私たちは考えなければなりません．

国際交流をめぐる対談の成果

大学生協としてやってきた国際交流の歴史を，今のうちにまとめておきたいと思い，前の担当者に聞き取りを行なっています．それがこの12月で最後までできました．

国際交流についての対談が，前国際交流担当者とのものだけをとっても6回を数え，大学生協がアジアとの交流に道を開き，ヨーロッパの学生支援団体と交流し，アメリカの大学の学生支援組織，学内店舗組織との交流などに道を拓

いてきた経過がわかってきています．21世紀になって，世界の大学が大きく変わってきていて，学生の数が増えたために，学生支援を研究，教育と並び大学の柱にしないとやっていけない，という事態になってきました．2009年にユネスコがそのことを公式に認めましたが，大学生協もドイツのDSWの働きかけに応じてそれに賛成し，ユネスコ・コミュニケの推進をバックアップしてきています．

　世界的に重要になってきた学生支援を協同組合方式で，つまり日本の大学生協のようなやり方でやっていく．そのことに，日本は世界的に見ても実績がある．しかも，こういう学生中心のやり方だと，それをつうじて学生が育っていき，それによって社会を変えていく面もある．そういう道を，これまでの国際交流が拓いてきている，と前担当者はまとめています．これは驚くべきことです．こういう国際交流の成果をひきついでいかなければ，大学生協はなにをやってきたのか，これから何をやっていくのか，ということになるでしょう．これも私たちが考えていかなければならないことです．

大学生協の日常の問題と復興・再建への決意

　国際交流の話が続きましたので，本題に戻ります．T大の例でも示したように，私は，可能なかぎり日本中をまわり，会員生協の実態を見てきました．

　各地の会員生協が，国際交流どころではなく，日々の運営に苦労しているのはよくわかっています．しかし，日本の大学生協とは何なのか．広い視野でとらえてみて，自分たちが今何をやっているのかがわかってくれば，実際に赤字を克服できなくて困っている生協でも，自分の苦労の意味がそれだけわかってきて，もっと頑張ろうという気になれるのではないか，と私は期待しています．

　そういうこともっと考えてほしい．頭を柔らかくするまえに心を柔らかくして，ものすごい勢いで日本だけでなく世界が変わってきている現実を，直視しなくてはならない．それを見て，日本の大学生協のあり方を考えてほしいのです．政治の世界では，国政選挙をはじめさまざまな選挙が断続的におこなわれています．選挙でどう変わるのかも大きな問題ですが，われわれにとっては，今私が話していることも大きな問題なのです．

　そういうことも考えながら，総会・交流会などを活発に盛り上げて，その成

果を会員生協に持ち帰り，私が指摘したことも考えてほしいと思います．そしてそれらのことをつうじて，最初に戻りますが，あらためて現在の日本の最大の課題，大震災と原発事故からの復興・再建への決意を固めてほしいのです．大学生協は，そのためのボランティアなどにとどまらない活動を続けてきているのですし，これからも力一杯続けていくのですから．

V

パラダイム転換：
市民から主権者へ

1 日本の協同組合員（協同者）へのアピール

「協同の声を上げましょう」

私たちをめぐる政治状況のとらえ方について，具体的には新年記者懇談会のさいに共済連の会長と話したことが動機になって，ある動きが生まれています．長いあいだ，日本の生協，協同組合は，いろいろと頑張ってきました．その頑張ってきた成果，およびこれから頑張る条件が，場合によっては非常に大きく変えられてしまう可能性が出てきています．

これにたいして，私たちの行動方針および実践を考えていかなければならないと思い，ひとつの文章を作ってみました．これをもとに，共済連の会長その他の人と意見交換を行ない，協同組合として，それにふさわしいやり方でできることがあれば，やってみたいと思っています．その文章を，日生協中心の事業種別連合会情報交換会があったので，そこで大学生協連会長として問題提起させてもらいました．

これをもとに，会長理事個人としては大学教授でもあるので，そういう資格で各種協同組合のトップの人と会って，いろいろと聞いてみたいとも思っています．場合によっては大学生協連として，理事会の賛同を得られれば，なんらかの具体的成果を得るために，各種の協同組合に働きかけるということも，考えられるかもしれません．「協同の声を上げましょう！：すべての協同組合員の皆さんへ」というのが，この文章のタイトルです．

「協同の声」をインターネットで検索してみたのですが，そういう形で出てくるものはあまりなくて，英語で検索すると少し出てくる程度ですので，悪くないのではないかと思っています．主文を以下に掲げます．

「協同組合の10年」の3年目にあたって

　各種協同組合の組合員の皆さん！

　国際協同組合同盟ICAは，2012年10月のマンチェスター臨時総会で，国際協同組合年が事実上2011年から始まっていたとし，これを2020年までの「協同組合の10年」とすることを決定しました．

1　日本の協同組合員（協同者）へのアピール

　2012年の国際協同組合年には，世界中でいろいろな催しが行なわれ，各種協同組合の活動が活発になるとともに，協同組合が人びとにそれまでよりもよく知られるようになったものの，まだまだとうてい十分ではなく，これからさらに活動を活発にし，より多くの人びとに知られるだけでなく，参加してもらうことが必要だ，との認識からです．

　国際協同組合同盟の会長ポーリン・グリーンさんは，私たちに「協同者の皆さん（フェロー・コオペレータズ Fellow Co-operators）」と呼びかけています．

　私も，長年大学生協に携わってきた協同者の一人として，この機会に各種協同組合の組合員の皆さんに呼びかけたいと思います．

　協同者の皆さん！

　今年 2013 年が「協同組合の 10 年」の 3 年目に当たることを自覚し，それぞれの分野で活動を活発にし，私たち自身ますます協同者らしくなるとともに，まわりの人たちに協同組合への参加を呼びかけようではありませんか！

日本の協同組合員の基本的課題

　私たち日本の協同者は，ある意味で世界の人びとに先駆けて，これからの社会のモデルとなる協同社会をつくってきています．

　世界中の社会が民主社会となってきていますが，民主社会のなかでも協同組合が重要な役割を果たす社会が，協同社会です．

　世界中での協同組合の発展により，世界全体が今や協同社会に近づいてきていますが，そのなかで日本社会はとくに重要な意味を帯びてきています．

　その理由は，第一に，もう 65 年以上も日本は憲法で平和主義を掲げ，国際紛争を武力で解決せず，経済活動で国内を豊かにするとともに，世界にも貢献してきたからです．北方領土などの問題解決や，世界の紛争地域の問題解決への貢献にも，日本は今後とも，経済力を基礎にした外交力で対処しなければなりません．

　そのうえで第二に，日本は，世界戦争の確率が低下してきた分だけ高まってきた人類社会の共同性にたいして，新たな脅威として浮かび上がってきている地震津波等の自然・社会災害の予防と対応に，範を示さなくてはなりま

せん．この点にかんして，民主社会としての日本の努力はまだまだ不十分ですが，協同社会としての日本は，各種協同組合の諸活動によって，一定の成果を上げてきました．

第三に，自然・社会災害の一環として生じた原子力発電所事故という人災にたいして，日本は，再生可能エネルギーへの転換という長期展望を明確にし，原子力への依存，さらには化石燃料への依存から脱却する具体的なスケジュールを描かなければなりません．化石燃料に次いで，原子力にエネルギー資源を求めて投資してきた大企業の方針を転換させることは，民主社会の政府の任務ですが，再生可能エネルギーの開発と普及にかんしては協同組合もさまざまな活動ができるはずです．

第四に，以上の価値，すなわち平和，安全，環境をふまえて，日本は，妥当な経済圏を維持し，大企業とりわけグローバル企業に一方的に有利になるような国際経済政策を回避しなければなりません．これはとくに，労働者の生活防衛に発し，農林漁業者や中小企業自営業者など資本主義のもとでは不利にならざるをえない人びとの，営利を第一義としない事業として発展してきた協同組合としては，死活問題であり，現代的な基本的人権の問題です．

協同組合の発展のために民主社会の基本枠組維持を

日本のすべての協同者の皆さん！

以上4つの課題解決のため，それぞれの協同組合が今できることを考えて，実行しましょう．そしてそのことをつうじて，日本の協同社会の前提となる民主社会をも強化していきましょう．

協同組合は，その発展のために，特定の政治的党派に与しないことを前提としてきました．この前提は今でも変わりません．とくに，かつて学生運動と深い関係にあった大学生協としては，1970〜80年代の「大学コミュニティの協同組合」化をつうじて新たに伸びるきっかけをつかんだだけに，なおさらそうです．

しかし，上の4点，すなわち平和，安全，環境，自立の問題は，日本の民主社会の基礎となるレジーム（基本枠組）の問題であるだけに，見過ごすことはできません．協同組合の非政治性を守るためにも，協同組合らしい諸活

きらめくキャンパス・ライフ⑮

アジア太平洋協同組合のこれからと大学生協

　国際協同組合同盟アジア太平洋（ICA-AP）の総会が2012年11月末に神戸であった．ICA-APの会長はここのところ長く中国の代表が務めているので，そろそろ代わった方が良いのではないかという声が日本の農協から上がり，全国農業協同組合中央会（全中）の会長が立候補した．

　全中会長は，総会の主催国としての冒頭挨拶で，協同組合は民主社会で言論の自由があるところでしか育たないと明言し，会長立候補挨拶では，小さな国からでも会長が出てアジア太平洋における協同組合の前進に貢献できるよう，そのきっかけを作るために自分は立候補したのだ，と趣旨説明した．しかも，すべてを日本語で貫いた．

　全中会長は立派だったと思う．しかし，英語が主要言語となっている総会の場では，日本語や韓国語などとの同時通訳システムが採用されていたにもかかわらず，各国代表のなかにレシーバーを持っていなかった人も少なくなく，全中会長の発言が理解されていたのかどうか，選挙の結果は中国代表現会長の再選であった．

　言葉の問題もあるが，協同組合（全国組織）間の意思疎通の問題も大きい．日本の協同組合のあいだで，協同組合のあり方にかんする議論が常日頃からおこなわれていて，アジア太平洋への貢献の観点から，もっとていねいで，各国代表に理解される立候補の仕方をしていたら，結果は違っていたかもしれない．

　大学生協は，組合員である学生，院生，教職員の皆さんに，こうした現実をもっと知ってほしいと思っている．大学生協はその気になりさえすれば，日頃の活動をつうじて各種協同組合間の交流をもっと活発にし，日本だけでなく，アジア太平洋の協同組合をつうじて各国の人びととの生活向上にも，もっと貢献できるのである．

動をつうじて，協同社会としての日本の基礎となっている民主社会としての日本の基本枠組を守っていきましょう．

大学生協の内外で広く討論を！
　以上が主文の内容です．非常に苦労して慎重な言葉づかいで作成していることを，お分かりいただけますでしょうか．そのために，何のことなのかよくわからない，ということもあるかもしれません．慎重な言葉づかいですが，言っていることが伝わるように努力したつもりです．これについてなお問題があれば，意見を出していただきたいと思います．
　こういうことを言う背景のひとつは，昨年12月に政権交代が行なわれ，7月に参議院選挙が行なわれることになっているけれども，その成り行きによっては，レジームというか社会の基本的な枠組が変えられる可能性が出てきている，ということです．もうひとつは，私はこれまでいろいろと協同組合についてやってきて，その経験をふまえて協同組合をこういうふうに意味づけることができるのではないか，ということです．
　簡単に言うと，これまで市民社会といってきたのですが，これは，農家の方や農協の方，また地方の方一般からあまり評判がよくありませんでした．親しみがもてない，ともよく言われます．無理もない面もあります．市民というのは都市の民ですから，農村から見ると，都市の人びとが自分たちのつくる食料で好き勝手に暮らしている，というふうに見えます．世界的に見ると，先進国が世界の都市，途上国その他が世界の農村であり，そういう途上国の貢献のもとに先進国が好き勝手に贅沢な生活をしている，という思いもあるのです．
　考えてみると，市民社会は長いこと金持ち市民の社会でした．金持ちの市民でないと選挙権をもてないという時期も長かったですし，実際に議会やマスコミで議論をして社会を動かしてきたのは，金持ちの市民でした．しかし，それにたいして選挙権獲得運動が起こり，労働者，少数民族，女性から始まって，世界的に大多数の人びとが選挙権を獲得するようになってきました．市民社会が本当の民主社会になってきたのです．そして，その民主社会を支えている事業には，大金持ち市民の事業としての大企業，中小金持ち市民の事業としての中小企業だけではなく，協同組合という事業もあるのです．

これについては何度も言ってきましたが，資本力のない普通の市民，その頃は選挙権も持っていなかった人たちが中心になって始めた事業がもとになって，今の生協が発展してきている．大企業・中小企業にたいして，協同組合という事業があって，それが非常に大きな意味を持っているのです．それをふまえて私は，協同組合という事業が，社会を支えるのに大きな意味を持てばもつほど，民主社会は協同社会になっていく，という考え方を出しています．そういうふうに，社会の流れを理論づけています．

　これを私は，大きな社会理論として仕上げたいと思っています．そういう流れのなかで，協同組合・生協をみる．それでこういう議論になっているのです．2012年のマンチェスターでの臨時総会で，ICAが世界協同組合モニターを発表しています．これによると，世界の代表的な協同組合の連合体，日本で言えば日生協・農協のような連合体，の供給高を総計すると，2兆米ドルになる．少し前には世界第7位のカナダのGDPと同じくらいだといっていたのですが，それより少し向上して，中国のGDPが急速に伸びてきているなかで，現在9位のカナダより8位のイタリアに近づいてきています．イタリアの国内総生産と匹敵するくらいの供給高を世界的に生み出すようになってきているのです．

　その分，世界での協同組合の比重が高まってきて，世界全体が民主社会になりつつあるとともに，協同社会に向かってきている．そういう流れのなかで，今の日本の基本のレジームを維持して協同組合の発展をはかっていく．そのなかで大学生協はどういう役割を果たすのか，というのがこの文書を書いた問題意識です．ぜひ読んでいただき，そのうえで，ぜひいろいろな意見を寄せていただきたいと思います．最初に申しあげたように会長個人として，他の協同組合にあたってみて反応を見たりしますが，他方では専務や常務とも話をして，大学生協連としてなにかできることがあればと考えているので，ぜひ意見を寄せていただきたいと思います．

2 パラダイム転換のために：自立した市民でいいのか？

日生協の 2020 年ビジョンと大学生協のビジョンとアクションプラン

日生協の専務に来ていただき，2020 年ビジョンの作成過程とその内容について話していただいて，たいへん勉強になったと思います．ただ，私として皆さんに考えていただきたいのは，私たちは，2005 年から 2006 年にかけて，私たち自身のビジョンとアクションプランを作っているということです．私が副会長から会長になった最初の年くらいで，全国の状況などもよくわかっていなくて大変だったのですが，いろいろなことを手探りで解明しようとしながら，ビジョンとアクションプランを作りました．

ビジョンはなぜ必要なのか，人間とか人間の社会は前を見て状況を把握して進めていかないと駄目なのだ，そういう意味でビジョンは必要なのだということを言ったうえで，当時の社会状況などに触れながら，大学生協の基本的な価値を打ち出していくということをやりました．もちろんリーマンショック以前でしたので，専務が言ったような，東西冷戦終結と社会主義崩壊後の状況のなかで，自由主義や資本主義だけではすまないのだということが目に見えてハッキリわかってきていた，ということはなかったと思います．

その後，東日本大震災のような災害が起こりましたし，その後の状況なども見通しえていたわけではありませんが，ICA の協同組合のアイデンティティにかんする声明（協同組合原則）などをふまえながら，協同組合・生協とは何なのか，それはどういうふうにやっていかなければならないのかということについては，基本的にしっかりつかんだビジョンとアクションプランを作ったのではないか，と私はあらためて思います．

日生協のアクションプランと大学生協のミッションとの対応

少し具体的に言うと，日生協のアクションプランが大きく 5 つ挙げられているのですが，アクションプラン 1 の「ふだんのくらしへの役立ち」は，大学生協の協同になります．大学の場で学生，教職員が一緒になって自分たちの暮らしをより良くしようとする．

そのために，大学生協は大学といっしょにやらなければならないことがあるので，大学と協力する．それに対応するのがアクションプラン2の「地域社会づくりへの参加」で，具体的に中身を見ると地域の自治体とか団体との協力ですので，大学生協からすると大学との協力になります．

アクションプラン4の「元気な組織と健全な経営づくり」は，大学生協の自立に当たります．きちんとした経営をして財政基盤を維持していく．

そのうえでアクションプランの5「さらなる連帯の推進と活動基盤整備のために」にあたるのが，組合員の生協活動への積極的参加です．そのうえでアクションプラン3「世界と日本社会への貢献」は，平和で民主的社会にしていくための貢献につながっていくので，社会的参加です．5と3は参加です．

協同・協力・自立・参加の基本線では同じものです．こういうものを，私たちは日生協のビジョンとアクションプランに先駆けて作っている，ということを意識しなくてはいけないと思います．いま，副会長と常務が中心になってアクションプランの改訂を行なっていますが，その中身もこういうことにかかわっているということを意識していただきたいのです．

パラダイムとは？

そのうえで，私たちが今直面している問題です．日生協のビジョンのなかに「自立した市民の協同の力で人間らしいくらしの創造と持続可能な社会の実現を」と書いてあります．これが最大の目標だと思うのですが，ここでも自立した市民と言っています．私も市民という言葉を今まで使ってきました．大学生協も市民を養成しているのだ，その市民が次の社会を支えていくのだ，ということを言ってきました．

京都の大学コンソーシアムの成果をふまえた庄司興吉・名和又介編『協同組合論』にも，私の持論が載っています．そこでも，市民という言葉を使っている．市民パラダイムで話をしています．しかし，そのことにたいしていろいろな批判，感想，意見がありました．それにたいしては，さらに市民という言葉を使って説明してきました．日本の教育体系のなかでもそういうことをやらなければいけないのだ，というふうに対応してきました．

しかし2013年になって，市民というキーワードを使うパラダイムそのもの

にも問題があるのではないかと考えるようになりました．そして根本的に考え直し，組み立て直して考えようとすると，大変なことになることに気がつきました．まさにこれはパラダイムの問題なのです．

パラダイムという言葉も，わりと気軽に使われることがあります．「昨日と今日で自分の生活のパラダイムが変わった」などと言うこともあります．「昨日までは仕事中心の生活をしていたのに，もっと自由な活動を考えるようになった．パラダイム転換だ」というように言ったりするのです．

しかし，本来のパラダイムはそんな軽い意味ではないのです．ご存知と思いますが，パラダイムというのは，科学史家トーマス・クーンによって世界的に有名になった言葉で，自然とか宇宙を見る基本的な枠組をさします．最初，天動説であったものが地動説に変わった．それが19世紀の末から20世紀にかけて相対性理論が出てきたり，量子力学が出てきたりして，さらに根本的に変わった．

いま宇宙をどう見るかということで，超弦理論つまりスーパーストリングスが宇宙の構成要素ではないのか，という議論が行なわれていますが，そういう根本的なものにかかわるのがパラダイムなのです．だから，それに対応した形で私たちの考え方の基本を見直そうとすると，ものすごく大変なのだということがわかってきました．

狙い(ねら)いははっきりしていて，社会を私たち自身がつくっていく，そのためには自分たちの政府をちゃんとする．そのためにどういう選挙制度で，どういう代表を選び，どういうことをしなければいけないのかが第一の問題です．しかしそれだけではなく，同時に自分たちで，すでにある大企業その他に頼ってだけいるのではなく，自分たち自身で事業をやっていく必要があるのだ，と私は言ってきました．

市民パラダイムの限界

社会をつくるために，政府をつくるとともに自ら事業をする．これは「社会の真の主人公」になるということです．その主人公をいままで市民と呼んできた．そのためにいろんなことを言ってきたのですが，その市民パラダイムをどこかで乗り越えなければならないのではないか，と強く感じるようになりました．

2 パラダイム転換のために：自立した市民でいいのか？

なぜかというと，市民は，基本的に欧米でできた概念です．17世紀のイギリスの市民革命では，ピューリタン革命で一度，王を処刑して市民が実権を握った．けれども，また王が復権する．王が復権して乱暴なことをするので，市民たちはそれを押さえ込むために名誉革命を起こし，「王は君臨すれども統治せず The Sovereign reigns, but does not rule.」という原則を確立した．

イギリスの民主主義は今でもそのうえに成り立っている．「王は君臨すれども統治せず」を認めさせたのが市民だから，王は君臨するけれども統治はしない．では誰が統治するのかというと，それが市民なのです．このことを確立したのが市民ですから，この延長上で言うとそう簡単に市民という言葉は乗り越えられない．

1世紀後のフランス革命で「市民たちよ，武器を取れ！ 隊列を組め！ 進め，進め！」と歌われた．皆さんご存知のフランスの国歌です．フランス人は，日常的にこういう歌を歌っている．「Aux armes, citoyens! Formez vos battaillons! Marchons, marchons, …」というのがもとの言葉ですが，「市民たちよ，武器を取れ！ 隊列を組め！ 進め，進め！」という意味です．

要するに圧制を倒して自分たちの社会を自分たちでつくろうといっているのです．こういう市民——英語で Citizen，フランス語で Citoyen といいますが——はそう簡単に乗り越えられない．しかし，どこからそれにたいする反発，どうもしっくりしないという発言がくるのかというと，そういうふうに最初に行動した市民たちこそが，じつは国家（国民国家）をつくって世界を支配してきたからです．

支配された側からの反発：農漁民・労働者・諸民族

世界中がそのために植民化されたり，帝国主義的な支配のもとにおかれたりしてきた．それにたいする反発が，市民社会の内部にもあるし，外部からもある．内部にあるのは，市民はもともと都市の民という意味ですから，地方の人たちが圧迫されている．農民とか漁民などです．それから，市民が事業をやって儲けて社会を動かしていくわけですから，そのときに働かされているだけで，自分たちは市民としての特典を味わうことができないという人たち，つまり労働者たちもいる．そういう人たちの反発です．

これにたいして外部からの反発というのは，市民たちが世界中を植民地化したので，植民地化された人びとつまり植民化民衆の反発です．これがやがて19世紀から20世紀にかけて，世界中で反乱を起こして植民地解放革命となり，ほとんどが独立する．そしてそれら旧植民地諸国は，今や自分たちで自分たちの社会をつくろうとするようになっている．

そういう市民社会内外の歴史をふまえて，残っている市民という言葉への反発を，どこでどういうふうに乗り越えていったらよいのか．考えているうちに，これはとても大変なことだと思うようになりました．じつはまだ決着していない．しかし，ひとつの提案として，私は，市民化とか市民社会とか言ってきたものを，民主化とか民主社会とか言ってしまうとわかりが良くなる，みんなわかってくれるのではないかと思います．

そういう意味で，民主化とか民主社会とかで通せば良いと思うのですが，そんなことは前からわかりきっていたことではないか，という反論が出てきます．

では，民主社会の担い手を何という？

もうひとつの大きな問題は，民主社会の担い手をなんと言ったらよいのか．市民社会の担い手は，市民です．民主社会の担い手をなんと言ったらよいか，そう簡単ではありません．昔，王とか皇帝が支配していた社会では，われわれは臣民＝家来であった．それが自立して市民になった．しかし，その市民が労働者を圧迫するので，労働者が反発する．そういう動きが起こった．労働者を圧迫するのは，工場だけではなく，資本はまた，いろいろ粗悪なものを高く売りつけて人びとの生活を圧迫するので，消費者も立ち上がった．それが先ほど日生協の専務に話してもらった生活協同組合の発端です．

労働者と消費者．そういうと今度は，農民とか林業者とか漁民とか，世界的にいうとかつて植民地化された地域の人たちが，取り残されているではないか，という感じが付きまといます．そこを何とかするためにどうしたらよいのか．

社会の主権者という言い方があって，これでいくかもしれないと思ったのですが，主権というのは英語では Sovereignty です．これはどこから来ているのかというと，上に述べた名誉革命です．王は君臨すれども統治せずの元の言葉は The Sovereign reigns, but does not rule. でした．Sovereign というのは，

したがって全社会の権力を握っている者つまり王だったのです．だから王の持つ権力性を主権 Sovereignty というようになった．

その主権を市民が奪い取ったのでした．それで市民が主権者になったので，主権者 Sovereign というのは，重い言葉です．英語でもあまり多用されません．英語では Citizen という言葉がそれに替わる言葉として使われていて，揺るぎないものとなっている．フランス語では Citoyen で，これも揺るがないだろうと思います．

しかし，日本語では，市民というのは都市に住んでいる人という意味なので，そういう人たちだけが主権者なのですかという反発があるし，途上国から見ると，欧米および日本の市民たちが徒党を組んで押し寄せてきて，自分たちの国を支配したという記憶があるので，そういう恐ろしい人たちが主権者なのですか，という反発がある．

主民か自立した市民か

なんと言ったらよいか．私は，市民の代わりに主民という言葉を使ってみました．市民の代わりに主民というと，なにか訛ったようでしっくりしないかもしれなのですが，内容的に，これで一貫してわれわれの社会をもっと徹底的に民主化していく，そのために，政府を民主的にするだけでなく，われわれ自身で事業をやっていく，という意味を出せるような気もする．そういう社会をつくるために，どういう人びとがどういうふうに動いていかなくてはいけないのか，そういう諸問題を今年に入って必死に考え続けて，なかなか簡単にはいかないということがわかりました．

やはりパラダイムの転換というのは大変なことなのです．しかし，それができないと，挨拶と問題提起の原稿程度のものもなかなかできない．ようやく原稿を仕上げてここに来て，日生協の専務が良い話をしてくれたので，その話に乗せながら話をすることができました．たぶんこの線でやってみて，どういう言葉がなじんでくるか．自立した市民ということでよいのであれば，それでよいのか．自立した市民というと農協の人たちが納得してくれないのではないか，という気もしますが，それも含めて，これからの民主的な協同社会をつくっていくための理論を，社会学者として，この段になってパラダイム転換というの

は大変なことなのですが，あえてやりながら考えていきたいと思います．

　そのために大学生協のあり方を考える．今まで私が言ってきたことは，先ほどふれたビジョンとアクションプランいらい基本的には間違っていないと思いますが，不十分なところはもっと直していきたいと思います．そのために皆さんのご意見をいただきたいし，実際に大学生協の活動をやりながらどういう言葉あるいは言葉づかいがなじむのか，これは大事なことだと思っています．パラダイムとはたぶんそういうものでしょう．

　何かを言いながら，自分が体を動かしていく．そのときにしっくりするような言葉がないと，ビジョンとアクションプランが綺麗ごとになってしまって，意味を成さなくなる．そういうことも考えながら，これからも大学生協のことを考えていきたいと思っています．

3　大学生協の意義と役割

基本的な考え方

　大学生協連を代表していろいろな会議に出ていますが，出てみて初めて大学生協とは何かがわかることが多いです．それをできるだけ大学生協の内外に伝えたいと思います．会員生協が生協の活動をやっていくにあたって，私たちがどういうふうに考えなくてはいけないか，うまくつかめない場合もあるかもしれません．そういう疑問に答えるため，基本的な考え方を示したいのです．私はもちろん，大学生協連の代表として表に出ると同時に，とくに学生諸君ともできるだけ話をしています．それらをふまえての話です．

主権者へのブレークスルー

　最初は，私が社会学者として考えていることと重なっているので少し大げさな話になりますが，私は，協同組合は市民の事業であると言ってきました．しかしそうすると，市民という言葉に違和感や反発を覚える人もいます．とくに農業をやっている人，具体的に農協の人がそうですが，そういう人たちには，都市民というのが市民のもとの意味ですから，都市の人たちだけ良いところを

―――― きらめくキャンパス・ライフ⑯ ――――

勉強第一を協同に結びつける

　バブル崩壊後の20数年をどう総括し，これからに向けてどのような展望を開いていくかが，今，日本にとって喫緊の課題となっている．そして，それはおそらく，この20数年を少なくとも過去50数年のうちに置いて見ることなしには，解決されないであろう．

　50数年前，日本は，高度経済成長の前半を終わり，豊かな社会に向かって波に乗っていた．大学進学率も10％台後半に入ろうとし，短大も含めて100万人に近づこうとしていた学生たちは，成長する日本の将来のリーダーたることを期待されており，政治的社会的関心も旺盛であった．

　20数年前，バブルの余波がまだ残っていたころ，大学進学率は40％に近づいていたが，280万人を超えていた学生たちはまだ，就職の機会にも恵まれており，海外進出にも意欲をもっていた．それがこの20数年で，進学率は50％を超えたものの，300万人を超えて微減するようになった学生たちは，内向きになり，海外留学などにもあまり積極的ではなくなったといわれている．

　実態調査などを見るかぎりでは，就職環境の厳しさから勉強第一と考える学生が多くなり，人間関係，サークル，趣味などにたいして「何事もほどほどに」とする学生が増えているようである．学生たちの内向きも問題ではあるが，おそらくはそれ以上に，彼らに展望を与えられない今の日本社会に責任があるのであろう．

　大学生協は，こうした学生に寄り添い，大学生活と就職活動を支援しながら，学生とともにこれからの日本への展望を拓いていきたいと思っている．その鍵は，勉強第一を，これからの社会の構成要素としての協同の意味理解につなげ，キャンパスでの，そして社会に出てからの協同活動へとつなげていくことである．

取って，という反発がずっと前からあると思います．

またさらに，いわゆる途上国や新興国からすると，欧米先進国——日本も含めてですが——の市民たちが，自分たちのつくった国民国家の軍事力を背景に押し寄せてきて，私たちの祖国を植民地化したという記憶が残っていますので，けっして市民というのは良いイメージではない．

このように市民という言葉には支配者としての市民というニュアンスがあるので，私はそこから何とか脱却したいと思っていました．

それをなんとかするという意味で，主権者たる民衆，主民という言葉を使ってみようかと思ったこともあります．柳田國男が，戦前の選挙権もなかった一般の人たちについて，常民という言葉を使っています．それと対比して，憲法上は主権者なのに，民衆が実際には自主的に自分たちのあり方をきめられない状況になっている．そういう社会のあり方になってしまうのはなぜなのかを，解き明かす理論が必要だと思ったのです．

それが，社会の主権者である人たちがやる事業としての協同組合・生協の意味にもかかわってきます．主権者から見て，自分たちの政府に対応する自分たちの事業という意味ですが，そういうことをきちんと言える理論にしようと思います．

ところが，その仕事はかなり大変なことになってしまって，専務・常務が会員生協を回るので一緒に同行するというスケジュールも作ってもらったのですが，それもキャンセルせざるえない状況になってしまった．そのうえで，ようやく最近になって，どうにかまとめることができるのではないかという状況になってきたのです．

だから今は，そういう前提で，いままでの協同組合論や生協論を変革していきたいと思っています．こんな形で難局の突破つまりブレークスルーがなんとかできたのです．

ICAのブループリント

この過程で国際協同組合同盟ICAのブループリント（青写真）が現れました．ICAが2012年のマンチェスターでの会議をふまえて，2020年に向けての協同組合のあり方を示すブループリントを出したのです．

それについて議論するという連絡が来て，そのとき私の手元にその翻訳がなかったので，インターネットで直接 ICA のホームページから現物をダウンロードして，よく読んでみました．感想としては，良くできていると思いました．

ICA が，これまで考えてきたことをまとめて，この 10 年がいかに重要かを説いています．しかし，途中大事なところでやはり市民 Citizen という言葉が出てきます．日生協も自分たちの事業は市民たちの事業であるといっているので，この言葉づかいを乗り越えるのは大変だと思いますが，ブループリントは内容的にはきちんとしたことを言っている．

どういうことかというと，米ソ冷戦終結後世界中が資本主義だらけになり，規制緩和で資本主義のやりかたを自由にすれば結果的に良いものが出てくると言ってきたが，2008 年のリーマンショックで完全に崩れ去った．その後，資本主義社会でいろいろ大変なことが起こっている．

そのなかで，協同組合はよく頑張ってきた．レジリエント Resilient という言葉を使っていますが，弾力性があるとか耐久性があるという意味です．どんなことがあってもそう簡単にめげないということです．そのために良くやれてきている．資本主義は，Sustainability つまり持続可能性を示せないでいる．それにたいして協同組合は，それを示してきている．

だから，今こそ協同組合の出番なのだ，というのです．2012 年が国際協同組合年 IYC だったわけですが，事実上まえの年から始まっていた．ですから 2011 年から数えて 2020 年までの 10 年間を「協同組合の 10 年 Co-operative Decade」として，その間に協同組合として何ができるか，それを行なうことでどう変わるのかを示さなければいけない，と明確に言っています．

この辺をどう理解するかということなのですが，Co-operative Enterprises Build a Better World! という言葉があって，2012 年中をつうじて流された言葉です．IYC の標語です．これを皆さん，日本語でどう訳していたか，思い出してください．「協同組合はより良い社会を作る」，つまり「社会を作る」といっています．しかし，社会ではないのです．もとの言葉は，World です．世界を変えられる，より良い世界を形成できるといっているのです．

それだけ日本の協同組合は，視野が狭くなるというか，閉じこもってしまう傾向があるのではないか，ということが気になります．こういうブループリン

トをめぐる議論と実践をつうじて，それを乗り越えていかなければならないのではないでしょうか．

　もう一度いいますが，この10年間の協同組合の進むべき道を，ブループリントという形でICAが出した．このブループリントを，各国の各協同組合がブレークダウン（読みこな）して実践すれば，実際に自分たちの世界社会を変えていけるのだ，ということを言っているのです．このことを，私たちは理解する必要があります．そのブループリントを実現するに当たって，ICAは日本の大きな協同組合である農協と生協に，指導委員会を作るのでそこに出て意見を出してくれないか，という要請をしてきたのです．

農協と生協のリーダーシップ

　それで農協や生協はどうするのだろうと思っていると，日本協同組合連絡協議会JJCの会議がありました．JJCは，日本のICAに加盟している協同組合の連絡協議会です．その場でそのことが議論になり，JJCは農協の全中が中心になって運営しているのですが，その横に日生協の会長がいて，会長は前向きに対応すべきだろうとはっきり言いました．

　私もその場で発言して，前向きに対応すべきなのではないかと言いました．農協としてもどうするべきかを考えてほしい，とも言いました．農協はじっさいブループリントをどうやってブレークダウンできるのだろう，と思いながらです．

　農協の筆頭常務とは協同組合憲章を作ったときからの関係があって，以前に2時間ほど時間を取ってもらって個人的な対談をしています．そのとき，今の農協の状況とか，農協がブループリントについてどういう考えを持っているか，を確認しました．そのうえで今後，大学生協と農協が連帯するかどうかなどは，組織と組織の問題になりますから，これはまた専務や常務と相談しながらやっていきたいと思っています．

　その後，JJCとは別に日生協が中心となって，生協関係の連合会の情報交換会がありました．私はブループリントを前向きに受け止める発言がなされるものと思っていたのですが，日生協の国際部長からの説明は非常に平板なもので，今こういうものが出る意味や，これが日本の協同組合にとってどういう意味を

持つのかということについて，あまり能動的な説明ではありませんでした．それでがっかりして，そういう主旨の発言をしました．

大学生協のビジョンと ICA ブループリントとの対応

そのうえで大学生協としてどうするのかを考えていましたが，その後ソウルで ICA-AP の大学キャンパス生協委員会のワークショップ，すなわちソウル・ワークショップがありました．そこで具体的に，大学生協としてブループリントを読みこなすと，こういう意味があるのではないか，という話をしました．ワークショップの冒頭挨拶でのことです．

ICA はブループリントのなかで，アイデンティティを中心に参加，持続可能性，法的枠組，協同組合資本を相互関連的，有機的に追求するという方針を出しています．

これを大学生協の側からブレークダウン（読みこなし）すると，アイデンティティは自己確認ですから，これがビジョンとアクションプランにいう協同だと思います．そのために私たちは，大学のなかの生協だから，それを基礎に大学と協力して良い関係，活動しやすい関係をつくるばかりでなく，社会的にも協同組合が活動しやすい法制の実現を目指して活動をしていく．これは法的枠組に対応します．そのうえで，財政的基礎を強め，自立した発展への道を拓いていく．これは協同組合資本の問題です．

そのためにもっともっと組合員に参加してもらい，社会的な参加による社会発展（持続可能性）への貢献をしていかなくてはならない，と私たちのビジョンとアクションプランの構成はなっています．これはすなわち ICA のいう参加と持続可能性そのものです．

こうして，ブループリントが出るまえに，私たちはビジョンとアクションプランを作っているわけで，私は，後者は前者に見事に対応しており，このようにブレークダウンできるのだと話しました．私たちが取っている道は，基本的には生協のあり方として正しいのです．ですから，これをさらに各会員がそれぞれのビジョンとアクションプランへとブレークダウンしていくことが，さらに重要になってくるのです．

大学生協の大きな役割

そのうえで、ソウル・ワークショップをふまえて、いくつかの問題提起をしたいと思います。

第一に、ICA-APが、傘下の委員会として大学キャンパス生協委員会に働きかけてきています。もう大学キャンパス生協委員会は、仲良しサークルではすまなくなってきていて、しっかりとした組織として自立しなければならなくなってきているのです。そのために学生も参加する、という方針もはっきりと出されています。そういうことにたいして、私たちはどう対応していくのか、問われています。

だから、個々の会員生協で、学生が日ごろから生協のために活動してきている成果を、国際的な場でも出していかなければいけない。そのために学生諸君と一緒になって、もっと英語力を強化して、日本の大学生協の意義を訴えていく。そういうことをやっていく必要があります。

他の協同組合との関係とか、国際的な事柄が、個々の会員生協の組合員から見ると、雲の上の問題であるかのように思われている面があるかと思いますが、決してそうではないのです。日々の私たちの活動がどうなっているのか、それを他の協同組合にたいして、また国際的な場でどう出していくのか、非常に重要になってきています。そういうことを考えなければなりません。

それぞれの会員生協で考えていただきたい。連合会としては、私が副会長や専務や常務とよく相談したうえで、来年のバリで行なわれる総会には大学生協としてどう取り組んでいくか、などのことを考えていきます。だからそういうことが、個々の大学生協の話としてどう意味を持ってくるのか、そういうことをもう一度考えていただきたいと思うのです。こういう問題提起にたいして、意見をどんどん出して、やり取りをしていかないと、大学生協はジリ貧になってしまうかもしれません。

大学生協の意義を役員と学生が語る！

大切な点について、もう少し補足させていただきます。

私は、外部の協同組合との会議とか国際交流をつうじて、大学生協とは何かを、いやというほど思い知らされています。それを皆さんに、なんとしても

伝えたいのです．

　たとえば，日本協同組合連絡協議会というものがある．そこに農協・生協などの協同組合が出てくるわけです．ここには私と常務が出ていますが，私の立場でないと発言できないことがある．そういう意味で，言うことを言う．すると，それをふまえて，大学生協は何ができるのか，何をしなければならないのか，を考えなくてはならなくなります．

　同じことが生協の事業種別連合会の情報交換会でもあります．こちらのほうは，専務と私が出ていますが，会長の立場でないと言いにくいことが出てくる．それを言うと，では大学生協は何ができるのか，というぐあいに跳ね返ってくるので，それを組合員に提示してわかってほしいのです．どんなことでも，意見を出してほしいと思います．

　もうひとつは学生諸君のことなのですが，学生諸君は，総会議案の討議などをつうじて，今年の方針の振り返りや来年の方針などを報告してくれています．たいへんよく考えて，内容の良い報告をしてくれています．大学生協のことをよく考えて分かってくれていると思います．そういう学生理事たちがいる．そしてその背景に，全国に，学生委員が何千人もいて，自分たちで大学生協とは何かを考えてくれています．

　学生たちは，生協のことを肌で感じて，体で感じて，わかっていることがあるはずです．それを言えるようになってほしい．どんな場に出ても，です．そのために各会員生協，各大学で生協の意味みたいなものを語る機会を増やしてもらえないかと，私は思っています．そういう場を設けてもらえれば，私はいつでも出かけていくから，と言ってきています．

　それから国際的な場に出て行ったときに，簡単な自己紹介と日本の大学生協についてこう思っている，問題はこういうところにある，などのことを言えるようになってほしい．これは慣れの問題なのです．英語で自己紹介する．英語で大学生協は何かを説明する．そういうことは，やらなければできないのです．

　私は副会長や専務や常務と相談しながら，何とかそういう機会を作りたいと思っています．次のワークショップや国際会議が想定される場合，それに向けて場面を想定して練習する．これには，教員の皆さんの協力も必要です．そういう場に出てきて，学生の言うことを聞き，英語で質問するなどして，やり取

りをする．そういうことを今やらないといけないと思います．このあいだのソウルでもそのことを強く感じました．

それは国際交流にかんしてだけでなくて，日常的な問題なのかもしれません．それをぜひ皆さんにも考えていただいて，日本語でも英語でも良いから，生協について語り合える時間を作る．そして，全国レベルや国際交流の場に，学生を送り出すようにしてほしい．そういうことを深めていただきたいと思います．

大学生協のアイデンティティ：「協同組合の10年」に大学生協を強化し，日本の協同組合運動の前進に貢献するために

「あいさつ」の意味

私は，全国理事会を初めいろいろな会合の冒頭で「あいさつ」してきています．始めた経緯ですが，私が会長に就任したとき，前専務が私にたいして「何か言ってください」と言いました．それは，単に形式的な挨拶をせよ，という感じではまったくありませんでした．「大学生協について考えていることを言ってください」という主旨であると私は受け止めて，とっさにその時考えていたことを言いました．次回以降も基本的には同じことが続き，ずっと続いてきています．その結果が前著『大学改革と大学生協』にも反映されています．

これは，私にとっては，けっこう大変なことでした．私からすると，毎回同じ事を言うわけにはいかないので，そのつどいろいろ考え，勉強して話をする．そのために相当の時間を割いてきています．その結果として，大学生協のことを私ほど考えた人間はそうはいないのではないか，と自分では思ったりしています．

最初は，私が勉強してきたこととその段階で知っていた大学生協を対比して，大学生協に何かこういう意味があるのではないかという，「意味を付与する」感じが強かった．しかしやがて，会長として各地の大学生協とか，いろいろな行事とか，国際交流とか，に出席するようになると，「意味を見出す」というふうに変わってきました．

けっきょく何をしてきたのかというと，大学生協とは何かということをくり

返し考え続けてきた、ということです。これはすなわち、アイデンティティの更新です。アイデンティティというのは、自分は何者であるかということを、たんに言葉だけでなく行為で示すことですから、そういうことをくり返してきたように思います。

アイデンティティというのは、私が学生の頃から学会でよく使われようになった言葉で、半世紀ぐらいの歴史があります。一度できた自己認識も、惰性化するとすぐ陳腐化して、無効化してしまう。だから、くり返し状況の進展にあわせて、各自が自分との関係を更新していかなければならない。私は、そういう意味で、大学生協のアイデンティティの更新をしてきたのだと思います。

アイデンティティからパラダイム転換へ

大学生協は、ほかの非営利の事業も多かれ少なかれそうですが、基本的には、事業、組織、それらに内容を与えていく意識、から成り立っています。

大学生協の事業は食堂その他、共済が2、3年まえに連合会を別につくりましたが、それも含めた事業です。それをやっていくために、組織を維持していかなければならない。しかし、事業や組織だけだと、途中で何をやっているのかわからなくなりかねないので、何のためにそういうことをやっているのかを、くり返し問い、事業や組織を何度も意味づけていく必要があるのです。

それが意識、理念、つまりアイデンティティなので、この話になってくると、2012年初めに国際協同組合同盟ICAが出したブループリントの、アイデンティティにもろにつながってきます。アイデンティティの更新のくり返しを、私は社会学者なので、社会学者としての自分の研究と絡めながらやっている。一般に教員は自分の研究と大学生協の仕事とをなかなか分離できないし、分離しないほうが内容的な発展があると私は思っています。そうしてきている結果、しばしば話が専門的になりすぎて、分かりにくくなってしまったこともありました。

ただ、教員の役割とはそういうことなのではないか、とも私は思います。副会長と話していて「それは先生が社会学をやっておられたので、そう感じたのでしょうね」と言われましたが、私は高校のときまで物理学をやろうと思っていました。もし、物理学をやっていたとしても、いろいろと考えたのではない

かと思います．

　いずれにしても，考えていることを分かりやすく話すことは必要ですので，その点での配慮は必要です．そのうえで，「あいさつ」をつうじて何が分かってきたのかというと，非常に大事なことです．

　今年に入って私はパラダイムの転換ということを何度か言いました．どういうことかというと，私は，市民という言葉にこだわっていたが，それにはじつは重大な制約があった．それをどうやって乗り越えるかで苦闘していたのですが，ほぼ乗り越えられた．前節でもそのことを書きました．その結果，歴史的に深いことにかかわってくるようなやり方で，大学生協とは何なのかについて，以下のようなことが言えるようになってきたのです．

大学生協の意味（アイデンティティ）

　私たちの歴史はどんどん動いている．副会長は日本でも有数の歴史学者です．先生たちの仕事を拝見しているうちに，20世紀のあいだに大きな歴史観が崩れて，私たちは「さまよっている」という記述があって，私はショックを受けました．

　たしかにそうなのかもしれませんが，一方では，21世紀に入って世界の動きが見えてきた．見えてきているかぎり，歴史の趨勢は民主化です．民主化とか民主社会は，当たり前ではないかと皆さん思われるかもしれません．しかし，よく考えると，深い意味があります．民主化すると多くの社会は，民主社会になってくるわけですが，民主社会の担い手は主権者です．

　主権者は，良い政府をつくって自分たちの社会を運営していかなくてはならない．しかし，それとともに，いやそれ以前に，社会は生きていかなければなりませんから，事業で支えていかなければなりません．自分たちで事業を行なって，自分たちの社会の実質をつくっていかなくてはならないのです．

　実際に最初に主権者になったのは，金持ち市民でした．金持ちの市民たちの企業が社会的に大きく広がって今日の社会の実質をつくり，それを支えています．私たちはそれを当然のことだと思っていて，学生諸君も，就職の時にはできるだけ発展性のある良い企業に就職したいと思い，頑張ったけれどもうまくいかなくて自殺したりしている．そういう視野は打破しないといけません．な

―― きらめくキャンパス・ライフ⑰

消費をつうじて社会生活の生産へ

　人は生きるために消費する．いや，消費することと生きることとは，当初，同義である．

　赤子の時から無意識のうちに行なってきているこのことに，人が意識的になり，しだいに自分の選択を加えて，自分自身をつくっていくようになる年齢やきっかけは，人によってさまざまであろう．ある人は衣のほうが先で，食には無頓着であるかもしれないし，別の人は小さいころから食の好き嫌いが激しく，親や教師に言われてもなかなか直せず，逆に衣には無頓着であるかもしれない．

　大学に入ると同時に親元を離れざるをえない人びとは，自ずと住の選択にも直面するであろう．もちろん人は衣食住によってのみ生きるのではないから，学生になるまでに多くの若者は，遊び，知識，スポーツなどを消費し，それぞれの心身をつくってきている．そして少しずつ，これらのものの生産にも関与してきている．

　大学生活とは，若者たちが，衣食住の欲求を満たしながら，知識を吸収し，思考力を磨き，スポーツや旅行やその他の遊びなどを意欲的に消費して，それぞれの心身を社会人として一次的に完成させていく場である．大学生活後半の山場である就活は，こうして，消費しながらしだいに生産にもかかわりはじめている学生たちが，社会生活総体の生産と消費にどこでどのようにかかわるか，を決めていく活動にほかならない．

　大学生協は，大学とともに，若者たちのこのような大学生活を支援していく．いや，大学生協自体が，学生たちの自発的活動なのだから，学生たち自身が，基本的な消費生活のスタイルを身につけ，自分たちが主権者として担うことになる社会の生産と消費のあり方を決めはじめる，このうえなく重要な活動なのである．

ぜかというと，それはたまたま金持ちの市民が始めた事業が企業化したもので，一株一票制，つまり金持ちで株をたくさん買える人の意向で動いている．

これにたいして，普通の主権者たちが，政府をつくるときと同じやり方，つまり一人一票制で事業を起こしていくやり方があって，それが協同組合なのです．そのことを，私たちはもっと理解する必要があります．

主権者の事業

日本の大学では，学生は通常18歳で進学しますから，途中で選挙権を獲得して，政治的な主権者になります．しかし，大学生協のある大学では，学生は組合員になることによって，最初から経済的な主権者として活動しているのです．経済的な主権者として，大学をつくっている．社会をつくっている．

そういう自覚を学生諸君が持てば，それこそがアイデンティティであって，自分のしていることを理解したことになるから，非常に深い意味での主権者になることができるのです．それがとくに大学がしていることの理解と結びつけば，文化的意味でも，主権者とは何か，民主社会とは何かの意味を，広く深い視野で理解した文化的な主権者になることができる．

そうすると，自分たちがやっている事業なわけだから，当然，大学生協を盛り立てて，もっと使うようになるでしょう．うまくいっていないことがあったら，先生や生協職員と相談し，大学と話をして，もっと良くしていくというふうになるはずではありませんか．今，そのようにならないと，大学生協はだんだん萎縮してしまうのではないか，と私は思っています．

アイデンティティを自覚して，意識的に生協の組合員なのだと思い，協同する，活動するということがないと，大学生協も駄目なところまできている．私が会長になって10年近くたっていますので，その間に大学がどんな状況になってきているか，専務が毎回くり返して説明しているとおりです．コンビニやレストランが出てきて，そのなかで大学生協は何なのだ，というふうになってきているではありませんか．

そこのところを克服していく．そのことを，教職員の皆様にも生協職員の皆さんにも本気で理解してもらわないといけない．そのうえで，学生と話をするのです．大学生協のあり方を改善していかないと，もはやこれ以上の発展はな

いのではないか，というところまできているのです．

国際交流の意味

そういう意味で，若き主権者を育てる若き主権者の事業としての大学生協が，事業単位数220ほど，組合員総数150万以上，という規模で存在するのは世界でも日本だけです．これをもってまず，アジアの大学生協と交流する必要があり，してきています．皆さんよくご存知だと思いますが，アジアの国ぐには第二次世界大戦後，植民地支配から独立して非常に苦労してきました．民主社会にはほとんどなってきていますが，まだまだ非常に苦労している．

そういう背景のもとで，大学でどういう生協活動が行なわれているか．実際に接触してみると，圧倒的に温度差があります．日本はこんなに進んでいるから，そこに行って教えてやるのだ，というのでは駄目で，それぞれの国にそれぞれの歴史と現実がありますから，教えるというような態度ではなく，実態に学び，教わる，という態度でないと，日本の大学生協にとってもためになりません．

タイ，インドネシア，マレーシア，そして最近では韓国に，私はものすごく教えられてきています．本気で学んで，交流していく．それが自然に，アジアの人たちにとっても良い方向に動いていくやり方です．代表としての，会長や専務や常務，あるいは学生委員長などなどだけでなく，できるだけ多くの日本の大学生協の組合員に参加し，経験してもらい，考えてもらう必要があるのです．

そういう意味では，ソウル・ワークショップは非常に大きなイベントでした．こういうイベントに，今後とも若い人たちにどんどん参加してもらって，その成果を国際協同組合同盟アジア太平洋 ICA-AP にだけでなく ICA そのものに，伝えていく必要があります．日本にこういう大学生協があることを，まだまだ世界の人たちは知らない．

ですから私は，今度の ICA の大会で国際協同組合の10年にかんして，日本の大学生協はこんなことを考えているのだ，日本にはこんな大学生協があるのだ，ということを発言してきたいと思っています．あらゆる機会をつうじて世界に発信していくことが必要なのです．

他協同組合との関係

これらのことをつうじて，予想外のことで認識不足だといわれかねないのですが，とくに会長職の後半になって，国際協同組合年，あるいは ICA 関連の行事にかかわるようになり，日本の他の協同組合と接触するようになって，それらが今どんなふうにやっているのかが，分かってきました．

もちろん，どんな協同組合もよく頑張ってきていると思いますが，いろいろな問題もある．大学生協もそのなかの1つとして交流し，学ぶ．そしてさまざまな協同組合活動のなかに，大学生協として意識的に参加していく．それをつうじて，少しでも日本の協同組合活動を良くしていかなくてはなりません．

その意味でも，他の協同組合と積極的な関係を作っていく必要があります．そのために，本章冒頭で述べた「協同の声を上げましょう！：すべての協同組合員の皆さんへ」という文章もあえて作りました．これを，副会長をはじめ皆さんに議論してもらっているところです．できればこれを，学生，院生，教職員，生協職員など大学生協全体で議論してもらい，他の協同組合にも働きかけていきたいと思っています．

こういうことをつうじて，日本の大学生協の役割を果たしていく．そういうことを，先ほども言ったように，会長とか専務とか常務とか学生常勤とかの，いわゆる代表だけで，いわば上のほうでやっているだけでは駄目なので，会員生協の日常活動とつなげていく必要があるのです．

そのためにどうしたら良いか．それで，最初に戻るのですが，会議の冒頭の「あいさつ」はそういう意味を持っているのではないかと思います．これは直接の，議題や報告とは違うのですが，理事会の開会に当たって冒頭に，大学生協とはもう一度何なのかを考えてもらう，考えながら議事を行なっていく．これまでも，私の「あいさつ」と議事とが噛み合って議事が進んだことがありました．「あいさつ」と議題との関連をもっと有機的に考えて，議論していってほしいと思います．

基本は日常活動

最後にもう一度，私はいろいろな会員や店舗を見てきていますが，会員生協の学生に「生協とコンビニの違いを知っていますか」と切り出せば，この節の

冒頭に述べたアイデンティティの問題に発展するはずだと思います．日本の大学生協の歴史的意味は，そういう所にあるのです．

ですからたんに，どちらの品揃えが良いから，どちらがきれいだから，どちらが良い場所にあるから，というだけでなく，学生が，生協のお店が不利な場所にあると思うのであれば，専務や教員と一緒に，大学側にもっと良い場所はないですか，と言いにいく．品揃えということであれば，生協の内部でできることなので，どんどんやっていく．そういうふうに日常活動と絡ませながらやっていく必要があるのです．

そういうことを，聞いて身になる形で言ってきたつもりです．そのために，冒頭の「あいさつ」があるのです．

5　ICAのブループリントと大学生協のビジョンとアクションプラン

「あいさつ」を「あいさつと問題提起」に

私は，「あいさつ」をつうじて，大学生協の活動について，そのつど私が携わったかぎりでの経験，および今までやってきた理論をもとに，問題提起をしています．そのことをはっきり示すために，「あいさつと問題提起」としてみました．

会員や組合員の皆さんが肩車をして，会長理事を高いところまで持ち上げてくれます．そうすると，初めて見えてくることがあります．その典型的な例は，ICA総会への出席です．そういうところで初めて，大学生協とはこういうものなのだということが分かってきます．それを私は，皆さんに伝えなければいけないと思います．あるいは，こうしたことが，私が各地の生協を回って感じることと，どう関連するかという問題もあります．そういうことも言ってきているつもりです．

それらのことは重要だが，実際に大学生協の理事会などで討議されるいろいろな方針などに反映されているか，という問題もあります．私のそばで，専務や常務あるいは副会長も加わって，アクションプランの改訂をやっていたり，来年度に向けて総会議案などを作っていたりします．私はそういう人たちにいろいろなことを言い，さらに理事会で問題提起をしてそれを受け止めてもらい，

それがアクションプランや総会議案に反映されていくことを望んでいました．

とくに総会議案などを作っているときは，学生諸君がたいへんよくやってくれるので，それを尊重したいと思っています．しかし，私の意見がどれだけ実際に反映されているかが気になるので，アクションプランや総会の議案を細かく見ることがあります．そして私の意見を，アクションプランの委員会とか総会議案を検討している人たちに伝えることもあります．私の意見がそのまま採用されるとはかぎりませんが，いろいろな形で反映されたものが出されていくのです．

私としてはもっといろいろなコミュニケーションを重ねていかないと，私の考えていることが必ずしも正確に伝わっていかないと感じていますので，これからも必要な問題提起をしていきたいと思います．それについて私の問題提起が適切であるかどうか，またはこういうこともあるのではないかなどのようなことがあったら，私の問題提起の直後でも，実際の議案等を討議するさいでも，率直に言ってほしいと思います．あるいは議事が終わったところで，私に直接伝えていただくのも良いかもしれません．

そういう前提で，いくつかの重要なことを言います．

ドイツ学生支援協会 DSW との交流の件

一つは，ドイツ学生支援協会との交流の件です．最近，交流が行なわれました．ドイツ学生支援協会の皆さんが名古屋・京都に移動される途中で熱海に宿泊されるというので，私が熱海に持っている仕事場に寄っていただいたりしました．今年は，カウンセリングのことを学びに来たということで，いろいろな成果があったと事務局長から聞きました．ドイツ学生支援協会は，ドイツのことだけではなく，ヨーロッパ全域の大学教育改革のことを非常に詳しく知っています．そういう会議を何度も開いていて，私も何度か報告をさせてもらっています．大学教育の改革に学生支援団体がどうかかわっていくのかという話をもっとしたい，と言っておきました．来年以降の課題です．

国際協同組合同盟 ICA 総会の件

つぎに，ICA ケープタウン総会に大学生協連の代表として出席してきました．

ワークショップの一つに,「次世代を鼓舞する：青年と協同組合 Inspiring the Next Generation: Youth and Co-operatives」というのがありました．若い世代，次の世代に，協同組合をどう伝えていくかというテーマで議論するセッションです．そこで，日本には大学生協がある，こういうことをやっていてこういう意味がある，世界的にもこういう意味があるのではないか，という報告をしました．そのときのパワーポイントは私のホームページに載せてあるので，今後学生諸君などに活用してほしいと思います．

　ワークショップでの発表にたいして，予想以上の反響がありました．大学に協同組合があって，それが大学生活の基礎を支えているのだということを，知らない人が圧倒的に多いのです．パワーポイントで写真を見せると，皆さんびっくりしていました．大学生協の歴史とか,現在の状態とかを説明したのですが,それにたいして，学生が中心になってやっているというのはどういうことか，出資金はどうなっていて，卒業するときはどうするのか，大学生協を経験した学生たちから協同組合について研究する者はどのくらい出るのか，などという質問がつぎつぎに出ました．

　それらにたいして，私は可能なかぎり答えました．つまり，学生は総代になるし，理事会に理事として出るし，学生委員会を作って活動しているし，というようなことをはじめとして，出資金は大学生協に入るときに払うけれど，卒業するときに全額返している，大学生協を経験した学生が大学院に来て生協のことを研究するケースも増えてきている，というようなことを答えておきました．大変な反響があるので，こういうことをもっともっとやらなければいけない，と思います．

他協同組合との交流

　つぎに，ICA の理事会があり，理事の選挙が行なわれました．日本からは全中の会長が立候補して，私たち全員で応援し，結果として高位で当選しました．非常に良かったと思います．しかし，日本からの人たちがその後，総会に残って発言するかというと，いなくなってしまう人がいたり，いても発言しなかったり，というケースが大部分でした．この傾向が，今年はとくに総会の議事だけでなく，ブループリントの5つの項目についてのプレナリー・セッショ

ン——分かれてやるセッションではなく全体でやるセッション——などでもかなりありました．

　全体会では，英語・フランス語・スペイン語に加えて，日本語や韓国語でも同時通訳をしていますので，発言しようと思えば日本語ででもできるのです．ですから，「私は日本語で発言するので皆さんレシーバーをつけてほしい」と言って発言すれば良いのですが，英語が当たり前だと思っている人が多く，ほとんどの人がレシーバーを持っていない．私が聞いていて，いくつか問題があるので発言したかったのですが，ほかの協同組合ともっと意見を交換してからでないと思い，控えました．これからは，もっとほかの協同組合，農協とか生協とかその他共済関連の協同組合などと，接触していかなければならないと感じました

ブループリントとビジョンとアクションプランとの対応について

　これから先は，アクションプラン改訂論議でも問題になっていることです．

　ブループリントの最後の項目に，資本 Capital という言い方が出てきます．今までは大企業を中心に資本という言い方をしていたのに，それを協同組合について言い出すのはどういうことなのか．私も最初はそういう疑問をいだきました．しかし，よく読んでみると，協同組合の資金を良く活かさなければならない，ということなのです．今回の総会では，ICA 会長のグリーン氏がたんに「資本 Capital」といわず，「協同組合資本 Co-operative Capital」という言い方をくり返ししていました．私たちも，そういう意味での資本という言い方を理解していかなければならないと思います．

　それから二番目に，大学生協のビジョンとアクションプランとの関係について．私の説明のなかでも言っているのですが，ブループリントの5つ項目と私たちのビジョンとアクションプランの4つのミッションが，密接に関係しています．「法的枠組」と「大学との協力」が対応するというのは分かりにくいかもしれません．私たちが大学で生協活動していくために大学との関係を良くしなければならない，とビジョンとアクションプランを書いたときには思っていました．しかしその後，生協法改正があり，協同組合憲章の草案作りなどがあって，もっと一般的に協同組合が活躍しやすい法的枠組を作る必要があるのだと

いう議論になってきました．だから，これは，そういうふうに広がってきた問題だと考えていただければよいと思います．そう理解してください．

協同とアイデンティティとの対応

最後に，アイデンティティという言葉なのですが，私がビジョンとアクションプランを作ったときには——2005～06年当時ですが——，アイデンティティという言葉を直接用いることは思いつきませんでした．だから，協同しているのだと思いながら協同している，協同意識を持って協同している，——そういう意味で冒頭に協同を挙げたのです．しかし，考えてみれば，これはまさに，ブループリントにいうアイデンティティに関係してきます．私たちが日頃していることを漫然とやるのではなくて，協同しているのだ，協同組合の活動をしているのだ，ということを意識しながらやると，ぜんぜん違ってくるはずだからです．

逆に言うと，そうしないと大学生協もけっして安泰ではありません．私はICA総会で，日本の大学生協はどういう状況になっているのか，という話をしました．単位組合数は減少気味だけれど，組合員数は伸びてきている．しかし，21世紀に入って供給高は落ちてきています．供給高の減少が続いている．これについては，コンピュータなどの単価が落ちてきたことがあって，供給量は変わらないのだけれど，金額でいうと落ちてきているという実態もある．日本経済のデフレが続いていますのでやむをえない面もあるのですが，組合員数が伸びていくのにあわせて，少なくとも落ちてくるのではなく，横ばいでとか，少し右上がりにならないといけないと思います．

そしてそのキーは，私たちが「大学で協同組合をやっているのだ」という意識をみんなに持ってもらうことです．日生協などでは，これはとても大変かもしれません．しかし，大学生協は，学生が組合員の大半で，教員もかかわっていますから，生協職員が中心になって教員や学生を一緒にして生協とはなんだろうかという話をしていって，生協意識，組合員意識を強めていけば，それだけ事業意欲が高まる．つまり大学にコンビニが入って，きれいだから，安いからいってしまう，というのではなく，自分たちが協同組合活動をやっているのだから生協を使おうではないか，という意識を学生諸君，教職員の皆さん，つ

まり組合員が持ってくれれば，もっと伸びるはずです．

逆に伸びないと，生協活動というのは，決して楽観できる状況ではなくなってきている．そういう議論をこれからもっとやっていかなければならない．そういうことを，各ブロックで中心になっている先生がた，各大学の理事長や専務理事の先生がたなどにもっと訴えかけて，議論を巻き起こしていかなければならないと思います．そういう議論をしていかないと，大学生協は今後非常に厳しい状況になってしまうかもしれません．それをこれからもみんなでやっていきたいと思います．

6 個々の大学生協の盛況と全体としての傾向

あいさつと問題提起の趣旨

あいさつと問題提起の趣旨は，大学生協ですので，私たちは，生協とは何なのか，大学生協の意義について考えながら，いろいろなことを議論していきたい．その手がかりになるようなことを私が，理事会と理事会のあいだにあったことをもとにして，考え，提起することです．今回も，いくつかの大学生協を訪問させてもらい，ブロック運営委員長や専務の方がたにもお世話になりました．そのうえでの問題提起です．

K薬科大学20周年

一つはK薬科大学です．生協ができて20周年というのはそんなに長い期間ではないと思いますが，まだ女子薬科時代に生協をつくり，その後，大学が共学化されたということです．女子薬科時代から数えて80周年になるそうですが，立派な80周年記念館に，食堂，ショップ，ラウンジ等を開設させてもらい，大学の理解を得て，伸びているということです．生協創立後の男女共学化もじょじょに進み，ほぼ4:6にまでできているということでした．その翌日，K大学生協の現状も見させていただきました．5号館という大きな建物のなかに，カフェパンセという革新的なお店ができていて，大学生協もこんなことをやるのかというほど立派なお店でした．以上の二つを女性の専務が頑張ってきりまわ

── きらめくキャンパス・ライフ⑱ ──

素直な元気を高度な知へ

　学生は元気がない，元気でなければならない，元気でいてほしい，等々と大学は言ってきている．しかし，元気とは何なのだろうか．辞書を引くと，「天地間に広がり，万物生成の根本となる精気」（『広辞苑』）などと，なにやらアニミズムではないまでも，ヴァイタリズム（生気論）のような説明が出てきたりする．

　ド・ラ・メトリの『人間機械論』（1746 年）が刊行されてから 2 世紀半以上もたってしまったが，あの頃のヨーロッパでは，キリスト教の人間・世界観にたいして機械論のような見方が革命的であった．今，デジタル漬けで，ケータイなしには一時も過ごせない学生たちは，地球を覆って広がっている巨大な情報機械のパーツみたいに見えないこともない．

　こんなことを言うと，教職員だって同じことではないか，という反論がすぐに出てくるだろう．少し上の世代はケータイだけではなかなか済ませられなくて，いまだにラップトップとかデスクトップとかにしがみついているくせに，と．

　学生と大学の実態に即して，まずは素直に元気になろう，と大学生協は言いたい．そのために，腹が空いたら食堂に来て，思い切り食べて，食べながら議論しよう．そして，議論しながら思い起こそう．食堂だけでなく購買も書籍も旅行等々も，もともとは学生が始めてここまで大きくなってきた，自分たちの協同の事業であることを．

　大学も社会も，それを底辺からつくり担っていくのは，学生や若者という自己形成途上の主権者たちである．主権者たちは，選挙によって政府をつくるばかりでなく，生協のような事業によって生活の基礎をつくっていくのだ．大学生協は，素直な元気さが，複雑かつ高度な現代的知に組み上げられていく過程を，日々懸命に応援していきたいと思う．

しており，ワークライフバランスにかんして知事から表彰されたりもしているようです．そういうことも大学生協としては誇りにして良いことだと思い，たいへん嬉しく思いました．

D 大学でのシンポ

帰ってきて東京の D 大学のシンポジウムに出席しました．創立 95 周年に文科省の支援を得て，記念シンポ「女性が輝く D 大学：ライフイベントと両立可能な研究環境の構築を目指して」を開催したものです．要するに理系は女子の進学が少ないので，それをもっと伸ばしていきたい，という趣旨のシンポジウムでした．これは大学生協とどういう関係にあるのかと思ったのですが，D 大学生協の理事長の先生が司会をされるということなので，出席させていただきました．文部科学省審議官（女性）の基調講演もあり，ほとんど男子だけであった D 大学としては，画期的なシンポジウムでした．D 大学生協もそうですが，それ以外の生協も女性の力をもっと生かさなければ，と聞いていて思いました．学生諸君は女性が多いと思うのですが，組織の上のほうになってくると女性が少なくなってくるのは，日本の多くの組織の特徴であり，あまり誇りにできることではありません．もっともっと女性の活躍を期待するというか，女性が活躍できるような大学生協にしていかなくてはならない，と思います．

M 大学生協 50 周年

その翌日から，M 大学の生協が 50 周年になるというので，伺いました．学芸学部という今の教育系学部の前身と，農学部とで生協ができたときから数えると，60 周年だそうです．統合して M 大学生協となって，50 周年ということで記念のレセプションがあり，それも参加させていただきました．M 大学はその後，工学部，医学部ができて，教育学部，農学部，工学部，医学部の創立以来の年数を合計すると，来年で 330 年になるとのことで，来年それをお祝いする行事がいろいろあるということでした．その前年に生協の 50 周年を祝うということで，生協としても張り切っていました．学長先生は医学部の出身で，医学部には別の組織が食堂その他に入っていて，大学生協はなかなか入れないのだ，と言っていました．ただ学長も大学生協に好意的で，先輩の理事長も学

長にたいして「早く医学部にも生協を」と言ったようで，今後もその方向で考えると言っていました．そういう意味で，生協も非常に頑張っていて，理事長や専務も張り切っていることが分かりました．

日本の大学生協の規模と内容

これらは私が直接拝見できた，ごく一部の生協ですが，こういうところであいさつさせていただくときに，最近は基本的に同じようなことを言っています．日本の大学生協は，世界でも珍しいくらい大きな規模と内容を持っている，だからそれを誇りにして頑張っていかなくてはならない，ということです．そういうことをもっと学生とも議論したいのですが，一般の学生の多くはなかなかそういうことに気づかず，ただ大学生協を利用している，あるいは利用もしていないことも少なくないのではないか，と思います．そういう議論の輪を広げていってほしいということを，総会でも言おうと思っています．

主権者の事業としての大学生協

くり返しますが，学生との議論をもっとしたいと思っているのに，こういうレセプションなどに行くと学生諸君はあまりいなくて，議論できないのは残念なことです．各会員生協でぜひ，定例の総会とか理事会とか学生委員会その他で議論するだけではなく，そういうところに入ってきていない学生諸君のあいだに大学生協の意義を広めていって，参加を広げていってほしいと思います．

その理由は，前回も申し上げましたが，21世紀に入って会員数は伸びているが供給高は減ってきていて，一人当たりにすると深刻な減少が続いているということです．一つひとつの生協を見ていくと，うまくいっているところはたくさんあるのですが，全体としてみるとそういう傾向が現れていて，国公立大学法人化以降に進んできている大学内市場化の影響と世界の景気も影響していて，供給高減少がじわじわと進んできている．それにたいして，長期的な展望で，大学生協の意義を組合員の大半を占める学生諸君とともに考えながら，今後もっと生協を使う，生協をもっと押しだしていく，大学もどんどん変わっていかなければならないので，その改革に生かしていくことを考えてほしいと思います．

市民から主権者へのパラダイム転換を前提に，主権者なのだから，主権者の事業なのだから，もうそれに加わっているのだから，ぜひ頑張ってほしいという線で，学生諸君と議論することを，私は考えたいと思います．これこそまさに，国際協同組合同盟の言っているアイデンティティ戦略のはずですから．そういう形で，私たちの供給量を伸ばすと同時に中身を充実させていくことを，考えたいと思います．

Ⅵ

大学生協をつうじて民主協同社会を

198　Ⅵ　大学生協をつうじて民主協同社会を

1　日本の大学生協について理解してほしい基本的なこと

「灯台もと暗し」だったのか？

　このあいだ韓国大学生協連の代表団の皆さんに，「日本の大学生協について理解してほしい基本的なこと」というテーマで話してみて，これを，日本の大学生協の皆さんや外部の皆さんに分かってもらっていただろうか，と思いました．「灯台もと暗し」だったのかもしれない，と思ったのです．そこでその内容をほとんどそのまま日本向けにし，もう一度聞いてもらおうと思いました．そんなことは当たり前だ，という意見から，それは全然違うのではないかという意見まで，自由に意見を出してもらえると有り難いと思います．

　世界にも例がない大学生協

　日本の大学生協は，第二次世界大戦前の先駆例をふまえて，とくに戦後，つぎつぎに創立されました．戦後の大学に，本やノートどころか食べ物もろくにないなかで，学生たちが必死でつくったものでした．そのため，その後も長く学生運動の影響を受けましたが，1970年代以降学生運動が下火になっていくなか，大学生協は事業連合などをつくってかえって伸びていき，今日の繁栄の基礎をつくりました．現在，事業単位数で220ほど，組合員数で150万人以上ですが，これほどの規模で，学生が中心になり，協同組合方式で大学生活の基礎支えをしている例は，世界に例がありません．

　協同組合型大学生活支援は日本の誇り

　学生サービスを中心とする大学生活の基礎支えは，仏独などヨーロッパ主要国では政府あるいは準政府機関が，アメリカでは各大学が競争しながらおこなっています．

　ヨーロッパの公的支援型，アメリカの市場競争型にたいして，日本の協同組合型は，国公立大の大部分と有名私立大学の多くに広がっていて，ユニークなものです．日本の大学生協はこのことに誇りを持ち，アジア諸国の大学で類似のことをおこなっている諸例と交流し，日本流の学生中心の大学生協を広めよ

うとしてきました．韓国で1987年の民主化以降に大学生協がつくられ始め，さまざまな曲折があったことを以前の交流で知っていますが，2012年に協同組合基本法が作られ，大学生協連ができて，大学生協が急速に伸びてきていることをたいへん喜んでいます．

協同組合の10年と大学生協

大学生協が協同組合であることから，大学生協連は1994年に国際協同組合同盟ICAに加盟し，同じ同盟に加盟している日本の他の協同組合とも交流してきました．2012年の国際協同組合年に向けては，「協同組合憲章草案」づくりにも参加し，積極的な貢献をしました．

同年のICAマンチェスター臨時総会で決定された協同組合の10年（2011〜2020年）が続いています．そのためのブループリントのなかで，参加，持続可能性，法的枠組，協同資本の強化の要（かなめ）として，協同組合意識（アイデンティティ）の強化が訴えられていることを受けて，大学生協は，それがビジョンとアクションプランとも一致することを強調するとともに，他の協同組合にもそれぞれのアイデンティティの強化を図るよう訴えています．しかし，日生協でも，農協その他の協同組合でも，これはなかなか容易なことではありません．

大学生協の内部でも意義論議は困難

他の協同組合にたいしてばかりでなく，大学生協の内部でも，協同組合としての大学生協の意義を自覚し，アイデンティティを強めて，活動を広めるとともに充実させていくことは容易ではありません．

私は会長就任以来この9年間，大学生協の意義を考え続け，全国理事会を初め，さまざまな集会でそれを訴え続けてきていますが，真意はなかなか伝わりません．どの単位生協でも，事業を維持して発展させていくことに忙しく，自らのやっていることの意義を考え，とくに学生を中心に協同の意識を普及させて，将来に備えていくことは容易ではないのです．私は組合員である学生に，企業に就職するばかりが途ではないこと，協同組合への途をもっと考えるばかりでなく，場合によっては自分たちで新しい協同組合をつくって，新しい事業を起こしていけるような社会にすることを訴えているのですが，そういう方向

への議論を起こさせること自体が容易ではありません．

大学生協および生協が直面している問題

　大学はほんらい議論の場だと思うのですが，それでも，誘われて大学生協に入り，利用して，卒業していくだけの学生も多いのです．そのため，大学生協の組合員数は増えてきているのですが，総供給高の減少は21世紀に入って続いています．一人当たり利用高はもっと急速に落ちてきているわけです．こういう傾向，つまり組合員の利用が減ってきている現状は，日生協傘下の生協でも広く見られるようです．そこで，地域生協のなかには，理事長を中心に身を削るような経営をおこなって業績を上げ，一般企業と張り合っても負けはしないと頑張るところも出てきているようです．

　しかし，一般企業と，市場原理が働いている共通の土俵で勝負して，勝つことが生協の目的なのだろうか，と私は思います．私は，そんなことは，中長期的に見て可能ではないし，もともと目標でもないと思います．

目標としての協同社会

　生協および協同組合の目的は，土俵そのものを変えていく，つまり，一般企業より少し高いとか品揃えが悪いとかはあっても，自分たち自身のやっている安心安全な事業なのだからといって利用する，協同つまり助け合いの心を持った組合員を増やしていくことにあるのではないでしょうか．そういう人たちが増えていけば，互いに協力的で，不況ばかりでなく災害にも強い協同社会ができていく．そういうふうに社会が変わっていくことになると思います．それこそが，生協および協同組合のほんらいの目的なのではないでしょうか．

　ドイツの社会学者が，古く発展性のない共同体（ゲマインシャフト）をも，生き馬の目を抜く利益社会（ゲゼルシャフト）をも乗り越えた協同社会（ゲノッセンシャフト）と考えたのは，そういう社会です．大学生協も，目指しているのはそういう社会なのではないでしょうか．

主権者のための政府と主権者による事業

　大学生協および協同組合の意義をとらえるために，私が苦労して創り上げて

―――――― きらめくキャンパス・ライフ⑲ ――

学生たちの協同のエネルギーを大学改革に生かそう！

　店舗や食堂は，大学生協の顔であるばかりでなく，大学そのものの顔でもある．オープンキャンパスなどで大学にやってくる受験生候補や父母が，それらの良し悪しに影響される程度は小さくないであろうから，多くの大学が気にするのも当然のことである．

　そこで大学は，見栄えを良くするために，良い位置にチェーンのコンビニを導入したり，由緒ある場所に外部のレストランを誘致したりしてきている．入れるにあたっては，当然ながらある程度の見返りを期待できるので，国公立大法人化の流れ以降，年ごとに厳しくなってきている大学財政への貢献も小さくないであろう．

　しかしそもそも，店舗や食堂はどうしてできたのであったろうか．国公立大の大部分と有名私立大の多くにそれらができたのは，第二次世界大戦後の窮乏期から高度成長終焉後の時期にかけて，学生たちが自力で生活協同組合をつくり，心ある教職員がそれらを応援し，しだいに自分たちも組合員となるようになったからではなかったろうか．

　学生が圧倒的多数を占めるが，教職員の組合員も少なくない生協が，大学の合意を得て店舗や食堂をつくり，幅の広い福利厚生を担って大学生活を支えてきているのは，しかもその規模が単位生協数200を超え，組合員総数150万以上にもなるのは，世界でも日本だけである．学生たちのますます多くが，自分たちが出資して購買や食堂ばかりでなく，住宅，旅行，各種講座の斡旋などにいたるまでの，多様な学生支援事業を行ってきていることを自覚し，協同意識に目覚めていくことの影響は計り知れない．

　グローバル・ネットワーキング時代のなかで改革を迫られている大学は，一刻も早くこのことを配慮し，学生たちの協同のエネルギーを改革に生かさなくてはならないだろうと思うのだが……．

きたつもりの社会観＝社会理論はシンプルなものです．歴史の，もっとも基本的な趨勢は，誰が見ても民主化です．そして，民主社会の担い手は私たち主権者です．主権者は正当な選挙をつうじてできるだけ良い政府をつくり，自分たちの社会を運営していかなくてはなりません．今の選挙が正当な選挙か，今の政府が良い政府か，私たちはつねに考えて，なすべきことをしていかなくてはなりません．しかしそれだけでなく，主権者は同時に，大企業，中小企業だけに任せず，自分たちでも出資しあって必要な事業を行なっていかなくてはなりません．それが協同組合だと思います．

学生の多くは大学に入って途中で選挙権を持ちますが，大学生協のある大学では，初めから大学生協の組合員になり，主権者としての事業を行なっているのです．そう考えると，就活や卒業後のことなどについても，いろいろな可能性が開かれてきます．

学生院生，教職員，生協職員がいっしょになって実践的な議論を！

以上のようなことについて，私は，まず教員が先頭に立って議論していただけないか，と思っています．教員と学生との議論は大学の要(かなめ)です．そういう議論が大学生協の日常的な活動とかみ合うように，生協職員が舞台づくりをする．

生協は事業ですから，日々の活動をほったらかして議論に熱中するわけにはいきません．総（代）会，理事会，各種委員会ももちろんそうですが，それら以外に，もっと一般組合員が参加しやすいような形で，食堂，店舗などのいろいろな場に，「現在の大学を考える」「大学教育はどう変わっていくのか」「今の大学生協に何ができるか」などといったような議論の場を設定していくのです．こういう問題提起は，おそらく教員にやっていただかないといけないのではないかと思います．教職員と学生院生と生協職員が協力して，こうした議論の場を，いろいろな形で「大学生協の意義を考える」という議論の場に発展させていく．

ビジョンとアクションプランに戻って

日本の大学生協連は，2006年にビジョンとアクションプランを策定して，協同・協力・自立・参加を4つのミッションと定めました．まずは協同組合ら

しく協同すること．そして，そのことを互いに自覚すること．ICA のブループリントとの関連で言えば，これこそまさに大学生協のアイデンティティです．

次に，そのことをつうじて，大変動期の大学に協力し，積極的に活動の場をつくりだしていくこと．これは，大学生協が活動しやすい環境をつくりだしていくことですから，ICA のブループリントにいう法的枠組づくりに相当します．大学生協は，これと同時に他方では，他の協同組合と協力して，社会的にも協同組合憲章の実現と協同組合基本法の制定のため，活動していかなくてはなりません．

第三に，そのために事業の民主的で健全な運営に努力し，大学生協らしい自立した事業体にしていくこと．つまり，赤字を出さないで事業を発展させていくこと．これは，ICA のブループリントにいう協同資本の確立にあたります．

協同・協力・自立・参加に向けて

そして最後に，以上のすべてのために組合員の積極参加を呼びかけ，ほんらいの事業をつうじて社会の持続可能性強化に貢献していくこと．組合員の参加は協同の前提であると同時に結果でもあります．参加を広げていく過程で，私たちは，平和や環境や災害対策など，社会の持続可能性を強めていく活動にも参加します．こうして私たちは，ICA のブループリントにいう組合員参加と持続可能性の強化にともに加わっていくのです．

私は，こうした方向に，大学生協の意義についての議論をつなげていくよう，活動を続けていくことが大切なのだと思うのですが，どうでしょうか．こういう議論が皆さんの日々の実践とどこでどう切り結ぶか，ぜひ忌憚のないご意見を出していただければと思います．

2　大学生協について議論を始められないか？

大学生協は緩やかに衰退しつつあるのではないか？

最近のブロック運営委員長会議で，前回理事会で使った 21 世紀に入ってからの総供給高の減少傾向を示すグラフをもとにして，このような問題提起をし

たところ，その前後をつうじて

1）デフレが続いているので，供給量は減っていなくても，供給高は減っている場合がある，
2）一部住居供給の見返りなどグラフの供給高の元データに入っていないものもある，
3）インターネットが普及して組合員の消費行動が変わり，生協を経由しないものも増えている，
4）供給高の数字だけでなく，内容を見てほしい，

などのご批判をいただきました．

1）であれば，供給量も同時に表示しなくてはならないかもしれません．2）であれば，入れるものは入れて供給高を適切なものにしなくてはなりません．3）であれば，組合員が生協をつうじて消費するよう，生協としては工夫しなくてはならないでしょう．4）も理解できますが，たんなる精神論では困ります．要するに，数字は適切なものにしたうえで，供給高は生協の活動状況を示す重要なデータですから，それによって私たちは，自分たちの状況について，つねに厳しく把握していかなくてはならないはずです．

その結果，生協は，衰退しているどころか，かえって伸びているのだというようなことが確認されれば，それに越したことはありません．しかし，もし緩やかにでも衰退の傾向が見えたりするのであれば，私たちは早めはやめにその対策を考えていかなくてはならないでしょう．

生協についての議論はできないか？

いずれにしても私たちは，大学生協について議論しなくてはならない時期にきているように思います．各地の生協を訪問して，学生，教員，生協職員に会う機会があり，たいへん勉強になっています．

生協の学生委員は，多くのところで元気で，創意を凝らした活動をしていると思います．しかし，彼らが大学生協の意義についてどのくらい議論しているかを聞くと，答えは必ずしも望ましいものではありません．そういう議論をするよう，仕向けられていないように思います．理屈よりも行動だ，といわれているかもしれませんが，国際協同組合同盟ICAがアイデンティティの強化を

呼びかけて言っているように，それではすまない時期にきているのです．

　大学生協の強みの一つは，食堂を初めとして場所を持っていることです．この場所は混んでいるときには大変ですが，けっこう空いているときもあるはずです．そこで，学生委員が中心になって学生が集まり，生協の意義について雑談会でも読書会でも良いから話し合いをはじめる．集まってきた学生も学生委員自身も，大学生協の意義が分かってきて，以前よりも大学生協を利用し，大学生協のために活動するようになる．そういう渦を少しずつでもつくりだしていけないでしょうか．

　読書会のテキストとして，さしあたり，滝川好夫『大学生協のアイデンティティと役割』（日本経済評論社），庄司興吉『大学改革と大学生協』（丸善プラネット），庄司興吉・名和又介編『協同組合論』（連合出版）などがあります．しかし，いずれも少しむずかしいかもしれないので，私は今，もっとぴったりのものを書こうと努力しています．本書はその１冊です．

教員の役割

　おわかりと思いますが，学生の読書会，討論会などに教員が加わってきて，助言したり，リードしたりできるようになれば，議論は格段に密度が高くなってくるはずです．その時は，テキストはその先生の本でもなんでも良いから，とにかく大学教育と大学生協が絡む議論になれば良いと思います．大学教育は激変期ですから，先生も今どういう授業がいちばん良いのか，迷っているはずです．だから，学生に率直にどういう授業をしてほしいかを聞き，それに生協がどう貢献できるのかを議論するのでも良い．教員と学生が一緒になり，生協の力を使って教材などを独自につくりだしていくのはどうでしょうか．

　私の見るところでは，教員自身も，大学生協の潜在的な可能性に気づいていないことが多いようです．ある時期までは，労働組合のことばかりが語られ，協同組合については今でも理論が不十分だからです．私はこの点もすごく気になっていて，一刻も早くそういう本を書かなければと思っています．当面は，ブロック運営委員長や理事長の先生などをつうじて，指導的な先生方にポイントを理解してもらい，先生方に広げていくことはできないかと思います．私がブロック運営委員長会議で問題提起したのも，そういう意味で，でした．

何を議論するのだ？

なんて，まさか聞かないでしょうね．私は，社会の大きな発展のなかで，大きな企業で働いている労働者が団結して社会を良くする時代から，社会の主権者である私たち自身が，民主的な政府をつくるだけでなく自分たちで民主的な事業をして，民主協同社会をつくりだしていく時代への移行を訴えてきました．共同体（ゲマインシャフト）から利益社会（ゲゼルシャフト）への移行を，主権者たちの手で協同社会（ゲノッセンシャフト）への移行に展開していく動きの重要性です．そして協同組合（ドイツ語ではそのままゲノッセンシャフト）こそ，協同社会の単位なのです．

日本の大学生協が，日本における協同組合の先駆者の一つで，連合会をつくり，これだけの規模で大学生活を支えている例は世界にも例がない，ということもくり返してきました．学生たちが大学に入るとともに生協に入り，協同を体験しつつ議論して社会に出ていけば，それが民主協同社会への道につながるのです．今ある生協の場から，まず集まれる人びとでこのような議論を起こし，しだいに広げて大きな渦にしていくことはできないでしょうか．

3 大学生協をつうじて主権者に！

学生委員との懇談

この間に学生委員を初めとする学生諸君と何度か懇談する機会がありました．皆さんたいへんまじめで熱心で，創意を発揮して生協の活動を行なってくれていて，すごく良いと思いました．ただ，そのようにやっている生協の活動の意味をどこまで深く考えているかどうかに議論を向けると，なかなかそうはなっていないということがありました．私としては，連合会の会長を少し長くやってきていますので，そこでわかってきたことをぜひ学生組合員に伝えたいと思っています．

会長になって見えてきたことをどう伝えるか？

会員生協がみんなで肩車をして，連合会を押し上げてくれています．その連

合会のなかで，また，みんなが肩車をして会長理事を押し上げ，国際交流とか他の協同組合との協議会とかに出してくれています．それでわかってくることがあって，外国では大学生協があるのかどうかとか，日本の他の協同組合がどうなっているのかなどとの比較で，日本の大学生協の存在意義が初めてわかってくることもまれではありません．その意義――じつは私は，日本の大学生協は世界的に見てもすごい存在なのではないかと思っているのですが――を一般の学生諸君にもわかるように伝えられないかと思うのです．上から目線の，お説教みたいなものは，学生諸君は受け付けないと思いますので，どうするのがいちばん良いのか，どなたでも何かアイデアがありましたら，ぜひ伝えていただきたいと思います．

何をしているか？

大学生協の存在意義にかんして言おうとしている基本的なことは，これまで言ってきたことと同じ単純なことです．大学生協は何をしているか，それは大学生活の基礎支えです．欧米では一般にスチューデント・サービスと言いますが，実際に私たちがやっているのはスチューデント・サービスだけではありません．もっと基本的な大学生活の基礎支えで，教職員も一緒にやっているし，教職員の大学生活も支えている．そういう意味で，私たちがやっていることは，これから大学が急激に変わっていくなか，それを支えていくうえでもますます重要になっていくはずです．

どういう方式でしているか？

次に，それをどういう方式でしているか．言うまでもなく，生活協同組合という形でやっています．この点にかんしての理解が意外に少ない．生協という言葉が完全な熟語になってしまっていて，それが協同組合であるということをいちいち考えないような雰囲気もあります．そのために，基本的な理解が意外と少ないのかもしれません．教員の方ですら，そういう点まで，なかなか考えてくれていない場合が少なくないのです．

ですから協同組合の歴史，国際協同組合同盟 ICA，国際協同組合年，協同組合の10年などについても，これまでいろいろと言ってきています．そうい

うことをつうじて，私たちは協同組合の一部なのだということを自覚することが，非常に重要なことなのではないかと思うのです．

国内・国際交流でもこのことが大きな問題になってきている
　こういう問題が具体的には，私たちが当面の課題を解決しようという際にも出てきています．一方で，私たちは協同組合の組織なので，JJC という日本の協同組合の連絡協議会，それをつうじて ICA-AP という協同組合のアジア太平洋のあつまり，その関連会議，また ICA やその関連会議などで交流しています．これらをつうじて，私は，大学生協が持っているものを押し出し，それによって他の協同組合や外国の協同組合に良い影響を与えられないか，と思っています．

　他方では，DSW というドイツの学生支援協会，NAPSA などアメリカを中心とした学生支援組織との交流も行なっています．しかし，DSW や NAPSA などは協同組合ではありません．にもかかわらず，学生サービスや大学支援にかんしては，これらの組織と交流しなければならないことがたくさんあるのです．

大学生活の基礎支えを協同組合方式でやる
　しかし基本的には，私たちにとって，大学生活の基礎支えを協同組合方式でやるということが非常に大事なことなので，そのことの意義を学生諸君にも分かってもらいたいと思います．具体的に言うと，「大学生活の基礎支えを協同組合方式でやるということは，自分たちの社会の基礎を自分たちで支えるということ」だからです．

　自分たちの社会の民主的運営もほんらいはもっとやらなくてはならない．日本社会についていうと，最近は，政府が閣議決定で憲法の解釈を一方的に変えたりすることも起こってきています．そういうことにも，私たちは主権者として対応していかなければならない．

　それと同時に，もっと日常的に，私たちの社会を基礎から支えていく事業をやっていくことも，たいへん重要なことです．そういうことの意味を理解し，もっと大きな社会にも適用していく．そういう意味で，私たちは社会の主権者であり，そのことに政治的な意味だけでなく経済的な意味もあり，二重の意味

大学生協をつうじて協同社会づくりを！

　食堂や書籍・購買などの店舗で学生・院生・留学生および教職員の大学生活を支えていくのは，大学を成り立たせるための基本前提の一つである．学生を主要対象として，これに寮の建設・運営と奨学金の提供を加えて学生サービスあるいは学生支援と呼ぶと，ヨーロッパ主要国でそれをおこなっているのは政府あるいは準政府機関であり，アメリカの多くの大学では大学自身である．

　これらにたいして，奨学金はごくわずかだが，寮も含む住居斡旋を含めて，この学生支援を，日本の多くの国公立大学およびかなりの私立大学でおこなっているのは，もともと学生が中心になってつくり広めてきた協同組合としての大学生協である．大学生協がそうせざるをえなかったのは，日本では政府の力も大学の力も弱かったからといわざるをえない面もあるが，逆に大学生協がそうすることができてきたのは，日本では歴史的に学生の力が強く，学生たちのあいだに協同の心が広まっていたからだということもできる．

　学生たちの協同の活動は，文字どおり学生同士の助け合いとしての学生総合共済ばかりでなく，最近では大学生活をめぐるさまざまなカウンセリングや就職活動支援にも及んでいる．こうした諸活動を学生自身が自覚し，自分が協同組合活動に参加しているのだというアイデンティティを持つようになれば，学生たちの協同の精神はこれからの大学と，彼らが卒業後に入っていく社会のあり方をも大きく変えていくはずである．

　国際協同組合同盟 ICA が進めている「協同組合の 10 年」は今後も続く．ICA のメンバーとして日生協や農協など他の協同組合との連携も進めている大学生協は，学生諸君に，学生らしい，大学らしい，協同組合の発展をとおして，これからの新しい協同社会をつくる国際的な運動にも参加してほしいと思っている．

があるということを，とくに私は昨年自分自身で大きなパラダイム転換をしたつもりなので，それいらい強調してきているのです．

主権者は，政治的な意味でそうであるだけなのではない．政治的な意味でも，今の日本は選挙制度が非常に不備で，いったん政権をとると，その政府が何年か勝手なことをやってもなかなか手が出せなかったりするので，主権者はもっと頑張らなければなりません．

しかし，経済的に主権者であるということは，考えようによってはもっと重要なのです．なぜなら，経済的な主権者が行なう事業が大きな意味をもつからで，私たちは，これまでに金持ちの市民たちが始めた企業が大きくなり，国際的な大企業になって，学生諸君がそういうところに就職したいと思ったりしているなかで，主権者として自分たちの事業をやり，だんだんそれを広げていかなくてはならないからです．その基礎を，私たちが大学でやっている．そういうことを，学生諸君と一緒に議論して理解し合えないか，と私は思っているのです．

そのために，何かテキストになるような本を書きたい．前に本を出したときにはそこまで思い至っていなかったために，いろいろ難しいことばかりが出てきてよく分からないという感想も，学生諸君から聞いています．だから，もっと分かる，すっと入っていけるような本が書けないかと思って，本書を書いています．

私は社会学ですから，比較的そういうことをやりやすいと思いますが，教員の方がたはいろいろ専門分野をお持ちですから，それぞれの専門をつうじて，今言ったような内容を語っていっていただけないかと思います．今度，教職員セミナーが福島で行なわれますけれど，そういう場でもぜひ実行してほしいのです．大学生協の組合員の大半は学生なのですから，学生諸君のために，教職員として大学生協の意義を考えることをもっと集中して実践できないでしょうか．

大学教育改革と大学生協の役割：饗宴（シンポシオン）の復活への貢献

歴史の趨勢は民主化

20世紀に「大きな物語」が崩壊して以後，包括的な歴史観は現れていません．しかし，この四半世紀の世界の動きを見るかぎり，歴史の趨勢は明らかに民主化です．旧ソ連東欧ばかりでなく，アジア，ラテンアメリカ，中東，アフリカもその方向に動いています．ウクライナ，タイ，エジプト，リビア，シリアなどで混乱は続いていますが，趨勢は動かしようもありません．北朝鮮も中国も中長期的にはこれに逆らえないでしょう．

民主化の担い手は主権者

では，民主化の担い手は誰か？　明らかに，社会の全構成員からなる主権者です．20世紀型マルクス主義の崩壊とともに市民概念が蘇りましたが，市民は欧米史を背景に持つ主権者であって，けっして世界的な意味での主権者ではありません．世界的な意味での主権者の主体は植民地解放革命をつうじて自らを解放し，自らの社会をつくりつつある民衆です．市民は，世界の植民地化を始めた王侯貴族に協力し，やがてそれを乗っ取り，植民地主義によって世界を支配してきました．市民の多くはこの歴史を心底から反省してはいません．それは日本の一部の人びとが，台湾，朝鮮半島，中国について，乱暴なことをしたかもしれないが，遅れた状態から目覚めさせ，近代化の基礎をつくってやったではないか，と思っているようなものです．

民主的事業と民主的政府

社会の基礎を支えながら声を上げられないサバルタンと呼ばれるような人びとを含めて，いやむしろその人びとを中心に民衆を主権者化し，各国に民主的政府を樹立していかなくてはなりません．そのための選挙制度と政党制度を整えていかなくてはなりません．それと並行して主権者は，市民たちが始めた事業だけに依存せず，自ら社会を支えるための事業をおこない，その活動範囲を

広げていかなくてはなりません．そのもっとも将来性ある方式が，生協，農協，漁協などの協同組合なのです．民主政府の基礎は一人一票制の選挙ですが，協同組合も原則一人一票制で意思決定していく事業です．そこが一株一票制の株式会社との違いです．要するに主権者は，自らの事業で社会の基礎をつくり，自分たちの民主的な政府で社会を運営していくのです．民主的事業と民主的政府で自らの社会を発展させていくのが主権者であり，そういう主権者たちの社会が民主社会です．そういうことを，大学にいたるまでの教育制度をつうじて，もっときちんと教えていかなくてはなりません．

大学生協は民主的事業の先駆者

こういう角度からすると，大学生協は民主的事業の先駆者です．戦後は学生運動の影響を強く受けましたが，学生運動衰退後にむしろ，全大学構成員の事業という理念と事業連合などの基盤を確立し，発展し定着してきました．学生は主権者として，選挙権を手に入れるまえに，生協の組合員になり，事業に参加します．主権者の事業と主権者の政府——そういうことを，学生にきちんと教えていく必要があるのです．大学生協による自分たち（主権者）の事業の実習は教育の一つの重要な要素だからです．学生を自覚的な主権者にしていく——それが大学を頂点とする教育制度の目的でなくてはなりません．そのために，大学で教育はどのようになされなくてはならないでしょうか．

アカデメイアからシンポシオンへ

古代ギリシャで，知は饗宴（シンポシオン）として開花しました．いわば，ソクラテスのゼミです．みんなが自由に意見を述べあい，自分の無知に気がついて成長していきました．しかし，知の成果が知識として蓄積されるようになると，それを，権威をもって教える機関がつくられました．プラトンのアカデメイアです．ソ連や中国では科学アカデミーが大学より上位にありました．その他の国の大学も，いまだにアカデメイア的な性格が強いかもしれません．しかし，知識はムークス MOOCs つまり Massive Open Online Courses（大量公開オンライン授業）などの形でインターネット上に吸い上げられ，図書館を中心にした大学の存在意義は薄まってきています．大学が生き残れるとしたら，

ゼミや共同実験などを拡大したシンポシオンの場の活性化をとおして，でしょう．授業も反転授業的なものが多くなっていかざるをえないと言えます．

シンポシオンと大学生協

そこで，大学生協が生きてきます．自分たちのやっている事業なのだから，もっとどんどん生かせば良い．シンポシオンのもとは飲食しながら自由に意見を述べ合うことです．たとえば食堂でそういう授業やゼミをやってみたらどうでしょうか．混雑している昼の時間帯はむしろ教室で予習していて，です．反転授業化していくさいの教材の作成にも，生協は協力できます．大学と協力し，その大学固有のムークス MOOCs（オンライン化されたアカデメイア）をつくりだしていく．教員は学生にそれを見てくることを要求し，実際の授業は理解したかどうか，対面 face to face のやりとり（シンポシオン）にする．その他，さまざまな形で創意を出し合って大学生協の生かし方を考えていこうではありませんか．

教員の役割の重要性

そのためには教員の役割が重要です．教員は学部，学科，専攻などごとに何を教えるのかを決め，分担を決めたうえで，授業はその内容をムークスに載せる．実際の授業はそれをもとに学生と議論する．演習はもちろん学生に発表させて，それをもとに議論する．いずれにしても，実際の授業はできるだけシンポシオン的なものにしていくのです．

そのうえで，教員は授業の素材や内容づくりで，できるだけ生協を利用する．実際の授業も，昼休みの混雑緩和を考えて，できるだけ授業時間に食堂やカフェーなどを使っておこなう．

大学生協の宣伝？　でも，もしあなたが組合員だったら，これは，自分でやっている事業を教育のためにどう使うか，という問題なのですよ！

学生を主権者に育てる．そのために，まず教員自身がしっかりと主権者になる．このテーマを PC カンファレンスの継続的，さらには永続的テーマにできないでしょうか？

5 民主協同社会への復興を！

故郷としての福島

2014年から，教職員セミナーを2年ごとに行なうことになり，福島で開催させていただくことになりました．3・11から3年半経とうとしている今，改めて福島で開くことに大きな意義を感じます．福島は，私にとって，3・11から私の故郷になりました．浜通りという，これほど美しい地域をこのような状態にしてしまった責任の一端は，私にもあると感じています．

故郷としての沖縄・広島・長崎

私は学生の頃，広島・長崎を旅して，そのあと広島や長崎を自分の故郷だと思うようになりました．それから，大学で教え始めてまもなく，復帰直後の沖縄に行き，沖縄を回って，ここも私の故郷だと思うようになりました．その後，これらの地域に何回も行っております．沖縄に凄惨な地上戦を強いて多大な犠牲を出したにもかかわらず，戦争をやめることができず，結果として広島と長崎への原爆投下を許し，絶大な犠牲を出してしまった責任は私たちにもあります．原爆という人類史上最悪の兵器を，実際に使用したアメリカの責任はずっと問い続けなければならないとしても，です．

エネルギー政策への責任

そう思って，新しい憲法のもとに始めた国づくりをめぐって，私たちはいろいろな所でいろいろな問題を生み出してきています．その最たるものの一つがエネルギー政策の展開です．ドイツの世界的に有名な社会学者に，「広島・長崎の経験を持つ日本がどうしてこんなことになってしまったのだ？」と問い詰められて，私は返答に窮しています．「いや，私自身は原子力エネルギーの導入に賛成したことはない．むしろ機会あるごとに反対してきたのだ」と言っても，言い訳にはなりません．私たちの社会は主権在民の民主社会ですから，自分の賛成しなかった政府にも，そのもとで活動してきた企業にも，最終的には責任を取らなくてはならないのです．故郷福島をこのような状態にしてしまっ

たのは私たちの責任だ，と私は思っています．

主権者としての政治への責任

そのような意味で，今私は，民主社会の重みをずっしりと感じています．民主社会日本の主権者は私たちであって，私たちは，この社会のあり方・行き方に二重の意味で責任を取らなくてはなりません．第一に，民主的なやり方で政府をつくって，この社会を管理していく責任．選挙制度や政党制度に問題があるならば，主権者はそれ自体を変えていかなくてはいけません．今の日本の選挙制度は民意をできるだけ正確に反映するようにできていて，私たちの意向をできるだけ正確に反映する政党が政府をつくり，政治を行なってきているでしょうか．一般的には，調査機関が何度調査をしても，対象者の約4割は支持政党なしです．そして，支持率が3割少々の政党が衆参両院で圧倒的多数の議席を占め，閣議決定で憲法解釈を変えるような政治を行なってきています．このような事態を変えられないことは，主権者である私たち自身の責任です．

世界経済を混乱させない責任

主権者は，民主社会を管理していくだけではなくて，下から支えていく事業にも最終的には責任があります．今の企業の大半は，金持ち市民，いわゆるブルジュワが，一株一票制で起こした事業がもとになっていて，それらのうちもっとも力があるのは，多国籍企業などの形でグローバル化したものです．それらが利潤追求に夢中になって世界経済を混乱させることを，世界中の民主的勢力が連携して抑えていかなければいけません．今や一国政府だけではどうにもなりませんので，グローバル経済の危機を回避するために，世界中の民主的政府は連携プレーをしなくてはなりません．そして，一つひとつの民主的政府をそのようにさせていくのは，私たち主権者にほかならないのです．

主権者の事業としての協同組合

主権者はまた，民主社会を支える事業のすべてを一株一票制の企業に任せるのではなく，利益が上がるかどうかにかかわらず，必要な事業を自分たちで行なっていかなくてはなりません．一人一票制で運営する協同組合という事業は

そのために立ち上げられたもので，国際協同組合同盟 International Co-operative Alliance によりますと，今や協同組合の組合員総数は，全世界でざっと10億を数えるといわれています．その事業高も，GDP で言うと，世界8位前後のカナダやイタリアのそれに匹敵するといわれています．ICA は，2011年から2020年までの10年間を，「協同組合の10年 Co-operative Decade」とし，世界中の協同組合が，その自覚つまり，アイデンティティを強めれば，もっともっとその力を発揮できる，協同組合が協同組合らしさを自覚すれば，もっともっと大きな力を発揮できる，と言っています．大学生協は，そのような協同組合の日本における先駆けの一つです．

主権者の事業としての大学生協

大学生協は世界中のどこにでもあるわけではありません．日本の大学生協は，戦後，食べ物も本もノートもなかった頃，われわれの先輩が必死でその原形をつくったものです．そのため，学生運動の影響も受けましたが，1970年代以降は，教職員も含む全大学構成員の生協としてその基盤を広げ，21世紀の今日，事業単位でいうと事業連合も含めて220ほど，組合員総数でいうと150万を超える規模にまで発展してきました．国立の大多数，公立の約半分，私立は残念ながら約2割以下と，まだまだ普及にも問題がありますが，組合員自身が大学生協の意味を理解して，自分たちの生協の活動を活発化するばかりでなく，まだ生協のない大学での設立にも協力していけば，大きな力を発揮できます．自分たちの大学生活の基礎を，自分たちの事業によって維持し，発展させていく．今の日本では選挙権を獲得するのは20歳になってからですが，学生は，主権者の事業としての私たちの大学生協には入学と同時に加わることができるのです．

日本は生協で大学を支える国の先駆者

大学生協がこれほどの規模を持って大学生活の基礎支えを行なっているのは，世界中でも日本だけです．ヨーロッパやアメリカでは，学生サービスという形で大学の福利厚生，基礎支えをやっているのは，一般的には協同組合ではありません．アジアにはいろいろな国があって，日本はそれらの国ぐにの大学生協

――― きらめくキャンパス・ライフ㉑ ―――

大学院でも研究と折り合いを付けて生協活動をしよう！

　大学院に入ると，実験，調査，読書など修士論文のための準備が忙しくなり，大学生協の活動などしていられなくなる．でも，食堂で食事はするし，本やコンピュータや文具などは買うし，時には旅行などでも利用する．利用頻度が高ければ，利用こそ組合員活動の基礎なのだから，それでも良いのではないかと思う．

　しかし，自分の研究時間とうまく調整しながら，生協でバイトしたり，院生委員として活動したりできれば，もっと良いに決まっている．そういう気になり，そういうやり方を続けていける条件は何だろうか．

　私が院生のころ，学生運動や労働運動，さらには当時盛んになり始めた住民運動や市民運動のことは考えたが，生協や協同組合のことはあまり考えなかった．だから当時から生協の活動をしていた人は偉いと思うのだが，その人たちに会って聞いてみても，生協や協同組合についての，何かしっかりした理論があって活動していたわけではないことが多い．

　社会学者として振り返ってみて，私は，社会科学全体が協同組合の理論については弱かったのだと思う．ますます多くの人が企業のために雇われて働いて生きていくことになっているのだから，労働者として団結し，企業を変え，社会を変えていくことが重要だという考え方が支配的だった．

　それは今でもそうだが，それ以上に，民主社会の主権者が，民主的な政府をつくるのと並行して，自ら民主的な事業を展開して社会を基礎から変えていくことが，ますます重要になってきている．考えてみると大学生協はそうした協同組合の原形のようなものなので，そこで身につけた理論と実践をその後に生かしていけば，これからの社会を更新していくことも夢ではないのではなかろうか．

　多くの大学院生に，自分の研究と生協活動との繋がりについても考えてほしいと思う．

が育っていくよう一生懸命協力して交流していますが，多くのところでまだまだです．日本は，大学の基礎支えを協同組合でやっていく国の先駆者なのです．

これからの社会は民主協同社会

学生がそのことを自覚して，協同組合活動家すなわちコオペレータ（協同者）として育っていけば，日本の学生たちは，日本ばかりでなくアジアや世界をも変えていくことができます．主権者が一人一票制の事業で基礎を支える．そして民主的な政府で管理していく．そのような社会こそが，これからの目標となる民主協同社会 Democratic Co-operative Society です．そのような社会こそ，これからの社会のあり方にほかなりません．そのために，教職員の皆さんも，どうか大学生協の意義についてお考えいただきたいと思います．

大学生協は健闘している！

大学生協の単位組合数は，大学の統廃合その他があって，少し減ってきているのですが，組合員数は確実に今世紀に入って伸びていて，2012 年で 156 万でしたが，現在の状態は 157 万ぐらいだと思います．供給高は，残念ながら，21 世紀に入ってからのデフレなどのために少し縮小ぎみなのですが，至るところで大学生協は頑張っています．

大学の源泉としてのアカデメイアとシンポシオン

私は，前節で述べたように，大学の使命はアカデメイアと並んでシンポシオンだ，と主張してきています．正確な知識の開発と教育，これは，古代ギリシャでプラトンがつくったアカデメイアに端を発します．それにたいして，それを基にした学生と教員との「互学互習」——これは PC カンファレンスを指導してきたコンピュータ利用教育学会（シーク CIEC）前会長の言葉ですが——は内容的にはシンポシオンです．これは，日本語では「饗宴」と訳されていますが，古代ギリシャの哲学者たちが飲んだり食べたりしながら自由に意見を言い合って，哲学つまり学問の基礎を創っていった，その形です．この二つが大学の源泉です．

ムークスとシンポシオンのために生協を使う

アカデメイアは，シンポシオンで出てきたいろいろな知を正確な文章にして蓄積していくところで，それをつうじて後世に伝達していき，知識を発達させていくところです．それが大学として，その後，非常に強いイメージで残ってしまったのですが，これは，現在では，いわゆるムークス MOOCs という形で，だんだんヴァーチャル空間に広がってきています．各大学がこのムークスをつくっていく動きが，これからますます広がっていくだろうと思いますが，そのもとで，それを前提にして，教員と学生とが議論をして知識を確かめていくのがシンポシオンです．そこでこれからの大学ではムークスと並んでシンポシオンが重要になると言い，そのために生協をいろいろな形で使えないか，という提案を私がして，それにたいして，シークの現在の会長や前の会長を初めとする多くの方から，いろいろな形で賛成のご意見をいただいてきています．

これからの大学と社会のための若き主権者の事業

こうしてアカデメイアをもとにシンポシオンとしての大学を発展させていく．その大学を支えるために，若い学生，つまり若き主権者としての学生たちが，生協の事業で大学を支えていく．そういうことをつうじてこれからの民主協同社会をつくっていく．そのような主権者としての若者を育てていく事業としての大学生協の意義は，非常に大きいと思います．ですから，このような大学生協の意義を学生に自覚させて，学生を育てていく，あるいはわれわれ自身が学生とともに育っていく，——それがわれわれ大学教職員の使命でなくてはならないはずです．先生方，それぞれのご専門の立場，それぞれの教育方法をお持ちと思いますが，それらをつうじて，大学生協のこれからの役割，とくに民主協同社会に向けての役割についてお考えいただきたいと思います．

大学生協の活動で福島から民主協同社会を！

もう一度最後に，故郷福島に戻りますが，この美しい郷土を放射能の恐れから解放し，自然に根差した健全な事業で，福島と東北と日本を民主的で協同的な社会として復興していく，そして，それをアジアから世界に広めていくために，大学生協は今たいへん重要な役割を担うようになってきていると思います．

大学生協は，もちろん生協職員がやっている企業ではありません．学生たちのみの協同組合でもありません．学生と教職員の協同組合なのですから，教職員の皆さんがその意義を理解して，それぞれの専門性と立場を生かして行動すれば，大学は足元から動きます．自分の研究と教育を発展させていくためにも，今，そのことが限りなく必要になってきていると思います．どうか思い切っていろいろな議論をして，その成果をそれぞれの場に持ち帰り，以前にも増して活動を活発にしてください．

6 大学教育にもっと生協利用を！：そのための教員の役割

国際的な学会と交流

私の関係する大きな国際学会の大会があり，大成功に終わりました．専務に業者を紹介してもらい，社会学関連の29学会の，世界へのメッセージを編集して出すという仕事をしていたのですが，開会式でその内容を紹介するプレゼンテーションをしました．いくつかの大学生協に仕事をお願いしましたので，お礼を言います．私がプレゼンをしているところはインターネットのUstreamでも公開されました．そのあとICA-APの事務局長，DSWの事務局長，カナダのCOOPSCOの代表などに会って懇談する機会がありました．いずれも有益な時間でした．

饗宴（シンポシオン）と学士院（アカデメイア）

その前後の大きな出来事は，S学院大学で行なわれたPCカンファレンスと，福島で行なわれた教職員セミナーです．その二つをもとに問題提起をします．

前々節で紹介しましたが，私自身PCカンファレンスのなかで報告し，こういう話をしました．

大学の研究と教育の原型は，もちろん古代ギリシャだけでなく中国やインドにもあるのですが，一番わかりやすいのは古代ギリシャの例で，プラトンが残したシンポシオン——日本語で饗宴と訳しています——とアカデメイアがあります．

シンポシオンというのは，人びとが集まり，自由な討論をつうじて，自分が知らなかった知を獲得していくことです．ここで獲得した知を文章化して蓄積し，展開しつつ，伝授していくのがアカデメイアの役割です．大学の研究と教育はこの二つを源流として成り立っていて，シンポシオンがゼミであるとすれば，アカデメイアは独創的な講義であると言っていいと思います．私がこの二つだけしかないかのように強調しすぎたきらいがあるかもしれませんが，実際には両者の中間に教科書や電子教材などを使ったさまざまな授業があるわけです．これからの大学は独創的な授業をムークス MOOCs などに載せて，わが大学ではこんなことをしていると世界に示しながら，それを使って教授と学生が親密なゼミをしていく，ということが重要になってくると思います．

生協は，中間にいろいろな授業があるといったその授業のさまざまな場面で，教科書の提供から，紙の本の時代が終わろうとしていますので，いろいろな電子教材などを提供する事業を行なっていくことになります．その点では，生協の役割は今後とも大きいと思うのですが，ムークスに独創的な授業を載せていくときや，それをもとにして教員や学生が親密なゼミを行なうときに生協をもっと使ってもらう．教職員や学生は組合員であるわけですから，自分たちの生協を自分たちの授業やゼミで使っていくことができないだろうか，という問題提起をしました．たとえば，自分の授業をムークスに載せていくさいの手伝いを生協がするとか，生協は食堂などのスペースを持っているので，空いているときにゼミをやってもらうなどのことができないか，という問題提起です．

これにたいして，シーク CIEC の新会長は「すでに生協を使っている」と言い，前会長は，「互学互習」がこれからの大学の授業の形態で，教員と学生との一方的な関係はなくなっていくということを強調していて，私の提案について「自分のいう互学互習こそ，ムークスとシンポシオンの組み合わせなのではないか」と言って賛同してくれました．ネットに載せるさいに著作権問題で引っかかるといわれていますが，独創的な授業の場合にはそれは存在しないと私は考えています．いずれにしても，生協を大学の授業のために使って生かしてもらう，そのためには教員のイニシアティブが大事になってくる．そういうことを，S 学院大学での報告では言いました．

大学生協は事業ベースで振りまわされているか？

そのつながりで，福島での教職員セミナーに移ります．

教職員セミナーのシンポジウムのさいに，ある教員からの問題提起がありました．今の大学生協のあり方について，大学生協連が今，全国連帯の強化を追求しているわけですが，その方向で活動していることにかんして，生協職員が事業ベースで全国の大学生協を振り回しているのではないか，という問題提起です．そういう印象を持っている先生がいて，そういう方向からの批判もあるようです．

私たちとしては生き残りのための連帯強化としてやっているわけですが，そのように誤解されている面がある．たしかに生協の職員としては，事業ベースで大学生協を振り回すということにかんして自戒しなければならないと思います．しかしこれは，専門性強化（テクノクラシー化）と民主化（デモクラシー化）との宿命的な嚙み合い，あるいは矛盾からくることですので，その間の調整をどううまくやっていくのかが問題です．私としては，多くの生協職員はこの問題を分かっていると思います．

規模と参加は矛盾するか？

それをもう少し一般化すると，大学生協をめぐって規模と参加の問題があります．どんな事業や活動でも，小さければそれだけ参加しやすい．参加する直接民主主義こそが民主主義だとすると，大学生協は小さい規模のほうがやりやすくて，大きな規模に広げていくのは良いが，そのさいに民主主義が失われてしまうのではないか，という疑問や不安が生ずることになります．

しかし，大きな規模になると民主主義ができないということになると，現代社会そのものが大きいし，そのなかで大きな組織で事業をやっていくことができなくなります．もし規模と民主主義が本当に矛盾するとしたら，大きな事業組織や社会では民主主義は不可能であることになるでしょう．それよりも，組織や事業がどんなに大きくなり，また社会がどんなに大きくなっても，代議制とか間接民主主義とかでさまざまな工夫をしながら，民主主義を失わないでやっていくことができるのだ，と考えることが大切です．

教職員セミナーでは，教職員の懸念に配慮する意味でも，とくにそういうこ

とを強調しました．

教員は大学生協論を積極的に展開すべき！
　もう一つ重要なことは，教員の著作などをつうじての積極的貢献です．
　問題提起してくれた教員は，大学生協についての本を出していて，それは立派な本だと私は思います．そのうえで彼は，大学生協連の会長は，こういう形で明確な見解を示すべきだと主張しました．
　それにたいして，私はまず，「21世紀を生きる大学生協のビジョンとアクションプラン」（2006年）を始め，『大学改革と大学生協：グローバル化の激流のなかで』（2009年）という本，「東日本大震災・福島原発事故と大学生協の役割：2012国際協同組合年に寄せて」（2012年，本書Ⅲの原形）という論文などを出している，と言いました．そのうえで，ただその過程で，大学生協とか協同組合を意味づけるためには，もっと社会理論を変えなければいけないと思うようになり，今それをやっていて，それをふまえて大学生協論を出すつもりなのだと言いました．
　本書がその第一弾なので，そのように読んでいただけたらと思います．これなら，学生・教職員も理解できて議論の対象になるのではないか，と思っています．その辺についての意見を率直に寄せていただきたいと思います．

7　「2050年の生協」についての意見

生協のこれからを考えるためのマクロ社会変動予測
　ここで，大学生協の立場から，地域生協のこれからを考えてみたいと思います．生協総研を舞台に構想されている，「集いの館」を中心とした「2050年の生協ビジネスモデル」それ自体は良いと思います．ただし，これはミクロに焦点を当てたモデルなので，これをマクロな見通しのなかに位置づけ，ビジョンに深みと広がりを与える必要があると思います．
　マクロな社会変動の見通しは立てにくいかもしれませんが，少なくとも次のようなことは言えます．

1）世界的に見た場合，1980年代まで社会は階級とネーション（民族・国民・国家）を媒介変項 Parameters（何ごともそれをつうじて意味づけされる）として動いていた（社会主義と資本主義の対立，植民地解放と諸民族の独立，資本家と労働者の対立，独立後の軍事独裁と民衆との闘争，など）．
2）しかし，米ソ冷戦終結後，地球環境問題の深刻化と電子情報化の急速な進展が進むなかで，先進社会の女性化——これは1960年代から進展しているが，日本ではいまだに遅れている——と高齢化，ついで少子高齢化が目立つようになってきた．そしてやがて，この傾向が先進社会だけのものではないことがしだいに明らかになってきている．つまり，多くの社会で性（セックス・ジェンダー）と年齢（エイジ）が媒介変項として目立つようになってきている．

だから，集いの館を中心とする生協ビジネスモデルが当を得ていないわけではない．しかし，これと並んで，

3）旧社会主義諸国，途上国および途上国から新興国に成長した諸国の多くで民主化が進み，それがあらためて先進諸国の民主化が本物かをも問うてきている．北朝鮮の体制がいつまで続くか正確な予測はできないが，中国も各地で揺さぶられてきており，民主化を進めざるをえなくなってきている．すなわち，地球環境，電子情報化，性と年齢，を貫くさらに基本的な媒介変項は民主化であり，民衆（デモス，すなわち主権者）の支配の実質化である．
4）日本でも，選挙制度を主権者の意思をより正確に反映するものに変えていくことをつうじて，民衆の声をもっと適切に反映する政党を育てていき，民主化を進めていかざるをえない．
5）それと並行して，日本の民衆すなわち主権者は，自分たちで民主的におこなう事業の内容を豊かにするとともに範囲を広げ，金持ち市民たちが始めた事業すなわち企業，そのなかでもとくにグローバル化した企業，の支配から少しずつでも抜け出していかなければならない．主権者の民主的事業こそ，協同組合であり，生協である．
6）以上をふまえて，各国の民衆すなわち主権者は，一方では，できるだけ民主的な政府をつくり，それをつうじて国際的に連携し，グローバル企業

きらめくキャンパス・ライフ㉒

自然に本を読みたくなる自分をつくろう！

　本を読むこと，それ自体が目的なのではないと思う．私たちが生きていくかぎり，いろいろな情報が四六時中四方八方から入ってくるから，それらを取捨選択し，有意義な情報をもとに良く生きていくことが大切である．

　四六時中四方八方から入ってくる情報を取捨選択する自分は，私たちが気がつくときにはいちおうできあがっている．親や教師たちやそのほかの人びとが，そのつもりがあろうがなかろうが，くり返しいろいろと教えてくれていて，それらが私たちの身体にしみこんでしまっているからである．

　だからむしろ大事なのは，私たちが自分で自分をつくっていこうと思うとき，私たちの可能性を，こうしていつのまにかできてしまっている自分が隠したり，ふさいだりしてしまわないかということだ．だからデカルトは「すべてを疑う」ことから始め，その態度を長く貫いて近代合理主義のもとをつくった．

　その近代合理主義そのものが疑問に付されている今，重要なのはあらゆるメディアを使って自分自身を確かめ，自分の生き方がこれでいいのかどうかをチェックし続けることなのではないか．そのために何が必要なのかを模索し続ければ，本はおのずから視野に入ってくるのではないか．

　大学生協は学生諸君の良く生きようとする力を基礎に成り立っている．大学に入って勉強するために，食事し，コンピュータや文房具を買い，本を買い，旅行をし，運転免許証を取ったり，語学講座や公務員講座を受けてみようとする力である．

　そういう力が協同となり，大学生活を支え，ひいては日本と世界の社会をつくる力になっていることを身体で感じられるような自分を，疑い続け，情報を収集し，処理し続けるなかからつくっていってほしいと思う．

の横暴を押さえていくとともに，他方では，主権者自らが担う事業すなわち協同組合あるいは生協の内容充実 Enrichment と範囲拡大 Enlargement を図り，国民経済から世界経済に広がる民衆すなわち主権者の生活を豊かにしていかなければならない．性と年齢にかかわる事業で「2050 年の生協」にあげられているもの以外に，地球環境とのかかわりでエネルギー事業，食糧生産をめぐる農協漁協などとの協力，電子情報化との関連での新しい教育の基盤提供――大学生協が高等教育についておこなおうとしているものを，生涯教育を含む全教育に広めていく――など，企業が利益目当てに進出してくるのに先手を打って新しい事業を開拓していかなければならない．民衆すなわち主権者の生活保障とこれら諸事業への金融のため，労金や共済や各種貸付事業などをさらに展開していく必要性についてはいうまでもない．

ミクロ・ビジョンをマクロ社会変動のなかに

これらをふまえて，私は，「2050 年の生協」のビジョンを，のちに示す図のようにしてみたらどうかと思います．

すなわち，集いの館を中心とする絵を真ん中におき，前後左右にマクロな見通しを書き込んで，ミクロな見通しとマクロな見通しのあいだにさまざまな往復関係（相互作用関係）付けていくのです．

そうすれば生協は，大きな眼で社会――しかも日本だけでなくもっとグローバルな動きも――を見据えながら，身近なところから人間が生きるための諸事業をきめ細かくやっていく，という図になってくるのではないでしょうか．

私が書いてみたのはあくまでも仮の図ですので，もっといろいろな変項や媒介変項があげられてくると思います．

ただ肝心なのは，マクロは大きすぎてまったく見通せないというわけではないこと，生協は生協なりに細やかな配慮とともに大きな見通しも持たなくてはならないこと，そのうえでミクロをマクロに媒介する柔軟な思考力が必要であること，ひょっとしたらミクロとマクロとをつなぐ中間の領域つまりメゾ meso の領域に生協にとって重大な事業と活動の可能性があるかもしれないこと，などを忘れないことだと思います．

7 「2050年の生協」についての意見　227

2050年の生協（庄司訂正案）

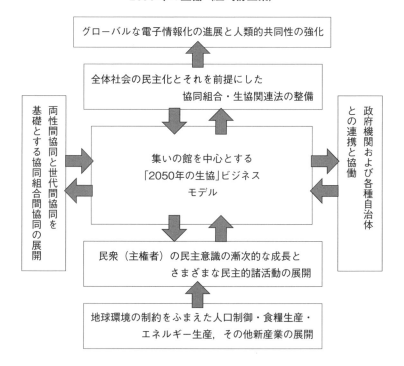

　そのためにも,「公の縮小」「社会保障給付の切り下げ」「社会インフラの維持・更新の持続不能」などを安易に「与件」などとしてはならないと思います.
　「協働の仕組みの構築」のために「国頼りから民間の力へ」などと安易に言ってもならないと思います.
　世界的に民主化が進むなかで日本の社会とくに国ももっともっと民主化されなくてはなりません. 生協の事業および活動の担い手はまさに主権者なのですから, 国のあり方を決めていくのは生協自身つまり組合員である私たち自身なのです.
　協同の活動つまり共助を展開しながら, 国をつうじてやるべきこと, つまり公助もやっていかなくてはなりません（主権者としては「国にやってもらう」とか「国にやらせる」とかいう言い方自体, 考えてみるとおかしな言い方です）.

協同組合を強化しながら，やりにくい面があったら，協同組合基本法を作ったり関連法を整備したり，国をつうじてやらなければならないことをやり，共助と公助の両面から小さな社会とともに大きな社会を良くしていくのが，私たちの仕事ではないでしょうか．

多額の税金を納めていながら「国はもう頼らない」などと言ったら，喜ぶのは，不十分な選挙制度で国民の信託を受けたなどと言って勝手なことをしている，一部政治家や企業家だけなのではありませんか．

最後に一言．私は生協に，今の日本の多くの若者あるいは多くの日本人自身がそうなってしまっているような，内向き縮小志向になってほしくはありません．もっと世界に目を開き，私たち自身世界に出ていってできることをするとともに，いろいろな人種・民族・文化の人にきてもらって日本を多様で豊かにすることに，生協は貢献できないでしょうか．

大学生協は留学生の受け入れと送り出しに貢献しようとしてきていますが，生協としても狭い意味での介護労働者だけでなく，障がい者，高齢者，子どもなどの広義のケアなどに多くの外国人を登用する道はありそうな気がします．地「縁」家族の構想には，もっとそういう要素を入れていくべきだと思います．

8 大学生協をつうじて民主協同社会を

葬儀委員長の役割?!

大学生協連の会長を務めて9年になります．副会長の期間を含めると10年です．こんなに長く務めるとは思っていなかったのですが，ここでは私のキャリアなどはどうでも良い．問題は大学生協です．

私が2004年末に副会長に就任し，1年後に会長に就任した頃，大学は，国立の法人化が始まり，公立にも波及し始め，その影響が私立にも及び始めていて，キャンパスが民間企業に開放され，コンビニやカフェーやレストランなどが進出し始めていました．目に見えてキャンパスが変わり始め，古い生協の店や食堂のすぐ横にピカピカのコンビニやカフェーなどができはじめて，これはとても勝てないのではないか，と思いました．

やっていけなくなって生協が解散する．全力を込めて頑張ってきた生協職員が力尽きて倒れたり，最悪の場合には自殺したりする．会長の役割は生協や生協職員の，そして果ては大学生協連そのものの，葬儀委員長なのかな，と思って密かに憂鬱になったりしていました．

粘り強さを発揮する生協
しかし，大学生協は，二, 三の例を除きどこでも，驚異的ともいうべき粘り強さを発揮しました．とくに2008年のリーマン・ショック以後，国際協同組合同盟ICAなどがResilienceという言葉を使い始め，耐久力，回復力などと訳されていますが，端的にいえば粘り強さ，図太さです．キャンパスに根を下ろしていた大学生協には，そういうレジリエンスがあったと言えます．
大学とのあいだのなんらかの協定も，いろいろな問題を生み出しはしたものの，大勢としてはなんとか満足できる方向に進んできていると思います．大学が直面している困難な状況のなかで，大学改革のなかでの生協の役割を積極的に評価する例も，少なからず現れています．

目をみはる先進例も
なかには目をみはるような先進例もあります．全国連帯の機能を生かして，長年にわたる累積赤字を短期間で克服し，大学とのあいだに，全国のモデルにもなるような相互協力協定を結んだ例，累積赤字から苦境に陥り，大学に「出ていけ」とまで言われながら，理事長・専務を中心に生協職員，学生院生，教職員などが一体となって立て直し，大学に評価されて，食堂や店舗などをつぎつぎに新しくしてきている例，などがあります．
また女性専務の活躍もめざましく，東日本大震災でめちゃくちゃになった店舗や食堂を以前よりもきれいに，使いやすくしてきている例，比較的新しい生協と比較的古い生協とを同時に引き受け，大学との関係を良好に維持しながら，つぎつぎと新しい店舗やカフェーなどを開設し，ワークライフバランスの維持などで表彰されたりしている例，大学と協議しながら，やっていけなくなった民間店舗などを巧みに取り込み，2つのキャンパスにまたがる食堂や店舗をバランスの取れた新配置にしてきている例，などがあります．

これらはもちろん，専務だけの力によるものではなく，他の生協職員や学生院生，教職員なども一体となって活動した成果ですが，とくにウーマンパワーの活用では日本社会全体が非常に遅れているので，生協，とくにこういう点では先頭に立つべき大学生協の役割は，これからますます大きくなっていくと言わなくてはならないでしょう．

アジアのなかの大学生協

こういう国内での活動をふまえながら，日本の大学生協は，アジア諸国との関係でも，大きな役割を果たしてきました．長年にわたるネットワークづくり，組織づくりが結実して，2008年には大学キャンパス生協委員会が国際協同組合同盟アジア太平洋 ICA-AP の正規の委員会として認められ，その後は以前にも増して活発で内容充実した委員会やワークショップをアジア各国で開いてきています．2012年からは ICA-AP の要請を受け，その総会期間内に委員会を開き，メンバーシップを開放し，役員選挙も以前にも増して公明正大に行なわれるようになってきています．

大学その他教育機関における生協の実態はアジア諸国によってマチマチですが，そのなかで，学生が組合員の大半を占め，協同組合らしく管理運営にもかかわっている日本の大学生協が，その歴史と規模からしても先頭に立っていることは間違いありません．しかし，各国の大学キャンパス生協はそれぞれの力と意思でこれからのあり方を決めていくのが当然なので，日本の大学生協はあくまでも相互に学び合う態度で，これからも活動していかなくてなりません．

韓国の大学生協が急速に伸びてきていますが，これからは中国にもネットワークを広げていかなくてはならないので，私たち大学生協の歴史を，明治以後のアジアでの日本の歴史のなかに位置づけ，いわゆる歴史認識の問題にもきちんと対応できるような基本思想と方針を打ち出していかなくてはならないでしょう．

欧米と競う大学生協

日本の大学生協は，ユネスコが2009年に認めた大学の三大使命すなわち教育，研究，学生サービスのうち，学生サービスを担う事業体として，欧米のそ

れらにも堂々と対抗できるものです．学生支援を，仏独などでは政府や準政府機関が行なっており，アメリカでは大勢として大学それ自身が行なっているのにたいして，日本では，少なくとも対象学生からみて半分ほど，大学生協が行なっているのは，たしかにそれだけ高等教育にたいする，日本の政府と大学の熱意と力の弱さを示すものです．しかし，これは逆に言えば，それだけ日本の学生と教職員の熱意と力の強さを示すものでもあるので，私たちはそのことを自覚しなくてはなりません．

　第二次世界大戦後，学生たちが必死で基礎を拡大した日本の大学生協は，日本経済の高度成長以後にむしろその基盤を広げ，上にみたような優秀な生協職員を育てつつ事業範囲を拡大し，内容を充実させてきました．問題はその過程で，組合員である学生院生および教職員の組合員としての意識，つまり協同意識あるいはアイデンティティが必ずしも強化されてこなかったことで，それが今問われているのです．アジアでの国際交流をふまえて1994年にICAに加盟した日本の大学生協が，2012国際協同組合年と2011-20協同組合の10年のなかで，ブループリントにいうアイデンティティの強化を迫られていることを，今こそ自覚しなくてはなりません．

民主化の趨勢と主権者

　21世紀になってしだいに明らかになってきた歴史の趨勢は，民主化です．そして民主化とは，まだまだ混乱は続くかもしれないにせよ，基本的には，ヨーロッパで主権者となり，国民国家をなして世界を制覇した市民たちをさらに超えて，市民たちによる植民地化の歴史から自らを解放した全世界の人びとが，市民たちよりもさらに高次の主権者となって世界に共同社会 Communal Society を打ち立てていく過程にほかなりません．

　主権者たちは，一人一票の原則で政府をつくり，自分たちの社会を管理していきます．世界はまだ，かつての，および現在の，金持ち市民たちがつくりだした営利本位の企業でその多くが維持されているので，当面はそれらの企業が世界経済を混乱させないよう，主権者たちの民主的政府は連携してそれらを統制していかなくてはなりません．それと同時に主権者たちは，同じ一人一票の原則をふまえた民主主義で事業を起こし，営利的ではないにしても必要な事業

の範囲を広げると同時に内容を充実させ，世界的な共同社会の基礎をつくっていかなくてはなりません．

　民主的な事業の代表例は協同組合なので，協同組合による事業が広がりつつ内容を充実していくとともに，共同社会は協同社会 Co-operative Society となり，これらが真に民主的な政府によって管理されるようになっていけば，世界は民主協同社会 Democratic Co-operative Society となっていくでしょう．こうして，世界史の趨勢は，多くの問題を克服しながら，民主協同社会のあり方を模索し，それを実現していく動きです．

若き主権者の事業

　こうした趨勢のなか，主権者の事業としての大学生協は，ますます重要な意味を帯びてきています．日本でも遠からず18歳で投票権が与えられることになると思いますが，大学生協のある大学では，すでに学生は入学と同時に主権者の事業としての大学生協に参加しています．問題はその意味の理解なので，そのために，私は，学生院生が大学生協について語り合い，教職員がそれに加わり，議論の展開に協力するよう，主張してきました．教職員や学生院生のなかには自意識過剰の傾向もあり，突出した発言や行為で混乱することもありますが，それらを乗り越えていくために基本的に大切なのは，私たち生協にかかわる人間つまりコオペレータ（協同者）同士の深い共感でしょう．

　私は，学生委員を初めとする多くの学生院生と話をしてきましたが，この点では今も昔も変わらないと思います．学生諸君が起草する総会議案などを読みながら，私はそのことを確信しています．

民主協同社会を

　この10年の経験をつうじて，私は，歴史の趨勢について自信をもつようになり，市民から主権者へのパラダイム転換をへて，趨勢に沿う実践あるいは日常生活にも確信を持つようになりました．さまざまな人びとに会いましたが，基本的には大学生協に関係する人びとのおかげです．全国各地でいろいろな人と話をし，世界各地でさまざまな人たちとコミュニケートした成果です．大学生協は，この意味で確実に民主協同社会につながっています．そのことに確信

きらめくキャンパス・ライフ㉓

日本の大学生協の世界史的意義

　たいへん大げさに響くかもしれないが，実際にこれは大きなことなのではないかと思う．

　これまでいろいろな所でくり返し言ってきたのだが，大学が成り立っていくために，学生を住まわせ，食べさせ，奨学金を与えて書籍や文房具やその他学習研究のための手段を提供することは，必須である．欧米ではこれを一般にスチューデント・サービスと言い，フランスやドイツでは政府機関あるいはそれに準ずる機関が行なっていて，アメリカでは各大学が政府や民間団体などから支援を受けながら行なっている．

　それを日本では，もとより大学生協がある大学での話だが，学生が組合員の圧倒的多数を占める生活協同組合が行なっているのである．もちろん，奨学金にはほんのわずかしか貢献できておらず，住居も，寮が欧米に比べて圧倒的に貧弱ななかで，アパートなどの斡旋を主とするものにすぎないのだが，その代わり日本の大学生協は，食堂や書籍や購買や旅行斡旋などをつうじて，学生サービスだけでなく，教職員の大学生活の基礎支えも行なっている．

　単位組合あるいは事業単位数220ほど，組合員総数150万以上でその圧倒的多数が学生，という規模で協同組合方式の学生サービスおよび大学生活支援を行なっている例は，世界でも類例を見ない．どうしてこういうことが可能になり，現在まで続いているのか？

　歴史を見ればわかるのだが，それは，十五年戦争と第二次世界大戦に敗れた日本が，極貧のなかで基礎を築き，今日まで発展させてきた民主主義の成果である．こういう成果として今日もなお生き残っているのは，極端なことを言えば，大学生協と日本国憲法だけなのではないか？

　私は，大学生協のある大学の学生だけでなく，大学生協のない大学の学生たちにも，この，日本の大学生協の世界史的意義をぜひ分かってほしいと思う．

を持ち，今後とも言いたいことを言い合いながら，多彩で創造的な日常活動をつうじて，ビジョンとアクションプランの実現に，そして世界に広がる壮大で人間的なブループリントの実現に向けて，前進していきましょう．

《参考資料1》

21世紀を生きる大学生協のビジョンとアクションプラン
── 協同・協力・自立・参加の大学生協をめざして ──

2006年12月　全国大学生活協同組合連合会全国総会

　ここでは，本書本文との関係で「本論」の「使命」と「ビジョン」の部分を掲げます．このビジョンとアクションプランは，参考資料2に掲げる「2020年に向けた大学生協のアクションプラン」策定の過程で詳細な検討の対象になっていますので，それについては，紙数の都合で本書には収録しませんが，後者の該当部分を参照してください．

序論　提案の背景と前提（省略）
1　「ビジョンとアクションプラン」改訂の必要性と意義
　1）「ビジョンとアクションプラン」改訂の必要性
　2）使命を確認し，ビジョンとアクションプランをもって行動することの意義
　3）ビジョンとアクションプランによる自己理解と関係者の理解
　4）今回のビジョンとアクションプランの位置づけ
2　大学生協内外の状況
　1）グローバル化のなかで格差社会化する日本
　2）「自立」を迫られ，経営努力を強いられる大学
　3）少子高齢化で内部構成を変える学生・院生・留学生・教職員
　4）「聖域」を失い，新しい生き方を模索する大学生協

本論　21世紀を生きる大学生協のビジョンとアクションプラン

Ⅰ　21世紀を生きる大学生協の使命
　1　学生・院生・留学生・教職員の協同で大学生活の充実に貢献する
　2　学びのコミュニティとして大学の理念と目標の実現に協力し，高等教育の充実と研究の発展に貢献する

3　自立した組織として大学と地域を活性化し，豊かな社会と文化の展開に貢献する
4　魅力ある事業として組合員の参加を活発にし，協同体験を広めて，人と地球にやさしい持続可能な社会を実現する

Ⅱ　21世紀を生きる大学生協のビジョン
1　協同の力で豊かなキャンパス生活を創造する大学生協
2　協同をつうじて自由なコミュニケーションを促す大学生協
3　大学に協力して高等教育と研究の発展に貢献する大学生協
4　自らも学びのコミュニティとして教育と研究に協力する大学生協
5　自立した事業組織として大学とその周辺社会を活性化する大学生協
6　自立した魅力ある事業の展開で，豊かな社会と文化の展開に貢献する大学生協
7　組合員の参加を活発にし，協同体験を広めて，人と地球にやさしい持続可能な社会をつくる大学生協
8　組合員の参加をふまえた運動組織として，国際交流と平和に貢献する大学生協

Ⅲ　21世紀を生きる大学生協のアクションプラン（省略）
1　学生・院生・留学生・教職員の協同の力で，地域と全国のネットワークを生かし，大学生活に必要なものを適切に供給する
2　協同による供給をつうじて大学構成員間のコミュニケーションを活発にし，大学を個性的で多様な人々のコミュニティにする
3　豊かな生活と活発なコミュニケーションで大学の理念と目標の実現に協力し，個性的で魅力ある大学づくりを支援する
4　魅力ある事業組織として優位性を発揮し，学びのコミュニティとして大学に協力しつつ教育と研究を豊かにして，日本の高等教育の全般的向上に貢献する
5　自立した組織として大学とともに，活力あふれる人材を日本と世界に送り出し，地域おこしにも貢献して，社会のバランスの取れた発展に貢献する
6　民主的な事業組織として経営基盤を強化するとともに，自立性を強め，これからの大学と社会の変化に柔軟に対応しつつ，豊かな社会と文化の展開に貢献する
7　事業組織として，専門性・倫理性と高い志をもった生協職員を養成すると

ともに，くりかえし原点に回帰して組合員の参加を活発にし，協同体験を広めて人と地球にやさしい持続可能な社会づくりに努力する
8　事業活動と組織活動をつうじて，さまざまな形で人類的課題の検討と解決に参加する場と機会を提供し，国際的相互理解をはぐくみ，平和と環境を守る社会づくりに努める

本論　21世紀を生きる大学生協のビジョンとアクションプラン

I　21世紀を生きる大学生協の使命

　今回の改訂のキーワードとして，協同・協力・自立・参加を設定しました．使命にも，ビジョンにも，アクションプランにも組み込みました．協同・自立・参加は不変的な協同組合のキーワードです．これに，変化の時代にふさわしく「大学のパートナーになる」という意味で協力をいれました．この4つの言葉は相互に関連し，相互に補完しあっています．

　そのなかで，大学生協をめぐる内外の状況変化から，「大学生協の自立」を真正面から取り上げています．今でももちろん，生協は組織として自立しています．もっと自立性を強める，自立の質を上げていく，という意味です．また，大学が生き残りをかけて努力している，その努力に協力する意味での自立です．決して，生協の運営する施設をすべて自前で行うというような意味ではありません．これからも，大学の協力を得て施設の充実は行われるべきです．大学のおかれている状況や目標との関係で，柔軟に対応していくということが必要です．大学との関係で生協のあり方を主体的に考えていく，という意味での自立です．

　組合員のニーズは多様化しています．一般市場並みのサービスが求められています．今までのニーズへの対応は，ややもすれば施設の限界に規定されていました．組合員の協同の組織ですから，みんなで自立して考えていこうということです．潤沢な資金があるわけではありません．難しい課題であるからこそ，

組合員の参加を得て，一緒に考えていく必要があるのです．
　グローバル化のなかでの市場経済化にたいして，人間らしい豊かさを追求するオルタナティブとしての，協同組合の役割があります．この意味でも自立です．以下4つに整理した大学生協の使命の底流に自立があります．

1　学生・院生・留学生・教職員の協同で大学生活の充実に貢献する

　大学生協は大学構成員すなわち学生・院生・留学生・教職員の協同組合です．もっとも基本的なことは，組合員のキャンパス生活を支えることにあります．すなわち，大学内の福利厚生を充実していくことです．組合員はもとより大学の，生協への期待の基本はここにあり，生協が組合員や大学に信頼される基礎でもあります．

　協同組合は，運動として非営利の事業組織であるというのが基本です．私たちは，つねにくりかえしこの原点に立ち返る必要があります．大学生協は，第二次世界大戦後「学ぶために食うこと」を基本に，本の割引供給・安価な食事の提供・ノートなど物資の確保から事業を始めました．そしてその後も，変化する組合員のニーズを受けとめながら，総合的に事業分野の拡大を図ってきました．そういう事業の拡大を今日の組合員のニーズからとらえ直す必要があります．もう大学は50％以上の人が通う普通の場所です．そうでなくても，もともと生協には市場並みのサービスが求められているのです．

　また，大学自体がそれぞれ生き残りをめざすわけですから，大学生協ごとにメリハリを持った事業展開も必要となっています．大学生協は，連帯活動を進めることにより，店舗の規模や施設条件の違いを可能なかぎり克服する方向で，事業活動を強化してきました．今後は，大学生協グループとして共通する事業強化に加え，個々の大学が生き残りをめざす理念や目標を踏まえて，大学の魅力を高めることへの貢献が求められます．

2　学びのコミュニティとして大学の理念と目標の実現に協力し，高等教育の充実と研究の発展に貢献する

　大学生活の充実にとって「うるおい」も必要です．そのためには，施設も必要ですが，本質的には人と人とがふれあえるコミュニティが必要です．大学生

協は，大学のなかのさまざまな組織を越えて，日々組合員が集まる場所です．多様なふれあいができるコミュニケーションの場になっていく必要があります．

「21世紀の大学生協の革新」のなかで，「生協そのものも学びのコミュニティ」という位置づけがなされました．もちろん，大学こそが本来の学びのコミュニティですから，大学生協は，大学が本来の役割を果たせるよう協力することが大切です．それに加えて，大学の教育が補助教育，拡張教育という方向にどんどん広がってきていますから，それらがアウトソースされてくる場合には，生協も学びのコミュニティとして受けとめて，大学に積極的に協力していかなければなりません．

「21世紀の大学生協の革新」のなかで，「大学生協というブランド」という考え方も提起されています．個々の商品のブランドだけではありません．大学生協があるから任せるのでなく，大学生協に任せれば安心というような「ブランド」イメージを高める必要があるのです．そうすれば，大学も，生き残っていくためのパートナーとして，大学生協をとらえてくれることになるでしょう．

3 自立した組織として大学と地域を活性化し，豊かな社会と文化の展開に貢献する

大学は教育と研究の両面で地域社会と結びついています．地域は組合員の生活の場でもあります．地域のさまざまな課題に大学は研究機関として参加しています．これからは研究の事業化もますます期待されます．また地域社会は，高等教育機関としての人材の供給源であるとともに，大学やその構成員の生活をささえる経済的な基盤でもあります．とりわけ地方においては，大学の果たす役割は大きなものとなっています．大学生協も，地域の協同組合との関係，職員が地域住民であること，事業を通じた生産者やメーカーとの関係など，生協独自のつながりを持っています．そういうつながりを含めて，地域に開かれた大学づくりに協力していくことが大切です．

学生や留学生が地域社会に参加することは，身近な地域から世界を考える機会になるとともに，地域に生きる生活者として成長していく面もあります．大学はもちろん，地域社会ばかりでなく日本および世界に向けて活力ある人材を送り出していく機関です．しかしそのためにも，足下をつねに大切にしていか

なければなりません．地域に立地する大学から日本と世界に飛び立っていく人材が，豊かな社会と文化の展開に貢献していくのを応援することは，大学生協の重要な使命であり続けるでしょう．

4　魅力ある事業として組合員の参加を活発にし，協同体験を広めて，人と地球にやさしい持続可能な社会を実現する

　大学生協が自立するためには，組合員の参加が不可欠です．組合員が参加し，知恵や経験を寄せ合う協同体験をつうじて，生協の事業や活動は活性化します．そのために生協は，魅力ある組織であり事業でなければならないし，組合員の参加と協同をつうじてますますそうなっていけます．グローバル化が進み，格差社会化が進むなかで，「協同」がそれに対抗する非常に重要なオルタナティブであることを，大学生協は示していかなければなりません．

　そういう意味でさまざまな国際活動は重要です．組合員に，文化の違いを越えて人類や地球環境の問題を考えていく機会と場を提供するからです．大学と大学生協は，この意味で今日ますます国際社会と地球社会への入口にも出口にもなってきているのです．

　格差社会化は，下層に落とされる人びとのみにとっての問題ではなく，私たちの住む社会全体にとっての問題です．その意味で，格差社会化が提起しているのは，われわれがどうしたら共に生きていけるのかという，すぐれて倫理的な問題なのです．この問題に，協同をつうじて取り組んでいく．このことをつうじて，とくに学生組合員が成長していき，人と地球にやさしい持続可能な社会の担い手になっていくことが大切なのです．

II　21世紀に生きる大学生協のビジョン

1　協同の力で豊かなキャンパス生活を創造する大学生協

　大学生協は大学の福利厚生事業を担う協同組合です．豊かなキャンパス生活への貢献は，基礎的な事業活動の強化によって実現されます．大学生協は，利用する時期が限られたり，組合員の利用が少ない商品でも，勉学研究に必要な

ものはできるだけ取り扱わなければなりません．これが組合員の期待であり，正課外の業務を引き受けている大学生協に，大学が求めることでもあります．くりかえし原点に立ち戻って改善することは，生協への信頼につながりますし，大学生協の経営基盤づくりにもなります．

　大学生協が組合員の経済的なメリットを拡大することは，協同組合としても，また大学の福利厚生を担当する組織としても，継続して重要な課題です．日本の高等教育は18歳人口の進学率が50％を超えてユニバーサル段階となり，大学進学のニーズが多様化してきたばかりでなく，大学院生や留学生の増加に加えて社会人の増加もあり，構成員の多様化に応じてニーズもいっそう多様化してきています．生協の事業もそれに応えていかなければなりません．また，オンラインショッピングなどを充実させ，組合員一人ひとりのニーズに応えていくことも大切です．必要なものやサービスが多面的に適切に提供されることをつうじて，豊かなキャンパス生活が実現されます．

　組合員相互の対話をつうじて，どのように生協を充実するか．組合員が，自分たちで自分たちに供給している，という意識を持てるようにしていくことが協同組合本来の姿です．また，生き残りに必死になっている大学の理念や目標の達成に協力するためにも，大学生協ごとにメリハリをもった事業を強化していく必要があります．

　大学生協には，事業活動をつうじて，もっと大きな豊かさを考える取組みができます．成長過程の学生に，商品の供給活動をつうじて社会の課題を考えてもらうことが，それです．環境問題，過疎化する地方の経済，貧困の撲滅が必要な発展途上国の実情などが，その対象になるはずです．組合員が身近な生活から社会の課題を考えることで，物質的な豊かさを越える，さらに人間的な豊かさの大切さを考えることにつながるでしょう．

2　協同をつうじて自由なコミュニケーションを促す大学生協

　大学生活の充実にとって，人と人との交流は不可欠です．豊かなコミュニケーションも必要です．大学生協の店舗は，毎日多くの組合員が利用する場です．食堂や店舗の周辺は大学の基本的な生活単位（クラス・ゼミ・研究室・サークル）を離れ，キャンパス内のコミュニケーションが広がる場でもあります．ま

た，生協の諸活動への参加は，組合員どうしのコミュニケーションの場でもあります．生協理事会や総（代）会の場は，大学内の各階層が参加するコミュニケーションの場であり，学生組合員にとっては，キャンパス生活の充実や社会の問題を教職員と一緒に議論できる，貴重な経験の場となります．

コミュニケーションは社会の基礎，あるいは社会そのものであるということができます．なかでも学問はもっとも高度なコミュニケーションであることから，大学はとくに自由なコミュニケーションの場でなくてはなりません．大学はまた，国際的なコミュニケーションの場でもあり，地域社会とのコミュニケーションの場でもあります．

生協は，人と人との協同の組織であり，組合員が出資・利用・運営するわけですから，コミュニケーションが不可欠です．最近のものとして「生協の白石さん」の例などから，私たちは大いに学ぶべきです．「一言カード」にかぎらず，生協はさまざまなコミュニケーションの手段をもっています．IT 技術を利用した新しいコミュニケーション手段の発達とともに，人と人とのふれあいに近い古くからのコミュニケーション手段も，かえって新しい意味を帯びてくるのです．

生協事業をとおして人間的な豊かさを考えるとともに，キャンパス内のコミュニケーションをつうじて「やさしさ」の意味にふれた多くの学生組合員が，社会のやさしさについて考えるようになることも重要です．

3　大学に協力して高等教育と研究の発展に貢献する大学生協

大学は現在，生き残りに必死です．さまざまな課題を抱えつつ努力しています．大学は，資金と経営の面や入学と卒業の際など，さまざまな意味の市場化にさらされています．大学生協にとっては，それによって大学に大いに期待される部分と，大学の出方によっては事業に影響がでる部分もあります．

経営の市場化については，大学職員の役割も変わっていることから，大学業務のアウトソーシング先として大学生協も期待されています．学生の卒業をめぐっては，この間進めてきている就職・キャリア支援や資格取得支援など，現在でも一定の役割を果たしています．学生の入学をめぐっても，新入生を温かくむかえる活動や新生活のお手伝いなどは大学にも高く評価されており，実績

となっています．大学生協は，大学のパートナーとして，これらの役割をさらに発揮するよう求められています．また，組合員のさまざまな学内外の活動を支援することも，教育研究を支えるうえで重要なことになっています．

　資金についても，大学のおかれている現状を正確に捉える必要があります．私立大学では，大学が実施する学生生活にかかわる事業についての，国の財政的支援の増額は大きくは望めません．大学による福利厚生施設の充実は，授業料や施設寄付など保護者などによる負担に依存せざるをえません．国公立大学でも，法人化以降の流れのなかで，同様に考えざるをえない状況となっています．

　教育の機会均等という視点でみると，ほんらい国等の負担で施設を充実し，そのうえで大学生協が可能なかぎり組合員の経済的メリットを追求するのが理想です．しかし，多様化する組合員ニーズを実現するうえでも，魅力ある大学づくりに協力するうえでも，生協としても積極的に施設の充実を考えていく必要があります．原資となるのは，組合員の出資金であり，組合員の利用により実現した剰余金です．大学とよく協議し，柔軟に対応していくことが求められています．

4　自らも学びのコミュニティとして教育と研究に協力する大学生協

　国立大学法人化の過程で，大学構成員の福利厚生の位置づけ，とくに大学生協がキャンパス内で担う役割が，全国で論議されました．大学生協の担う福利厚生事業は，大学の正課外の教育という意味も持っています．大学は，高校までの教育と違い，学生が主体的に勉学・研究を行う場です．この間，大学生協は，「学生組合員の学びと成長」の視点から事業を位置づけてきました．大学生協の基本事業は，基本的な勉学のツールである書籍や勉学機器の分野，勉学を支える日常社会生活分野，体験や資格取得に向けての自己開発分野，勉学を維持する食と健康および安全の分野，勉学の継続のための保障の分野に広がっています．このことをあらためて確認することが必要です．また，パソコン利用の習熟やキャリア支援など，大学において必要な「学び」を支援してきました．これからも大学の要請があれば，いつでもアウトソーシングを受ける準備をしておかなければなりません．

また，大学生協の事業や活動は，社会に出ていく学生にとって，さまざまな形でその準備のための教育の意味を持っています．理事会や総代会など基本的な生協運営への参加，さまざまな企画の組合員自身による運営，生活や社会の問題についての専門分野を越えた話し合い，などがそうです．これらの活動をつうじて，協同組合である大学生協の「協同」の意味を考えることも大切です．キャンパスを越えるばかりでなく，場合によっては国境を越えた活動もあります．学生・留学生の組合員が生協でアルバイトすることをつうじて働く体験をすることも重要です．

5 自立した事業組織として大学とその周辺社会を活性化する大学生協

　大学は，自らを地域に開き，地域社会と共存しようとしており，大学の持つ諸機能を発揮して地域社会の発展に貢献しようとしています．とくに地方大学においては，過疎や市街地の空洞化が深刻な社会問題になっていることもあり，地域社会から，1) 研究機関としての貢献や研究の事業化による貢献, 2) 機関および消費者集団という両面からの経済効果による貢献, 3) さまざまな活動にエネルギーを発揮する学生・院生・留学生の貢献，という三つの貢献を期待されています．学生・院生・留学生の活動には当然，大学生協の活動分野も含まれます．また，卒業後に地域で活躍する人材の供給も期待されています．

　学生・院生・留学生が地域でアルバイトなどして働くことは，地域と学生・院生・留学生の接点となります．とくに家庭教師や塾の講師は地域の子供たちとの接点です．地域の生活や文化を理解することは，組合員が豊かな社会を考えるうえで重要なことです．とりわけ留学生の活動は日本社会の理解につながるばかりでなく，地域社会にとっても国際社会への接点となります．

　学生・院生・留学生は地域の生活者として成長する必要があります．とりわけ，自宅外生にとっては大学周辺は生活の場です．

　大学の地域貢献に協力するためにも，生協は民主的に運営され，経営的にも自立していなくてはいけません．自立して地域と行う生協の諸活動は，大学の活性化にもつながります．

　地域とのさまざまな活動をつうじて，グローバル化のなかで格差社会化してきている日本の問題を全員の問題として受けとめ，日本社会のバランスのとれ

た発展を考えていく．そして，それを世界全体に広げていく．そういう取組みができる大学生協をめざさなくてはなりません．

6 自立した魅力ある事業の展開で，豊かな社会と文化の展開に貢献する大学生協

　大学生協の自立とは，一つには民主的な運営のもとに健全経営を実現することです．その意味では，多くの会員生協が今でも自立しています．しかし，大学生協をとりまく状況変化のなかで，自立の水準を高める必要があります．変わろうとする大学に柔軟に対応できる力をつけるとともに，一般市場と同等のサービスを求めて多様化する組合員のニーズを組合員とともに実現することです．組合員の求める市場と同等のサービスとは，必ずしも直接キャンパスに市場を持ち込むことではありません．多くの組合員は，大学生協の店舗や食堂を利用しつつ，それらが自分たちのものという感覚を大なり小なり持っています．協同組合ですから，その感覚を取り込むことが重要です．そういう金銭に換えられない豊かさを追求していかなければなりません．

　内外の大手企業や行政の不祥事が続き，コンプライアンス経営の重要性が指摘されています．もともとコンプライアンスは，日本語訳となっている法令遵守，すなわち法律を守るという最低限の意味だけではありません．大学生協は，協同組織としての倫理観で，この意味をとらえる必要があります．そういう配慮のなされた社会こそが，豊かな社会であり，文化の展開する社会です．そういうことも含めて，大学生協は組合員にとって，豊かな社会と文化の展開に貢献する「古くて新しい革袋」にならなければなりません．

7 組合員の参加を活発にし，協同体験を広めて，人と地球にやさしい持続可能な社会をつくる大学生協

　生協が生協として自立するためにも，組合員の参加は不可欠です．参加することをつうじて，組合員は協同を体験し，21世紀型市民すなわち地球市民になっていくのです．そして協同体験を広めて，人と地球にやさしい社会をつくっていくのです．

　20世紀は，有限な資源を使うことにより工業化を進め，一部の限られた社

会で物質的な豊かさを享受してきました．その結果としての地球温暖化に象徴される環境問題は深刻な人類的課題です．また，発展途上国からの資源移転は貧困の拡大を生み，グローバル化のなかでの市場経済化は，発展途上国の産業の不均等をますます拡大しています．格差を拡大しない持続可能な社会，できるだけ平等で未来世代にツケを回さない社会に，転換していくことが求められています．このことは一人ひとりの課題です．真の豊かさを考えていくことにより，グローバルな視点で人類の課題をとらえる「地球市民」として成長することが必要です．持続可能な社会にしていくために，組合員一人ひとりが，そして生協職員一人ひとりが，そういう倫理観をもったやさしい地球市民として育っていかなければなりません．

　大学生協の活動は，多くの生協職員の努力があって継続してきました．また，これからも生協職員の役割は重要ですし，場合によっては生協職員が組合員を引っ張る局面もありえます．もちろん，魅力ある大学づくりに貢献するためには，生協職員の高度な専門知識や力量が必要です．組合員にとっては，事実上，生協職員は「生協の顔」です．組合員が意見を寄せるためにも，親しみを持てる存在にならなければなりません．

　ここでいう生協職員は大学生協で働くすべての職員を指しています．大学社会の両性平等化を進めるためにも，私たちはとくに，大学生協のリーダー層への女性職員の登用を大いに進めなくてはなりません．

8　組合員の参加をふまえた運動組織として，国際交流と平和に貢献する大学生協

　イギリスのコオペラティブやドイツのゲノッセンシャフトの伝統を引く協同組合は，グローバル化のなかで有力なオルタナティブのひとつです．国際協同組合同盟 ICA は，世界最大の NPO であり，NGO でもあります．ヨーロッパでは「社会的経済」が広がっています．市場経済化を止めることは困難ですが，行き過ぎを防止し，オルタナティブな価値観を広げていくなかで，貧困の撲滅や環境や平和の創造など人類的な課題に取り組んでいくことが重要です．そのためにも，国際交流が必要ですし，交流することにより相互理解を進めることが大切です．

生協は事業をつうじて地域から世界に広がる社会との接点を持っており，組合員は身近な生活から人類的な課題を考えることができます．そういう意味で，生協の事業と組織活動とをつうじて，組合員が国際交流や平和の活動に自然に参加できるような場と機会を提供していくことが必要です．

　現代の最先端で平和と環境を守る社会をつくっていくのはどういうことなのかを，生協に参加してくれる学生，院生，留学生，教職員の人たちと一緒に考えていくような大学生協にしていこうではありませんか．

《参考資料2》

2020年に向けた大学生協のアクションプラン
――協同・協力・自立・参加の大学生協をめざして――

2013年12月　全国大学生活協同組合連合会全国総会

　ここでは，紙数の都合上，以下の本論の「アクションプラン」の部分のみを掲げます．参考資料1の「ビジョンとアクションプラン」との関係では序論がたいへん大事ですし，これまでの大学生協連の基本方針の推移を見るためには資料がたいへん大事です．それらは大学生協連のホームページに載っていますので，あわせて参照されるよう期待します．

序論　提案の背景と前提（省略）
1．アクションプラン改定の必要性と意義
　（1）改定にあたって踏まえた情勢の変化
　　厳しい経済環境におかれた組合員，保護者／生協への期待
　　自立を迫られ，経営努力を強いられる大学
　　厳しい事業環境の克服
　　協同組合活動の再認識を
　（2）アクションプラン改定の必要性と意義
2．2006年のアクションプランの振り返り

本論：2020年に向けた大学生協のアクションプラン
Ⅰ　21世紀を生きる大学生協の使命（省略）
Ⅱ　21世紀を生きる大学生協のビジョン（省略）
Ⅲ　アクションプラン2020
　1　大学生活に必要なモノやコトを適切に供給し，大学内でのコミュニケーションを活発にすすめることで，事業活動と大学生活の充実を図ります
　2　大学の理念と目標の実現に協力し，活力あふれる人材を日本と世界に送り

出し，地域社会の活性化に貢献します
3　組合員の参加を進め，組合員とともに成長する生協職員を育てつつ，連帯組織のさらなる発展を通じて，健全な経営を確立します
4　人と地球にやさしい持続可能な社会の実現をめざし，協同組合間の連携と国際交流を進め，日本と世界に貢献していきます

資料（省略）

本論　2020年に向けた大学生協のアクションプラン

1　大学生活に必要なモノやコトを適切に供給し，大学内でのコミュニケーションを活発にすすめることで，事業活動と大学生活の充実を図ります．

　大学生協の組合員数はこの6年間で11万人増加（+7.1%）しましたが，会員生協の供給高は180億円減少（▲8.8%）し，購買・書籍部門ともに一人当たりの利用高は減少し続けています．これは，大学生協への期待が高まる反面，組合員のニーズ（価格，品揃え等）とずれが生じていることや，大学教育や組合員の行動の変化に対応しきれていないことに起因しています．改めて大学生協の原点に立ち戻り，大学や学生生活の変化を捉え，商品・サービスの提供内容について見直すことが必要です．

　また，インターネット環境が発達し，事業活動に大きな影響を与えていると同時に組合員のコミュニケーション手段も多様化しています．一方で，学内で居場所が見つけられず，人間関係に悩む学生も増えています．大学生協は，新たなコミュニケーション手段を有効に活用するとともに，大学内での店舗や食堂を組合員のコミュニケーションの場と位置づけ，様々な形で組合員参加の場を創り出し，事業活動とともに大学生活の充実を図ります．

【課題】
　①勉学研究教育分野の充実のために必要な商品を，必要な時に，必要な量を適正価格で提供し続けます．「組合員の声」を大切にし，調査活動と分析

を通じて店舗の品揃えに反映します．
②大学生協の事業[1]の中心に「組合員の参加」や「学生支援」を据え，店舗や食堂の充実につなげます．とりわけ，先輩が後輩へすすめる「充実した大学生活，研究生活」に対応した商品の品揃えを強化します．
③生協を利用し，参加することを通じて「人と人とのつながりを大切にする」協同体験の場を広げ，組合員としての実感を高めていきます．
④より良いものをより安く提供し続けるため，全国的な事業や支援のネットワークを充実，活用していきます．
⑤インターネットやスマートフォンの普及に伴い，EC事業を充実し，必要な情報や商品を提供します．
⑥学生証一体型組合員ICカードや，ミールシステムなどの多機能カードの普及・拡大により大学生活の充実を図ります．
⑦大学内でコミュニケーションの場となる福利厚生施設の充実を図り，組織委員会活動[2]，組合員同士の交流企画などを活発にすすめていきます．
⑧大学と協力しながら，多様性な組合員に対応できるようにアレルギー表示やハラルフード[3]の提供などに取り組みます．
⑨生産工場や食材産地の見学[4]などを通じ，生産者と消費者の交流をすすめます．
⑩学生総合共済への加入者を増やし，給付申請忘れをなくす取り組みを通じて，保障内容の充実を図ります．
⑪広報宣伝においても組合員参加を位置づけ，ホームページやSNSに反映

1) 大学生協の事業：「勉学研究分野」，「日常社会生活分野」，「自己開発分野」，「食と健康安全分野」の大きく4つの生活分野を設定し（1994年12月「21世紀へむけた大学生協のビジョンとアクションプラン」），政策を確認しながら内容の充実化と利用促進が図られてきました．
2) 組織委員会活動：学生分野だけでなく，院生・留学生・教職員など学内の全ての階層を対象としています．
3) ハラルフード：イスラム教の立法に則った食べ物を指します．大学生協の食堂の一部で，留学生や教員のアドバイスを受けて，仕入れ先を調整し，調理器具や調理方法を整えて出食するケースが増えてきています．
4) 生産工場や食材産地の見学：パソコンやプリンターの工場見学，お米やほうれん草の産地への見学が各地で取り組まれています．

していきます．組合員や大学，行政やマスコミとの協力で大学生協ブランドを高め，認知度を高めていきます．

2 大学の理念と目標の実現に協力し，活力あふれる人材を日本と世界に送り出し，地域社会の活性化に貢献します．

　大学は，グローバル化への対応やイノベーションの創出という社会の要請に基づき教育内容を改革し，社会の求める人材を育成することが期待されています．しかし，限られた費用と体制の中で，各大学がその目標を達成するためには，大学構成員自らが目標を一致させ，努力を重ねることが不可欠です．

　大学生協は，各大学において教育・研究を支え，大学生活を充実させるため食堂や店舗を中心に福利厚生事業を担ってきました．大学からのアウトソーシングの幅も広がり，大学業務の補完的な役割を果たしています．

　今後は，大学の理念や目標の実現にむけ福利厚生施設の運営のみならず，学生支援の場面でも大きな役割が期待されています．学生の「学びと成長」を育む事業をはじめ，大学と連携し人材育成に係わる事業を広げていきます．

　また，協同組合という特性を生かした共済事業や組合員参加による商品開発などの活動を通じ，ひととひととのつながりや助け合いの心を持った組合員を育てることも重要です．大学と地域との連携が進む中で，地域に開かれた大学づくりに協力するとともに，世界，日本，および地域社会に「協同の心」を持った組合員を送り出すことも大きな課題です．

【課題】
①大学の理念と目標の実現に貢献します．大学生活の向上を図る事業が大学の使命遂行に重要な役割を担っていることを相互に確認できるよう，大学に働きかけます．
②ビジョンとアクションプランを全ての会員生協において策定[5]します．変化に対応し，定期的な見直しを図ります．連帯活動の場では事例の紹介や策定の支援をすすめます．
③中長期の計画を立て，健全な財政基盤のもとで，店舗や食堂の改装を実施

---

5) ビジョンとアクションプランの策定：大学生協連では「使命とビジョン作成の手引き」や，会員生協の事例などを配布することによって策定を支援しています．

します．

④オープンキャンパスや公開講座，地域に対する大学の取り組みに積極的に協力し，大学の社会的役割の向上に貢献します．

⑤大学の勉学教育環境の変化に対応し，電子ブックや電子教材システムを含むオリジナル教材の作成支援，専門商品の開発や供給を行います．

⑥大学生活や学習の目標を持ち，主体的に取り組める人づくりをめざした「学びと成長」の事業を旺盛に展開します．

⑦大学に対し，総代会の開催報告や事業報告等定期的な懇談の機会を設け，生協の組織・事業の正確な理解と協力を求めます．

⑧グローバル化や地域貢献，インターンシップ，教室外学習など大学の新しい動きに呼応した事業を強化します．

⑨大学の業務のアウトソーシング化が進められており，大学からの要請に応えられるように努力します．

⑩大学生活を安心・安全で過ごす上で必要な食と健康の改善，様々な事故防止のための啓発活動を強化します．

⑪共済事業の四本柱[6]の活動を通じて，助け合いの心を育み，「協同の心」を持った組合員を育てます．また，健全な共済事業推進のために，給付ボードの強化など日常的な活動の中に位置づけます．

⑫JUON NETWORK[7]と連携し，被災地支援などを通じたボランティア活動の経験を生かして，地域に貢献します．

---

6) 共済事業の四本柱：学生の生活を支えるために，加入・給付・報告・予防提案の4つの取り組みを互いに結び付けて共済活動を行っています．給付ボードは，加入状況や給付実績を組合員に対して報告するもので，各会員生協がタヌローのイラストや季節感を添えるなど工夫を凝らして作成し，店舗や食堂に貼り出しています．

7) JUON NETWORK：大学生協の呼びかけで1998年にJUON NETWOKが設立されました．JUONでは，廃校を活用したセミナーハウスの運営や，間伐材を活用した食堂の割り箸の普及，災害時のボランティア・支援活動，「森の楽校」（森づくり体験プログラム）での都市と過疎地に住む人の交流などがすすめられています．

3 組合員の参加を進め，組合員とともに成長する生協職員を育てつつ，連帯組織のさらなる発展を通じて，健全な経営を確立します．

　組合員参加を進めるためには，機関運営の強化とともに各組織委員会の活性化[8]が必要です．学生委員会は全国的に委員が増え続け，2013年度には1万人を越えました．活動が活発化するとともに，大規模化することで運営面での課題を抱えている会員もあります．しかし，問題を解決することでさらなる発展が期待できます．教職員，院生，留学生の委員会は，活動している生協が限られており，目標を持った働きかけが必要です．組織委員会とともに組合員の要望に応え，事業を発展させるためには，組合員とともに成長する生協職員を育てることが必要です．職員教育の計画と体制を作り上げることが急務です．こうした活動を通じて，再投資可能な経営基盤を作り上げることを会員生協，ブロック，事業連合，連合会の総力で達成できるように新たな連帯組織づくりを進めます．

【課題】
　①学生組合員が生協の運営や事業に参加することを通じ，協同組合の理念と実践を学ぶ場を広げ，組合員意識を育みます．
　②教職員に対し，生協加入を推進するとともに，専門性や教育的な役割を発揮できるように，生協の運営や活動への参加を呼びかけます．
　③事業運営については，「再投資が可能な財務構造」とするため，変化に対応し，基本的なレベルの引上げやその徹底により店舗・食堂の商品・サービスの充実を図ります．
　④小規模生協の組合員であっても，同等のサービスレベルが提供でき，満足が得られ，かつ，赤字にならない事業と組織の運営ノウハウを蓄積し，会員支援の仕組みを構築します．
　⑤新学期事業の総合的な成功に向けて，点検・執行のマネジメント確立，ノ

---

8) 各組織委員会の活性化：大学生協連では各会員生協の理事会のもとに組織される組織委員会（学生，院生，留学生，教職員）を準執行機関として位置づけています．各組織委員会の役割と活動内容は会員生協の方針と直結します．したがって，会員生協の方針作りでの意見の積み上げ，方針に基づく活動，そして振り返りと次年度課題の設定等が総代会や理事会と関連付けた取り組みとしていくことが重要です．

ウハウの蓄積・伝播に努めます．
⑥社会的な役割と責任が高まっていることを重視し，各種規則の整備や民主的な組織運営などコンプライアンス経営[9]のレベルを引上げていきます．
⑦協同組合人にふさわしい専門性や倫理性を持った生協職員を育成[10]します．
⑧生協職員の経験と年齢構成がゆがみのないものとするために，新人職員の毎年度の採用計画を，中期的な目標を持ってすすめていきます．
⑨職場運営では，ハラスメントのない民主的な職場づくり，労働条件の整備，女性のリーダー登用などに努めます．
⑩地域連帯や全国連帯組織は，会員生協に対して，会員支援機能による店舗や財務構造の改善，事業分野での集中や合理化による仕入コストの削減，システムの効率化によるコストの削減などに貢献します．
⑪全国事業政策などへの一致，さらに会員支援の内容の充実を図るため連帯組織の再定義[11]を，合意形成を図りながらすすめていきます．

4　人と地球にやさしい持続可能な社会の実現をめざし，協同組合間の連携と国際交流を進め，日本と世界に貢献していきます

　2012年の国際協同組合年では，各協同組合が連携し，協同組合の存在や役割を広く知らせるため様々な取り組みを行いました．今後もそこでできたつながりを生かし，被災地の復興や協同組合教育などの取り組みを継続していきます．

　大学生協では，これまで取り組んできた平和や環境，消費者教育などのテー

---

9) コンプライアンス経営：コンプライアンスとは法令や規則を遵守するという意味で，CSR（企業の社会的責任履行）とともに重要とされています．コンプライアンス経営というと法令遵守に加え企業倫理の確立が結び合わされて説明されます．2008年の生協法改正以降，定款や各種規則の整備，法令の遵守とその点検（内部統制）がすすめられてきています．
10) 生協職員の育成：生協職員は，組合員参加の「場」づくりに関わり，組合員と日常的なコミュニケーションの上に運営することによって組合員の成長を促す役割を持ちます．具体的には理事会や総代会，店舗委員会など組織委員会への出席，各種セミナーへの参加によって知る，考える，行動することが期待されます．
11) 全国事業政策，連帯組織の再定義：2013年より「新たな全国連帯組織検討委員会」において協議中です．

マで国内外の協同組合や関係団体と連携し，取り組みを広めます．新たな社会的な課題にも注目し，「知り，知らせ，考え，話し合う」ことを進め，持続可能な社会[12]を目指します．

【課題】

① 環境問題[13]に継続して取り組みます．また，食料問題[14]や再生可能なエネルギー，格差社会問題などにも注目し，検討していきます．

② 2020年までの協同組合の10年を意識して，国際協同組合年の活動を通じて得られた協同組合間連携[15]に積極的に関わっていきます．

③ Peace Now! や消費者被害防止の取り組みなどへの参加を促し，社会問題について「知る・知らせる・考える・話し合う」場を提供します．

④ ユニセフ[16]（国際連合児童基金）の主旨に賛同し，諸活動に参加していくとともに広く組合員に伝えていきます．また，「適正な報酬での取引」を主旨とするフェアトレードの活動にも学内の関係団体とともに取り組んで

---

12) 持続可能な社会：この理念は「持続的な開発」として，1980年に国際自然保護連合，国連環境計画などがとりまとめた「世界保全戦略」で初めて出されています．その後1992年の国連世界サミットで「環境と開発に関するリオ宣言」，「アジェンダ21」が採択され，地球の環境問題に対する世界的な取り組みに影響を与えています．現代の世代が将来の世代の利益や要求を充足する能力を損なわない範囲内で環境を利用し，要求を満たしていこうという理念であると言えます．

13) 大学生協の環境問題への取り組み：店舗や食堂改装時の省エネ機器の導入，キャンパス美化活動への参加，環境セミナーでの活動紹介や事例研究が行われています．

14) 食料問題への対応：大学生協では「安心・安全な食の提供」として，食堂における食材の仕入れ，購買におけるオリジナルおにぎりの採用・開発などで日生協の「食品添加物基準」を準用した基準をもってすすめています．食堂での組み合わせ提案，ミールシステムでのマイページによる自分の食生活の振り返りと改善に向けたアドバイス，学内での食生活相談会などもすすめられています．また，TFTやフェアトレードに対する取り組みは前述の通りです．

15) 協同組合間連携：大学生協寄付講座として，大学コンソーシアム京都での「協同組合論」が2011年，2012年と連続して開催されました．ここでは大学生協のみならず，地域生協，医療生協，農協，漁協，金融機関，森林組合など多様な協同組合のリーダーによる現状報告と未来に向けた方針や課題の交流がありました．

16) ユニセフ：国際連合児童基金（略称UNICEF）．1946年に国際連合総会の補助機関として設立．本部はニューヨーク．日本でも1949年から1964年にかけて脱脂粉乳や医薬品，原綿などの援助を受けています．開発途上国や戦争・内戦で被害を受けている国の子供への支援が活動の中心です．「児童の権利に関する条約」の普及活動も行っています．

いきます．

⑤核兵器のない平和な社会づくりのための学習会，交流会活動を継続します．

⑥ICA（国際協同組合同盟）を通じ，アジア太平洋地域の協同組合やDSW（ドイツ学生支援協会）などの学生支援団体との連帯活動に取り組みます．

⑦東日本大震災の復興支援を，現地を中心に，協同組合間の連携も生かし，継続した取り組みとします．

⑧大学生協のない大学からの問い合わせに誠意を持って対応し，生協設立を支援します．

⑨大学生協の認知度を高め，社会的責任を果たすことを目的に，文部科学省，厚生労働省，消費者庁，学生支援機構など行政や関係する団体との定期的な懇談や情報提供を行います．

⑩他の協同組合とも協力して，法的枠組みの改善を求めていきます．

《参考資料3》

協同組合憲章 草案

2012年1月13日　国際協同組合年実行委員会

1．前文

1　経済と社会がグローバル化するなか，世界的な金融・経済危機，大規模自然災害等に際して，協同組合は，地域社会に根ざし，人びとによる助け合いを促進することによって，生活を安定化させ，地域社会を活性化させる役割を果たしている．こうした重要な役割を果たしている協同組合を，2012年の国際協同組合年を契機に今後いっそう発展させるための基本的な理念を明らかにし，政府に対して，協同組合全体を貫く協同組合政策の基本的な考え方と方針を明らかにするよう求めるため，ここに協同組合憲章草案を定める．

2　わが国は，2011年3月11日に発生した東日本大震災とそれにともなう原子力発電所事故によって，これまでの国土開発政策，エネルギー政策，社会経済政策，地域経済と地域社会づくりなどに，根本的な反省を迫られている．

3　東日本大震災では，政府による公的支援が遅れるなかで，多くの協同組合が，これまで培ってきた協同のネットワークを活用して，被災住民への支援を積極的に行なった．協同組合以外の分野でも，至るところで市民による多様な被災地支援が行なわれ，共助・協同への関心が高まった．社会を安定化させるためには，自己責任（自助）と政府の援助（公助）だけでは不十分であり，人びとの助け合い（共助）が必要だという社会認識が広まっている．

4　人びとの助け合いの絆を強化し，無縁社会を友愛と連帯の社会に変え，限界集落の増加・人口減少・雇用の不安定化などで疲弊する地域経済を活気づけ，食料・環境・エネルギーなどのテーマに取り組み，持続可能な社会をめざして未来を切り拓くためには，相互扶助組織としての協同組合の発展が不可欠である．

5　世界に目を向けても，同じことが言える．世界は現在，経済的不況，格差

の拡大，環境汚染，エネルギー問題，多くの発展途上国の人口爆発と先進国の少子高齢化，頻発する地震・津波・噴火などの自然災害により，危機に直面している．とくに，1980年代に始まり90年代に入って本格化した新自由主義にもとづく経済のグローバリゼーションは，世界的に貧困と格差を増大させた．

6　その一方で，多くの国で民主化が進み，社会の主権者としての市民が社会づくりのイニシアチブを発揮するようになってきている．各国の市民社会化の発展にともない，市民たちが協同して行なう事業と運動としての協同組合の意義と協同組合への期待が世界的に高まっている．

7　世界的金融・経済危機の下で，加えて，行き過ぎた市場主義への危惧が表明される国際的潮流のなかで，2009年12月，国連総会は，2012年を国際協同組合年と宣言する決議を採択した．この決議は，世界各国の社会経済開発において協同組合がこれまで果たしてきた役割と，今日の社会経済問題の改善に貢献する可能性を評価したうえで，全加盟国の政府と関係者に対して，この国際年を機に，協同組合への認知度を高め，協同組合を支援する政策を検討・整備するよう促している．

8　国連のこの要請に応えることは，日本の協同組合と政府の責務である．協同組合は，自らの努力によって協同組合運動をいっそう発展させなくてはならない．また，政府は，協同組合の発展を促進するための制度的枠組みを整備しなければならない．

2．基本理念

1　近代的協同組合の起源は，19世紀の産業革命のもと，ヨーロッパ各国で労働者，農林漁業者，中小の商工業者，消費者たちが生活を守るために自発的に取り組んだ協同の活動であった．

2　協同組合は，組合員が出資し共同で所有し民主的に管理する事業体を通じて，共通の経済的・社会的・文化的なニーズと願いを満たすために，自発的に手を結んだ人びとの自治的な組織である（付属文書参照）．協同組合は，相互扶助の非営利の組織として，国民経済の一翼を担っている．その共通の基本理念は，組合員の助け合いと協同であった．協同組合の基本理念は，「一

人は万人のために，万人は一人のために」という言葉に集約されている．協同組合は，自助，自己責任，民主主義，平等，公正，連帯という価値を基礎としている．また，協同組合の組合員は，正直，公開，社会的責任，他者への配慮といった倫理的価値を信条としている（付属文書参照）．

3　協同組合は，経済的公正を求めて，経済的弱者の地位の向上に努めるとともに，組合員の出資参加・利用参加・運営参加といった参加型システムを発展させることによって，民主主義を浸透させる学校としての機能を果たしてきた．協同組合はまた，「働きがいのある人間らしい仕事」を創出する主体として，その発展が期待されている．

4　協同組合の理念は世界中に広がり，現在，国際協同組合同盟（ICA）は，92カ国の協同組合・約10億人の組合員を擁する，世界最大の国際NGO（非政府組織）となっている．

5　日本は，延べ8,026万人の組合員と64万人の職員を擁する，世界でも有数の協同組合が活動する社会となっている．これらの協同組合は，主として農林漁業，商工業，金融，共済，消費生活などの経済の領域で活動してきたが，近年は，組合員のための共益的活動だけでなく，医療・福祉，子育て支援，仕事おこし，買い物が困難な人への生活必需品の供給など，地域社会全般にかかわる公益（公共の利益）のための活動を強化させている．

6　従来，社会全般にかかわる公共的な財とサービスの提供は国家の役割とみなされてきたが，阪神淡路大震災以降，NPO（非営利組織）などの市民組織が取り組む社会貢献活動の重要性が注目されるようになってきた．協同組合がこのような活動に取り組む組織としてよりいっそうの役割を果たすためには，協同組合同士の協同を強め，地域住民やNPOなどのさまざまな組織と連携し，さらに行政との協働を促進して，地域社会のために活動することが必要である．

3．政府の協同組合政策における基本原則

社会経済開発に貢献する協同組合の活動を支援する政府や地方自治体（以下，「政府」）の役割は重要である．政府は，協同組合政策に取り組むにあたって，上記の基本理念をふまえたうえで，以下の原則を尊重すべきである．

(1) 協同組合の価値と原則を尊重する

国連の「協同組合の発展に支援的な環境づくりをめざすガイドライン」(2001年) と，国際労働機関 (ILO) の「協同組合の振興に関する勧告」(2002年) に留意し，ICA の「協同組合のアイデンティティに関する声明」(1995年，付属文書参照) に盛り込まれた協同組合の価値と原則を尊重する．協同組合にさまざまな政策を適用する際は，協同組合の価値と原則に則った協同組合の特質に留意する．

(2) 協同組合の設立の自由を尊重する

協同組合制度は，すべての市民に開かれている．政府は，市民が協同組合を設立する自由を尊重する．

(3) 協同組合の自治と自立を尊重する

協同組合が積極的に自治と自立を確保・維持することを重視し，政府と協同組合との対等で効果的なパートナーシップを進める．

(4) 協同組合が地域社会の持続的発展に貢献することを重視する

協同組合が地域社会の持続的発展に貢献することをめざしている点を重視する．震災復興などにあたっては，地域経済の有力な主体として協同組合を位置づける．

(5) 協同組合を，社会経済システムの有力な構成要素として位置づける

これからの社会経済システムには，多くの人びとが自発的に事業や経営に参加できる公正で自由な仕組みが求められる．そのために，公的部門（セクター）と営利企業部門だけでなく，協同組合を含む民間の非営利部門の発展に留意する．

4．政府の協同組合政策における行動指針

政府は，具体的な協同組合政策に取り組むにあたっては，上記の基本理念と基本原則をふまえたうえで，下記の行動指針を尊重すべきである．

［協同組合の活動の支援］

(1) 協同組合が地域の社会的・経済的課題の解決に取り組む際，その活動を支援する

協同組合が安全・安心な食料などの確保，金融や保障（共済）へのアクセス，

地域の雇用・福祉・医療・環境・教育問題等の解決に取り組む際，その活動を支援する．

(2) **地域のニーズに即した新たな協同組合の設立を支援する**

都市や農山漁村で市民の自主的な経済活動を促進し，就業機会を増やし，災害からの復興や地域社会の活性化を図るために，地域のニーズに即してさまざまな関係者や関係団体が参加できる仕組みを創設する．また，協同労働型の協同組合など，市民が協同して出資・経営・労働する協同組合のための法制度を整備する．さらに，再生可能な自然資源を活用した協同組合による分散型エネルギー供給事業の創設等を支援する．

(3) **地域社会の活性化を図るために，協同組合など地域社会に根ざす諸組織を支援する**

地方自治体は，地域社会の活性化を図るために，協同組合振興条例やまちづくり条例などを制定し，協同組合・NPO・自治会など，地域社会に根ざす諸組織を支援する．

(4) **協同組合に関する教育・研究を支援する**

協同組合について理解する機会を増やすために，協同組合に関する教育を小学校から学校教育に導入し，大学における協同組合研究の機会を増やす．また，女性，高齢者，障がいのある者，自然災害の被災者たちをはじめ，希望者が協同組合をつくる際には，必要な教育と職業訓練の機会を確保する．

(5) **協同組合の国際的な活動を支援する**

地球温暖化，環境汚染・破壊，飢餓，貧困，社会的排除等の諸問題の克服や，多文化共生などに貢献する協同組合の国際的活動を支援する．また，発展途上国の協同組合の育成を支援するために，政府開発援助（ODA）の拠出等の支援を行なう．とりわけ，国連のミレニアム開発目標への協同組合の貢献を強化するために必要な対策と支援を行なう．

[適切な協同組合政策の確立]

(6) **横断的な政策展開が可能な仕組みを設ける**

協同組合政策の横断的な推進・調整が可能となる仕組みを行政内に設ける．

(7) **協同組合の制度的枠組みを整備する**

協同組合の発展を図るために法制度について必要な見直しを行なうととも

に，協同組合を推進するための新しい法制度についての検討を進める．また，税制，会計基準，自己資本規制などについて検討するにあたっては，協同組合の特質に留意する．

(8) **協同組合における定款自治の強化を支援する**

協同組合の地域的条件，事業内容，規模などに対応して柔軟な制度設計が可能となるよう，協同組合の事業運営や管理における定款自治の強化を支援する．

[協同組合の実態把握]

(9) **協同組合についての包括的な統計を整備する**

協同組合が経済活動に与える影響を総合的に評価するために，政府統計のない協同組合分野についても統計づくりを進めることで，包括的な協同組合統計を整備する．

(10) **協同組合の社会的貢献について調査する**

協同組合の社会的役割を評価するために，協同組合による人づくり，絆づくり，まちづくり，自然環境保全活動などの社会的貢献について調査し，その結果を公表する．

5．むすび

1　国際協同組合年を契機として，協同組合は，地域のさまざまな組織，政府や地方自治体との協働を促進し，さらに公益的活動の発展を図る決意を表明する．そして，その過程で協同組合は新しい活動分野をつくりだし，地域の経済と社会のリーダーとしての役割を担う．

2　政府は，地域社会を活性化するうえでの協同組合の役割を認識し，協同組合の発展を支援する．

以上

《参考資料4》

付属文書
「協同組合のアイデンティティに関する声明」

国際協同組合同盟, 1995 年

〈定義〉

　協同組合は, 人びとの自治的な組織であり, 自発的に手を結んだ人びとが, 共同で所有し民主的に管理する事業体を通じて, 共通の経済的, 社会的, 文化的なニーズと願いをかなえることを目的とする.

〈価値〉

　協同組合は, 自助, 自己責任, 民主主義, 平等, 公正, 連帯という価値を基礎とする. 協同組合の創設者たちの伝統を受け継ぎ, 協同組合の組合員は, 正直, 公開, 社会的責任, 他人への配慮という倫理的価値を信条とする.

〈原則〉

　協同組合原則は, 協同組合がその価値を実践するための指針である.

第1原則　自発的で開かれた組合員制

　協同組合は, 自発的な組織であり, 性による差別, 社会的, 人種的, 政治的, 宗教的な差別を行なわない. 協同組合は, そのサービスを利用することができ, 組合員としての責任を受け入れる意志のあるすべての人びとに開かれている.

第2原則　組合員による民主的管理

　協同組合は, 組合員が管理する民主的な組織であり, 組合員は, その政策立案と意思決定に積極的に参加する. 選出された役員として活動する男女は, すべての組合員に対して責任を負う. 単位協同組合の段階では, 組合員は平等の議決権（一人一票）をもっている. 他の段階の協同組合も, 民主的方法によって組織される.

第3原則　組合員の経済的参加

　組合員は, 協同組合に公正に出資し, その資本を民主的に管理する. 少なくともその資本の一部は, 通常, 協同組合の共同の財産とする. 組合員は, 組合員になる条件として払い込まれた出資金に対して, 利子がある場合でも, 通常,

制限された利率で受け取る．組合員は，剰余金を次のいずれか，またはすべての目的のために配分する．

- ・準備金を積み立てて，協同組合の発展に資するため，その準備金の少なくとも一部は分割不可能なものとする．
- ・協同組合の利用高に応じて組合員に還元するため．
- ・組合員の承認により，他の活動を支援するため．

第4原則　自治と自立

協同組合は，組合員が管理する自治的な自助組織である．協同組合は，政府を含む他の組織と取り決めを行なう場合，または外部から資本を調達する場合には，組合員による民主的管理を保証し，協同組合の自治を保持する条件のもとで行なう．

第5原則　教育，研修，広報

協同組合は，組合員，選出された役員，マネジャー，職員がその発展に効果的に貢献できるように，教育と研修を実施する．協同組合は，一般の人びと，特に若い人びとやオピニオンリーダーに，協同することの本質と利点を知らせる．

第6原則　協同組合間協同

協同組合は，地域的，全国的，広域的，国際的な組織を通じて協同することにより，組合員にもっとも効果的にサービスを提供し，協同組合運動を強化する．

第7原則　コミュニティへの関与

協同組合は，組合員が承認する政策にしたがって，コミュニティの持続可能な発展のために活動する．

（日本協同組合学会訳および日本生活協同組合連合会訳にもとづいて一部修正）

初 出 一 覧

　本書のもとは，大学生協連のなんらかの会合で話したものに手を入れ，一度著者のホームページ http://www.kokshoji-globalcitizen.com/ の「全国大学生活協同組合連合会」の欄に掲載したものです．以下に，発言した当初の名目と年月日を掲げます．すべての発言は，ホームページ掲載に当たってかなり大幅に手を入れられているだけでなく，本書掲載にあってさらに手を加えられ，できるだけ普遍化されています．また，コラムに採用したショート・エッセーは，すべて大学生協連の広報誌『Campus Life』の巻頭言として書かれたものなので，これらについては掲載誌の巻数と発行年月を掲げます．

序　交流をつうじて自己確認（アイデンティティ）へ
　1　（大学生協連第53回通常総会での理事会からの挨拶，2009年12月20日）
　2　（大学生協連第54回通常総会での理事会からの挨拶，2010年12月18日）
　3　（大学生協連第55回通常総会での理事会からの挨拶，2011年12月17日）
　4　（大学生協連第56回通常総会での理事会からの挨拶，2012年12月15日）
　5　（大学生協連第57回通常総会での理事会からの挨拶，2013年12月14日）
　6　（大学生協連第58回通常総会での理事会からの挨拶，2014年12月13日）

Ⅰ　大学と協同の世紀
　1　（大学生協連2009年度第4回理事会での冒頭挨拶，2009年5月16日）
　2　（大学生協連2009年度第5回理事会での冒頭挨拶，2009年7月25日）
　3　（大学生協連2009年度第6回理事会での冒頭挨拶，2009年10月10日）
　4　（大学生協連2009年度第7回理事会での冒頭挨拶，2009年12月20日）
　5　（大学生協連2010年度第2回理事会での冒頭挨拶，2010年1月23日）

Ⅱ　学生支援の重要性
　1　（大学生協連2010年度第3回理事会での冒頭挨拶，2010年3月20日）
　2　（大学生協連2010年度第4回理事会での冒頭挨拶，2010年5月15日）
　3　（大学生協連2010年度第5回理事会での冒頭挨拶，2010年7月24日）
　4　（第1項は大学生協連2010年度第6回理事会での冒頭挨拶の一部修正，2010年10月16日，第2項以下は同2011年度第5回理事会での冒頭挨拶，2011年9月17日）
　5　（大学生協連2010年度第7回理事会での冒頭挨拶，2010年11月20日）
　6　（ドイツ学生支援協会の依頼による機関誌への寄稿，2011年1月21日）
　7　（大学生協連2011年度第2回理事会での冒頭挨拶，2011年1月22日）

Ⅲ 大震災・原発事故の衝撃
  1 （大学生協連 2011 年度第 3 回理事会での冒頭挨拶，2011 年 5 月 7 日）
  2 （大学生協連 2011 年度第 4 回理事会での冒頭挨拶前半，2011 年 6 月 27 日）
  3 （同上後半）
  4 （大学生協連 2010 年度第 6 回理事会での冒頭挨拶，2010 年 10 月 16 日，ただし第 1 項は追加）
  5 （大学生協連 2011 年度第 6 回理事会での冒頭挨拶，2011 年 11 月 19 日）
  6 （大学生協連 2011 年度第 7 回理事会での冒頭挨拶前半，2011 年 12 月 15 日）
  7 （同上後半，および新年記者懇談会の一部，2012 年 1 月 20 日）

Ⅳ 復興・再建への決意
  1 （大学生協連 2012 年度第 2 回理事会での冒頭挨拶，2012 年 1 月 27 日）
  2 （大学生協連 2012 年度第 3 回理事会での冒頭挨拶，2012 年 5 月 12 日）
  3 （大学生協連 2012 年度第 4 回理事会での冒頭挨拶，2012 年 6 月 16 日）
  4 （大学生協連 2012 年度第 5 回理事会での冒頭挨拶，2012 年 9 月 15 日）
  5 （大学生協連 2012 年度第 6 回理事会での冒頭挨拶，2012 年 11 月 17 日）
  6 （大学生協連 2012 年度第 7 回理事会での冒頭挨拶，2012 年 12 月 14 日）

Ⅴ パラダイム転換：市民から主権者へ
  1 （大学生協連 2013 年度第 2 回理事会での冒頭挨拶，2013 年 2 月 23 日）
  2 （大学生協連 2013 年度第 3 回理事会での冒頭挨拶，2013 年 5 月 18 日）
  3 （大学生協連 2013 年度第 4 回理事会での冒頭挨拶，2013 年 7 月 13 日）
  4 （大学生協連 2013 年度第 5 回理事会での冒頭挨拶，2013 年 9 月 14 日）
  5 （大学生協連 2013 年度第 6 回理事会での冒頭挨拶，2013 年 11 月 16 日）
  6 （大学生協連 2013 年度第 7 回理事会での冒頭挨拶，2013 年 12 月 13 日）

Ⅵ 大学生協から民主協同社会へ
  1 （大学生協連 2014 年度第 2 回理事会での冒頭挨拶，2014 年 2 月 22 日）
  2 （大学生協連 2014 年度第 3 回理事会での冒頭挨拶，2014 年 5 月 17 日）
  3 （大学生協連 2014 年度第 4 回理事会での冒頭挨拶，2014 年 7 月 12 日）
  4 （コンピュータ利用教育学会 PC カンファレンスでの報告，2014 年 8 月 9 日）
  5 （2014 教職員セミナー in 福島での冒頭挨拶，2014 年 9 月 5 日）
  6 （大学生協連 2014 年度第 5 回理事会での冒頭挨拶，2014 年 9 月 13 日）
  7 （生協総合研究所「2050 年の生協」委員会での意見陳述，2014 年 10 月 16 日）
  6 （大学生協連 2014 年度第 6 回理事会での冒頭挨拶，2014 年 11 月 22 日）

コラム きらめくキャンパスライフ
  ① （Campus Life, Vol.19 巻頭言，2009 年 6 月）
  ② （Campus Life, Vol.20 巻頭言，2009 年 9 月）
  ③ （Campus Life, Vol.21 巻頭言，2009 年 12 月）

④（Campus Life, Vol.22 巻頭言，2010 年 3 月）
⑤（Campus Life, Vol.23 巻頭言，2010 年 6 月）
⑥（Campus Life, Vol.24 巻頭言，2010 年 9 月）
⑦（Campus Life, Vol.25 巻頭言，2011 年 12 月）
⑧（Campus Life, Vol.26 巻頭言，2011 年 3 月）
⑨（Campus Life, Vol.28 巻頭言，2011 年 9 月）
⑩（Campus Life, Vol.29 巻頭言，2011 年 12 月）
⑪（Campus Life, Vol.30 巻頭言，2012 年 3 月）
⑫（Campus Life, Vol.31 巻頭言，2012 年 6 月）
⑬（Campus Life, Vol.32 巻頭言，2012 年 9 月）
⑭（Campus Life, Vol.33 巻頭言，2012 年 12 月）
⑮（Campus Life, Vol.34 巻頭言用に執筆，2013 年 1 月）
⑯（Campus Life, Vol.34 巻頭言，2013 年 3 月）
⑰（Campus Life, Vol.35 巻頭言，2013 年 6 月）
⑱（Campus Life, Vol.36 巻頭言，2013 年 9 月）
⑲（Campus Life, Vol.37 巻頭言，2013 年 12 月）
⑳（Campus Life, Vol.38 巻頭言，2014 年 3 月）
㉑（Campus Life, Vol.39 巻頭言，2014 年 6 月）
㉒（Campus Life, Vol.40 巻頭言，2014 年 9 月）
㉓（Campus Life, Vol.41 巻頭言，2014 年 12 月）
（注：「原発事故はもとより地震津波もたんなる天災ではない」Campus Life, Vol. 27, 2011 年 6 月，は本書Ⅲ-1の冒頭に引用）

《参考資料》
1　21世紀を生きる大学生協のビジョンとアクションプラン（抄）
　　――協同・協力・自立・参加の大学生協をめざして――
　（2006 年 12 月　全国大学生活協同組合連合会全国総会）
2　2020 年に向けた大学生協のアクションプラン（抄）
　　――協同・協力・自立・参加の大学生協をめざして――
　（2013 年 12 月　全国大学生活協同組合連合会全国総会）
3　協同組合憲章 草案
　（2012 年 1 月　国際協同組合年実行委員会，1. 前文と 2. 基本理念のパラグラフ番号なしで，2012 国際協同組合年実行委員会編著『協同組合憲章［草案］がめざすもの』家の光協会，所収）
4　協同組合のアイデンティティにかんする声明
　（1995年　国際協同組合同盟，同上書に解説付きで所収）

事項索引

あ行

あいさつ（大学生協連会長理事の） **180**, 186, 187-188, 192
ICA　→国際協同組合同盟
アイデンティティ　19, 22, 23, 30, **55**, 177, **181-182**, 199, 209, 216, 231
　──戦略　196
　──の更新　181
アウトソーシング　242, 243, 251, 252
アカデメイア（学士院）　24, 212-213, 218-219, 220-221
秋入学　144
アクションプランの改訂　130, 135, 167
アジアの大学生協　→大学生協
新しい公共　95-96, 102, 106

EからOをへてCへ　140
意識（事業・組織を強める）　119, **181**, 191
萎縮社会　122
依存学　54
依存症　54
　ケータイ──　55, 59
　パソコン──　55, 59
　ブランド──　54
意欲　133-134, 135
　協同する──　136-137
院生　112, 217
インド進出　133
インドネシア青年協同組合連合会 KPINDO　35

ウィキリークス　114
内向き［縮小志向］　134, 173, 228

NPO　→非営利法人

エネルギー政策　214

沖縄　214
オバマ政権　2, 62

か行

階級とネーション（媒介変項としての）　224
開国（第三の）　86
会長理事（大学生協連の）　98, 187, 207
格差社会化　240
学産連携　37
学生　3, 11, 85, 112, 179, 188
　エリート市民としての──　63
　──との議論　195
　──の元気　193
　──の住・食・奨　74
　──の勉強第一　173
　──［スチューデント］サービス　207, 209, 230, 233
　シティズンのリーダーとしての──　65
　日本の──　120
学生委員［会］　120, 179, 189, 204-205, 206, 253
学生・院生自治会　40
学生運動　80
　──と大学生協　151-152
学生支援　9, 11, 12, 65, 67, **74**, 83, 103, 129, 209, 231, 251
　アメリカ［市場競争］型──　67, 76, 83, 198
　──のアジア的形態　67
　──の日本的形態　71
　日本の──［協同組合型］　76-77, 84, 198
　ヨーロッパ［公的支援］型──　67, 76,

83, 198
学生支援機構（日本） 74, 84
学生数
　世界の—— 72
　日本の—— 81
学生総合共済　→共済
学生寮　→寮
家族の多様化　49
環境教育　142
環境問題　93, 255
官僚制　62

危機と変革の時代　33
気候変動　118
キャリア［形成］　57, 59, 121
旧従属諸国　50
旧植民地諸国　50
旧ソ連東欧諸国　50
教育制度　132
共感的諸行為　102
供給高　204
　総供給高の減少　20, 191, 195, 200, 203
　世界の協同組合の——　165
共済（学生総合共済）　41, 63-64, 66, 122, 209
共済事業の四本柱　252
共済分離　54, 64, 128
共助　95, 102, 106-107, 128, 227, 257
教［職］員　112, 116, 181, 202, 205, 213
　——のイニシアティブ　221
教職員組合　40
教職員セミナー　23, 142
協同　45, 104, 173, 191, 209, 225
　人間の危機に対処する——　60
　——のエネルギー　201
　——の心　251, 252
協同意識　23, 191, 201, 231
協同・協力・自立・参加　78, 202-203, 237
協同組合　17, 21, 40, 51, 58, 95, 99, 101, 115, 121, 132, **165**, 202, 224, 257-259, 263

アジアの——　155
——［間］の知的媒介者　14-15, 153
——［間］の協同　264
——［間］の交流　163
——［間］の連携　70, 255
——資本　177, 190
——社会　95, 150
——と教育機関　118
——に関する教育　261
——の意義　70, 87, 97
——の価値と原則　260
——の起源　147, 258
——の経営と労働　102, 105
——の自治と自立　260
——の社会的役割　262
——の設立［の自由］　260, 261
——の役割　238
——の労働　105
市民の事業としての——　8
社会的——　9, 47, 87
日本の——　96, 149-150, 163, 259
協同組合基本法　203, 228
　韓国の——　199
協同組合憲章検討委員会　91
協同組合憲章［草案］　**90, 95**, 101, 115, 119, 130, 150, 153, 257
協同組合原則　117, 135, 137, 149, 166, **263**
協同組合政策　260, 261
協同組合統計　262
協同組合討論会（ICAマンチェスター臨時総会）　147-149, 153, 156
協同組合の学校　6
協同組合の10年　14, 25, 153, 160, **175**, 199, 209, 215, 231, 255
協同組合万博［エクスポ，博覧会］（ICAマンチェスター臨時総会）　146, 148, 153
協同組合モニター（ICAの）　165
『協同組合論』　167, 205
協同・協力・自立・参加　51, 78, 167
協同者　**17**, 161, 218, 232

索　引　271

共同社会（世界的な）　231-232
協同社会　39, 64, 137, 161, **165**, 200, 206, 232
共同体　39, 137, 200, 206
協同体験　240, 250
協同の協同　4, 46
協同の声　160
協同の世紀　6, 42, 52
京都コンソーシアムの協同組合講座　16, 143
業務委託契約（生協と大学との）　32
協力（大学との）　30
漁民　169
金融危機　2, 7, 43
金融センター　2, 110

組合員　32
　──の日常活動　186
組合員意識　253
グローバル化（グローバリゼーション）　30, 43, 61, 258
グローバル・スタンダード　64

経済危機　2, 42
ケインズ主義　43
ゲゼルシャフト　39, 137, 200, 206
ゲノッセンシャフト　**17**, 39, 64, 137, 200, 206
ゲマインシャフト　39, 137, 200, 206
研究　73, 217
言語の問題　36
『現代生協論の探求』　71
原発事故（原子力発電所事故、福島）　10, 90, 94, 98, 121, 126, 162
憲法（日本国憲法）　48, 233

公助　102, 106, 257
コオペラティブ　17
コオペレータ　→協同者
国際活動　240

国際協同組合同盟 ICA　8, 95, 112, 160, 215, 246, 259
　──総会（カンクン）　11, 117
　──総会（ケープタウン）　19, 188
　──での日本の存在感　149-150
　──臨時総会（マンチェスター）　14, 25, 138, 146, 153, 199
国際協同組合同盟アジア太平洋 ICA-AP
　──神戸総会　14, 154, 163
　──バリ総会　24
国際協同組合年 IYC　8, 11, 13, 68, 94, 115, 147, 231, 258
国際経済政策　162
国際ケインズ主義　8, 43, 69
国際交流（大学生協の）　139, 156-157, 208, 246-247
国民国家　38, 169
国民主権　99
『孤独な群衆』　55
コミュニケーション　29, 49, 111, 137, 239, 241, 242, 249
コミュニティへの貢献［関与］（協同組合第7原則）　117, 147, 264
コンピュータ利用教育協議会（シーク CIEC）　4, 139
コンプライアンス　245, 254

さ 行

再生可能エネルギーへの転換　162
再生産（リプロダクション）　29
財政的自立　→自立
参加　79, 177, 240, 245, 253
　規模と──　222
産学協同　→学産連携
三重革命（政治、経済、教育の）　132

G20　7, 43
事業（大学生協の）　181
事業連合　23

自己　29
自助　102, 106, 257
自助・共助・公助のベストミックス　96
市場化　242
施設使用料　3
自然災害の社会的影響　100
自然社会災害の予防と対応　161
持続可能性　175, 177
持続可能な社会　240, 246, 255
持続可能な発展　264
シティズン（普遍的市民）　39, 45, 56, 59, 109, 112
　オーディナリ・——　91, 109
　——の事業　40, 46, 56, 63, 75
シティズン社会　62, 63, 65, 79, 110
『資本論』　28
市民　6, 12, 21, 77, 85, 90, 99, 103, 108, 132, 141, 143, 145, **164**, 169, 171, 211
　エリート——　63
　高度——　77
　支配者としての——　174
　——教育　73-74, 145
　——の育成　103
　——の政府　69, 128, 144
　——の事業　69, 91, 128, 144
　自立した——　167
　大学——　41
　21世紀型——　79, 87, 112, 141
　普通——　91, 109
市民革命　169
市民社会　12, 39, 87, 110, **164**
市民社会化　50, 65, 69, 78, 91, 94, 114
市民［主権］化　43, 45, 57, 69, 131
市民民主主義　6, 7, 45
社会　29, 60
　——のこれまでのつくりかた　16
　——の内部　93
社会的協同組合　→協同組合
社会的個人　56
社会的自己　29

社会主義　48
社会的経済　246
社会的事業　47
社会の課題　241
ジャパン・シンドローム　84, 86
自由・平等・友愛・調和　46
就活（就職活動）　21, 57, 80, 85, 183
就職　97
就職率（学生の）　2
樹恩ネットワーク JUON Network　142, 252
授業料　76
主権　170-171
主権者　6, 15, 21, 25, 99, 132, **170**, 174, 182, 193, 202, 208, 211, 213, 258
　経済的——　184, 210
　——の事業　21, 25, 184, 196, 212, 216
　政治的——　184, 210
　文化的——　184
出資金　189
主民　171, 174
少子高齢化　86, 224
象徴操作　→シンボリズム
消費　31, 183
消費社会　31
消費者　170
消費者教育　31
情報革命　132
情報的自立　→自立
情報欲　133
食　49, 136
食堂　111, 201
植民地化　38
植民地民衆　170
食料問題　255
女性化　224
女性職員の登用　246, 254
女性専務　20, 192, 229
女性の活躍　20, 194
初年次教育　85

索　引　273

自立　30, 244, 245
　　財政的——　3
　　情報的——　3, 30, 33
　　組織的——　3
進学率（高等教育への）　81, 173
人口（人類史の）　57
新自由主義　41, 43, 258
シンポシオン（饗宴）　24, 212-213, 218-219, 220-221
シンボリズム　28, 49, 111
森林組合連合会 JForest　146
人類史の現段階　109
人類ネットワーク　57

生活クラブ生協　68
生協（生活協同組合）　39, 96, 136, 154, 170, 207, 224
　　——事業種別連合会情報交換会　160, 176, 179
　　——ブランド　58
　　——の内容充実と範囲拡大　226
　　日本の——　46
生協学　71
生協職員　32, 70, 113, 116, 246, 253-254
生協設立　256
生協総研　71, 223
政権交代　2, 7, 44, 164
生産　31
税制改革　127
生態系　108
性と年齢（媒介変項としての）　224
政府　259
生物多様性　108-109
選挙権獲得運動　164
選挙制度　126, 135
全国連帯（大学生協の）　23, 54
全中（全国農業協同組合中央会）　14, 68, 154, 163
全仏大学学校支援センター CNOUS　76
専門主義（テクノクラシー）化　70, 222

総会議案　187-188
組織（大学生協の）　181
組織委員会　253
　　——活動　250
組織的自立　→自立
外へのまなざし，内へのまなざし　37

た　行

大学　31, 74, 103
　　——拡張　82
　　——の世界的比較　82
　　日本の——　81, 144
　　ヨーロッパの——　82
『大学改革と大学生協』　86, 180, 205, 223
大学数
　　世界の——　72
　　日本の——　81
大学キャンパス生協委員会（ICA-AP の）　13, 24, 34, 138, 178, 230
　　——のワークショップ　→ワークショップ
大学教育　73, 140
　　——と大学生協　205
　　——の普遍化　82
大学市民　42
大学生活の基礎支え　207, 208, 233
大学生活への不安　141
大学生協　100, 112, 141, 145, 183, 212
　　アジアの——　4, 185
　　インドネシアの——　4
　　学生の——　35
　　韓国の——　23, 198
　　教員の——　35
　　協同組合の源流としての——　113
　　協同組合（各種）と——　156, 178, 186, 190
　　タイの——　4, 34, 34
　　——と大学との協定　229
　　——の意義［意味］　18, 22, 118, 122, 128, 180, 182, 192, 199, 204, 207, 219

——の実態　119
——の世界［史］的意義　11, 233
——の潜在的可能性　205
——の強み　205
——の未来　6
——の歴史　97, 189
　日本の——　8, 16, 19, 34, 63, 75, 84, 116, 128, 129, 151, 191, 195, **198**, 230, 233
　［日本］各地の——　11, 12, 15-16, 20, 36-37, 151, 157, 192-194
　フィリピンの——　10, 117
　マレーシアの——　139
『大学生協のアイデンティティと役割』　205
『大学生協の歴史と未来』　47
大学生協論　223
大学の自治　40
大学理事会の攻勢　3
大企業　75, 87, 114
脱亜入欧　36
脱米欧入亜　36
他人指向型　55

地域社会　239
　——の発展に貢献　244
地球市民　245, 246
中国（課題としての）　230
中小企業　87, 115
中小企業憲章　94

帝国　60, 110
帝国から市民社会へ　60
帝国主義　61
　社会——　61
電子情報市場化　28, 43
店舗　111, 201
電力源政策　99

ドイツ大学支援協会 DSW　4, 24, 67, 76, 83, 188
同時通訳（国際会議の）　155, 190

都市　110
ドラッグ・ラグ　86

な 行

21世紀型市民　112, 245
2050年の生協（庄司訂正案）　227
2050年の生協（生協総研）　24, 223, 226
日常活動　186-187, 234
日生協（日本生活協同組合連合会）　58, 68, 115, 148, 166, 176
　—— 2020年ビジョン　166
　——アクションプランと大学生協ビジョンとアクションプラン　166-167
日本型福祉社会　107
日本協同組合連絡協議会 JJC　64, 68, 148, 156, 176, 179
人間的な豊かさ　241, 242

農協（農業協同組合）　96, 148, 176
農民　169

は 行

白熱教室［授業］　143
パラダイム　168, 172
　市民——　167, 168
パラダイム転換　21, 22, 171, 182, 232

PCカンファレンス　4, 24, 139
非営利法人［事業］NPO　79, 87, 91, 259
東日本大震災　10, 90, 94, 98, 121, 126, 257
被災地［視察］　10, 146
ビジョン　166
ビジョンとアクションプラン（大学生協の）　19, 25, 50, 100, 166, 202, 235
　——とブループリントとの対応　190-192, 199, 202-203
　——と日生協アクションプランとの対応　166-167

索　引　275

一株一票制　184, 215
一人一票［制］　62, 65, 110, 184, 212, 215, 263
比例代表制　79, 127
広島・長崎　90, 214
貧困化（学生の）　11

フィリピン学生支援生協　10
フェアケーア Verkehr　28
フェアトレード　255
福祉　106
福島（故郷としての）　214, 219
福武所感　50, 51
福利厚生　243
普通選挙　43
復興（被災地の）　13, 121, 126
復興支援　256
復興と再建　16, 23, 121, 127, 130, 158
物質代謝　28, 49, 111
ブランド　58, 239
ブリックス BRICs　6
ブループリント（協同組合の 10 年のための ICA の）　19, 25, **174-177**
ブルジュワ　38, 45, 109
ブルジュワ革命　38
ブルジュワ社会　61
ブルジュワ社会からシティズン社会へ　62
ブレークスルー（突破）　172, 174

平和主義　161

法人化（大学の）　24
法的枠組（協同組合のための）　177, 190
募金活動（東日本大震災・原発事故のための）　122
ボランティア［活動］　10, 123
ボローニャ・プロセス　10, 76, 82
本　225

ま　行

マクロ社会変動　223, 226
学びと成長　243, 251, 252
学びのコミュニティ　238
民　37-40
民衆　38, 211, 224
民主化　21, 25, 91, 94, 126, **170**, **224**, 258
　世界の――　15
　中東の――　12
　歴史の趨勢としての――　182, 202, 211, 231
民主協同社会　206, 218, **232**
民主社会　21, 161, **164**, 170, 182, 202, 212, **214-215**, 217
民主主義　222, 233
　間接――　222
　日本の――　135, 144
民主的事業　212, 217
民主的政府　211, 217

ムークス MOOCs（大量公開オンライン授業）　24, 212, 213, 219, 221
無縁社会　96

メタボリズム　→物質代謝

や　行

豊かな社会　245
　――と文化　245
ユネスコ UNECSCO　67, 74, 157, 230

欲望自然主義　48
欲求と理念　48

ら 行

リーマンショック　65, 175, 229
利益社会　137, 200, 206
リスク　41

留学生　228
　　アジアからの——　83
　　ヨーロッパからの——　83
　　——30万人計画　82
寮（学生寮）　5, 74, 84

冷戦　61
歴史の狭知　75, 86
歴史を創る　80
レジーム（社会の基本枠組）　162, 164
レジリエント［レジリエンス］　175, 229
連帯組織の再定義　254

労働［仕事］　105
　　——のディセンシー（人間らしさ）
　　　101, 105, 259
労働組合　56
労働者　169
労働者協同組合　5, 40, 152, 154
労働復権　44-45
ロッチデール（先駆者協同組合）　39, 45, 56, 148

わ 行

ワーカーズコープ　→労働者協同組合
ワークショップ（大学生協キャンパス委員会の）
　　クアラルンプル——　13, 138
　　ジョグジャカルタ——　66
　　ソウル——　18-19, 177, 185
　　バンコク——　34
　　マニラ——　10, 117
ワークライフバランス　194
若き主権者の事業　22, 26, 185, **219**, **232**

人名索引

あ行

池上惇　152

ウェーバー, M.　48

江上哲　54, 58
エリクソン, E. H.　55

大江健三郎　105
オバマ, B.　7, 17, 33

か行

柄谷行人　28
ガンディー, M.　55

クーン, T.　168
グリーン, P.　17, 147, 161, 190
クリスチャン, C.　148

さ行

佐藤優　62
サンデル, M.　143

ソクラテス　212

た行

滝川好夫　205
タルド, G.　35

チャン・ワンシュー　148, 149

ディオゲネス　78

デカルト, R.　225
テンニース, F.　39

ド・ラ・メトリ, J. O.　193

な行

名和又介　205

は行

パーソンズ, T.　48
畠山重篤　146
ハバマス, J.　29

福沢諭吉　36
福武直　50, 51, 66, 80
藤田省三　48
プラトン　212

ヘーゲル, G. W. F.　129

ま行

眞崎睦子　54, 58
マルクス, K.　28, 131-132
マンハイム, K.　130

メイヨー, E.　147

や行

柳田國男　174

ら行

リースマン, D.　55, 56

ルター, M.　55
ルルー, M.　148

レイドロー, A.　137
レザミス, M.　148

わ行

ワシントン, G.　17

著者紹介

庄司　興吉（しょうじ　こうきち）

東京大学名誉教授　博士（社会学）．
東京大学文学部社会学専修課程卒業，同大学院社会学研究科博士課程単位取得退学．
法政大学社会学部助教授，東京大学文学部助教授，同教授（社会学第一講座），同大学院人文社会系研究科教授（社会学専攻），清泉女子大学教授（地球市民学担当）を歴任．
東京大学生協理事長(1999〜2003)をへて，全国大学生活協同組合連合会副会長(2004〜2005)，同会長理事(2005〜2014)．

主要著書

『大学改革と大学生協——グローバル化の激流のなかで』（丸善プラネット，2009年），『地球市民学を創る』（編著，東信堂，2009年），『社会学の射程』（東信堂，2008年），『情報社会変動のなかのアメリカとアジア』（編著，彩流社，2004年），『日本社会学の挑戦——「変革」を読み解く研究と文献』（有斐閣，2002年），『地球社会と市民連携——激成期の国際社会学へ』（有斐閣，1999年），『人間再生の社会運動』（東京大学出版会，1989年），『管理社会と世界社会』（東京大学出版会，1989年），『社会発展への視座』（東京大学出版会，1989年），『社会変動と変革主体』（東京大学出版会，1980年），『現代化と現代社会の理論』（東京大学出版会，1977年），『現代日本社会科学史序説』（法政大学出版会，1975年）ほか．

学生支援と大学生協
——民主協同社会をめざして

2015年3月31日　初版発行

著作者　庄司　興吉　　　　　　　　　　©2015

企画制作　全国大学生活協同組合連合会
　　　　　〒166-8532　東京都杉並区和田3-30-22 大学生協会館
　　　　　電話（03）5307-1122

発　売　丸善出版株式会社
　　　　〒101-0051　東京都千代田区神田神保町二丁目17番
　　　　電話 03-3512-3256
　　　　http://pub.maruzen.co.jp/

発　行　丸善プラネット株式会社
　　　　〒101-0051　東京都千代田区神田神保町二丁目17番
　　　　電話 03-3512-8516
　　　　http://planet.maruzen.co.jp/

組版／月明組版
印刷・製本／大日本印刷株式会社

ISBN 978-4-86345-235-0 C3030